필로소피 랩

내 삶을 바꾸는 오늘의 철학 연구소

필로소피 랩

PHILOSOPHY LAB

조니 톰슨 지음 ｜ 최다인 옮김

윌북

내가 가장 아끼는 철학자
타냐와 프레디에게

차례

들어가며 • 철학자와 나를 연결해주는 철학 연구소　　　　　　　12

I.　윤리

플라톤 • 투명 인간　　　　　　　　　　　　　　　16

벤담 • 도덕성 계산하기　　　　　　　　　　　　18

아리스토텔레스 • 중용　　　　　　　　　　　　20

칸트 • "남들도 똑같이 한다면?!"　　　　　　　22

랜드 • 이기주의　　　　　　　　　　　　　　　24

콩트 • 이타주의　　　　　　　　　　　　　　　26

아벨라르 • 선한 의도　　　　　　　　　　　　28

싱어 • 차별 대우　　　　　　　　　　　　　　　30

칸트 • 타인을 대하는 잘못된 방식　　　　　　32

아퀴나스 • 전쟁의 정당성　　　　　　　　　　34

싱어 • 종차별주의　　　　　　　　　　　　　　36

짐바르도 • 만들어지는 악　　　　　　　　　　38

클리퍼드 • 믿음의 윤리　　　　　　　　　　　40

러브록 • 대자연　　　　　　　　　　　　　　　42

II.　실존주의

사르트르 • 자기기만　　　　　　　　　　　　46

실존주의 • 공허　　　　　　　　　　　　　　　48

몽테뉴 • 메멘토 모리　　　　　　　　　　　　50

니체 • 힘을 향한 의지　　　　　　　　　　　　52

하이데거 • 필멸성　　　　　　　　　　　　　　54

카뮈 • 부조리　　　　　　　　　　　　　　　　56

쇼펜하우어 • 권태　　　　　　　　　　　　　　58

사르트르 · 타인   60

니체 · 영원한 회귀   62

키르케고르 · 실존의 단계   64

헤겔 · 주종관계   66

카뮈 · 반항   68

보부아르 · 페미니즘   70

파농 · 흑인 실존주의   72

III.

예술

아리스토텔레스 · 스트레스 해소하기   76

칸트 · 아름다움과 숭고함   78

쇼펜하우어 · 음악   80

괴테 · 색채론   82

하라리 · 집단 신화   84

융 · 캐릭터 선택 창   86

조커 · 허무주의   88

니체 · 아폴론과 디오니소스   90

아도르노 · 문화 산업   92

타노스 · 에코테러리즘   94

와비사비 · 부서진 아름다움   96

IV.

사회와 인간관계

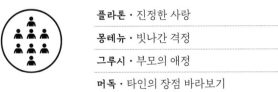

플라톤 · 진정한 사랑   100

몽테뉴 · 빗나간 격정   102

그루시 · 부모의 애정   104

머독 · 타인의 장점 바라보기   106

베버 · 야근의 굴레　108

듀보이스 · 이중 인식　110

울스턴크래프트 · 1세대 페미니즘　112

마르크스 · 계급투쟁　114

공자 · 소속감　116

헤겔 · 세계정신　118

아피아 · 세계주의　120

매키넌 · 불공평한 규칙　122

버크 · 예의가 세상을 만든다　124

아렌트 · 악의 평범성　126

V.

종교와 형이상학

알 킨디 · 첫 번째 원인　130

프로이트 · 성부　132

페일리 · 시계공　134

흄 · 악의 문제　136

데카르트 · 논리로 신 증명하기　138

포이어바흐 · 인간 형상의 신　140

파스칼 · 신을 두고 하는 내기　142

마르크스 · 인민의 아편　144

버클리 · 아무도 본 적 없는 것　146

흄 · 기적　148

스피노자 · 우리는 모두 신이다　150

선불교 · 공안　152

VI. 문학과 언어

캠벨 · 온 세상의 모든 이야기   156

헉슬리 · 멋진 신세계   158

베케트 · 기다림   160

오웰 · 이중사고   162

카프카 · 소외   164

프루스트 · 비자발적 기억   166

낭만파 시인 · 자연시   168

래드퍼드 · 허구   170

아리스토텔레스 · 수사학   172

셸리 · 사악한 과학자   174

촘스키 · 언어 습득   176

데리다 · 단어의 의미   178

비트겐슈타인 · 언어 게임   180

구조주의 · 이항 대립   182

VII. 과학과 심리학

베이컨 · 과학적 방법론   186

쿤 · 패러다임 전환   188

하이데거 · 기술 발전의 영향   190

헤라클레이토스 · 변화하는 자신   192

리벳 · 뇌와 자유의지   194

포퍼 · 유사과학   196

튜링 · 로봇 대 인간   198

아시모프 · 로봇 3원칙   200

페르미 · 외계인   202

고드프리스미스 · 기타 지성체   204

프로이트 · 성격　206

피아제 · 발달 심리학　208

게슈탈트 요법 · 아무것도 하지 않기　210

VIII.

일상 속 철학

아리스토텔레스 · 우정　214

보부아르 · 모성　216

루소 · 어린 시절　218

푸코 · 규율　220

스토아학파 · 멀리서 바라보기　222

프로이트 · 죽음의 충동　224

프랭클 · 고통에 의미 부여하기　226

에피쿠로스 · 쾌락　228

후설 · 나무 바라보기　230

스토아학파 · 자신의 반응 선택하기　232

소로 · 산책　234

손자 · 보드게임에서 이기는 법　236

하비 · 불면증　238

IX.

인식과 마음

데카르트 · 날개 달린 주황색 고블린　242

로크 · 마음의 눈　244

플라톤 · 동굴의 비유　246

피론 · 판단 보류　248

흄 · 검은 백조　250

뷔리당 · 우유부단한 당나귀　252

소크라테스 · 모든 것을 질문하기　254

아리스토텔레스 · 논리 법칙　　256

에우불리데스 · 돌무더기　　258

데카르트 · 코기토　　260

흄 · 자아의 다발　　262

칸트 · 세계 창조하기　　264

차머스 · 연필의 생각　　266

클라크 & 차머스 · 마음 확장하기　　268

X.　정치와 경제

홉스 · 정부의 성립　　272

마키아벨리 · 왕이 되는 법　　274

이븐 할둔 · 제국의 흥망성쇠　　276

헤르더 · 민족주의　　278

투키디데스 · 불가피한 전쟁　　280

마르크스 · 세계 역사　　282

버크 · 선조의 지혜　　284

페인 · 혁명　　286

스미스 · 보이지 않는 손　　288

토크빌 · 민주주의 보호하기　　290

칸트 · 세계 평화　　292

간디 · 비폭력　　294

엥겔스 · 사상의 시장　　296

후쿠야마 · 역사의 종말　　298

감사의 말　　300

찾아보기　　302

들어가며

。

철학자와 나를 연결해주는 철학 연구소

철학에는 뭔가 사람을 질리게 하는 분위기가 있습니다. '거짓'이라고만 해도 충분한데도 철학자들이 '허위' 같은 말을 쓰기 때문인지, 아니면 한 문장 건너 한 번씩 고대 그리스어 단어를 마구 소환하기 때문인지는 잘 모르겠습니다. 하지만 철학은 꼭 그런 식일 필요가 없고, 그것이 바로 제가 이 책을 쓴 이유입니다.

철학은 공감이 가야 하고, 실용적이어야 하고, 읽기 쉽고 다가가기 쉬워야 합니다. 하지만 무엇보다도 재미있어야 하죠.

이 책은 사실 학생들과 나눈 대화로 시작되었습니다. 그들이 고민하는 그날의 주제들이 신기하게도 우리가 함께 공부하는 철학과도 긴밀하게 연결된다는 느낌을 받으면서부터죠. 그래서 이해할 수 있고 마음에 와닿는 방식으로 철학 개념을 설명하는 책을 쓰고자 했습니다. 길고 거창하고 난해한 단어를 절대 쓰지 않겠다는 약속은 드릴 수 없지만, 꼭 써야 한다면 그 페이지가 끝나기 전에 잘 풀어서 설명할 예정입니다. 이 책은 플라톤, 데카르트, 보부아르 같은 철학자들의 이름은 들어봤으나 이들의 사상이 무엇인지 확실히 알지 못하는 분들을 위한 책입니다. 읽고 나서 오히려 머리가 더 복잡해지는 두꺼운 철학책을 뒤적거리지 않고도 구조주의나 현상학, 실존주의가 정확히 뭔지 알고 싶은 분들을 위한 책이기도 하죠. 이 책이 철학을 고고한 상아탑에서 거실로, 카페로, 통근 버스 안으로 다시 데려다주기를 바랍니다.

어느 분야에서든 사람들은 자신이 열정을 쏟는 주제에 대해 쉽게 설명하기를 몹시 싫어합니다. 그렇게 하면 왠지 모르게 그 주제를 과소평가하고 하찮게 만드는 느낌이 들기 때문이겠죠. 하지만 누구에게나 디딤돌, 또는 입문의 계기가 필요할 때가 있습니다. 그렇기에 여러분이 더 많은 책을 읽고 싶다는 생각이 들도록 여러 철학자의 사상을 쉽고 간단하게 보여주는 것이 이 책의 목표입니다. 철학 입문을 위한 지침인 셈이죠.

저는 누구나 철학적 질문을 품고 있으며, 누구나 철학자가 될 수 있다고 굳게 믿습니다. 그러니 이제 역사상 최고로 위대한 사상가들에게 도움을 좀 받아가면서 출발해보도록 하죠.

Ethics

I.

윤리

우리는 매일 엄청나게 많은 '윤리적' 결정을 내리며 살아갑니다. 어떤 의미에서 다른 인간에게 영향을 미치는 행동은 무엇이든 윤리적이라고 할 수 있죠. 한편으로 윤리는 도둑질, 살인, 거짓말, 자선, 배려 같은 행동의 '옳고 그름'입니다. 다른 한편으로는 용기, 충성심, 정직, 사랑, 선함 같은 성격적 특징과도 관련이 있습니다.

즉, 좋은 행동과 나쁜 행동, 좋은 사람과 나쁜 사람을 가려내는 것이 윤리입니다.

플라톤
투명 인간

길을 걷던 당신은 한 뼈드렁니 노파와 마주칩니다. 노파는 당신에게 작지만 놀라운 선물을 건넵니다. 바로 마법 반지! 사람을 완전히 투명하게 만드는 힘을 지닌 반지입니다. 어디를 가든, 무엇을 하든 당신 마음입니다. 아무도 당신을 보지 못하니까요. 이제 다음과 같은 문제가 생깁니다. 이 반지로 무엇을 할 건가요? 이 힘을 어디에 쓰고 싶은가요?

이 '기게스Gyges의 반지' 사고 실험은 플라톤의 유명한 저서 『국가』에서 선천적으로 '정의로운' 시민이라는 개념을 반박하기 위해 처음 제시되었습니다. 이 책에서 플라톤은 자신의 스승 소크라테스의 입을 빌려, 정의란 단순히 권력을 쥔 사람 마음대로 정해지거나 사람들 각자 뻔뻔스레 내세우는 사리사욕이 아니라 더 심오한 무언가라고 주장하지요. 하지만 훨씬 회의적인 등장인물 글라우콘Glaucon은 정직하고 공정한 인간이라는 소크라테스의 이상적이고 고결한 개념에 맞서기 위해 기게스의 반지 이야기를 꺼냅니다.

글라우콘은 이 반지를 끼면 누구나 그걸 냉큼 자기 잇속을 차리는 데 쓰리라 가정했습니다. 힘이 손에 들어오는 순간 정의, 도덕, 법, 품위 따위는 내던져지리라 보았죠. 플라톤은 (글라우콘의 대사를 통해) 이렇게 썼습니다. "보이지 않게 만드는 이 힘을 손에 넣고도 나쁜 짓을 전혀 하지 않거나 남의 것에 손대지 않는 사람이 만에 하나 있다고 하더라도 그 사람은… 천하의 바보천치 취급을 받을 것입니다."

반지를 얻으면 어떻게 할지 친구에게 물어보세요. 자기 자신에게도요. 재미있거나, 흥미롭거나, 어쩌면 불편한 대답이 나올 겁니다. 정말 솔직히 말해서 무언가를 훔치거나, 무단 침입하거나, 누군가를 공격하거나… 입에 담기 어려울 정도로 더 심한 짓을 하지 않을 자신이 있나요? 인정하지는 않겠지만, 틀림없이 나쁜 행동을 떠올리거나 심지어 그 상황을 즐거워하며 상상하는 사람이 많을 테지요.

기게스의 반지는 권력이란 반드시 타락한다는 점이 아니라 권력이 인간의 진정한 본질을 드러낸다는 사실을 보여줍니다. 모든 이의 마음속에는 작은 폭군이 숨어 있습니다. 사람을 바르게 행동하게 하는 원동력은 바로 사회적 비판, 즉 울타리 너머로 넘겨다보는 이웃의 존재에서 나옵니다. 우리가 정직하게 사는 유일한 이유는 타인의 비판인 셈이죠.

이 사고 실험에서 글라우콘이 옳다면 정치가나 지도자, 거대 기업을 바라보는 관점에서도 생각해볼 거리가 많습니다. 모든 사람에게는 견제와 균형, 또는 길을 벗어나지 않게 해줄 억제력이 필요합니다. 정의에는 끊임없는 단속과 투명성이 필요하다는 뜻이죠. 어쩌면 국가 기밀, 기업의 술책, 정치가의 번드르르한 거짓말은 기게스의 반지 이야기가 낳은 지극히 현실적이고 현대적인 결과가 아닐까요?

벤담
도덕성 계산하기

무엇이 올바른 행동인지 알아내는 방법이 있다면 얼마나 좋을까요? 삶의 모든 상황에서 어떻게 행동해야 할지 알려주는 편리한 도구가 있다면 멋지지 않을까요?

이것이 바로 18세기 영국 철학자 제러미 벤담이 **쾌락 계산법**hedonic calculus을 만들어 이루려고 했던 목표입니다.

벤담은 공리주의라고 알려진 규범적(즉 어떻게 행동해야 하는지에 관련된) 윤리 이론의 아버지입니다. 공리주의에서 행동은 그에 따르는 결과에 기초해서 옳고 그름이 정해집니다. 구체적으로 말해 더 많은 이로움이나 즐거움을 만들어내는 행위는 선하고, 결과적으로 불행이나 고통을 생산하는 행위는 악하다는 뜻이죠. 벤담은 이렇게 표현했습니다. "옳고 그름을 재는 척도는 최대 다수의 최대 행복이다."

그러므로 벤담이 보기에 의적 로빈 후드는 도덕적이지만, 서부의 무법자 부치 캐시디Butch Cassidy는 그렇지 않습니다. 2차 세계대전은 (연합국 관점에서) 선하지만, 칭기즈칸은 아니고요. 열 명을 살리려고 한 명을 죽이는 행위는 올바르지만, 납치당한 공주를 구하려고 전쟁을 일으키는 것은 옳지 않습니다. 간단히 말해 사람들을 행복하게 하고 고통을 최소화하라는 거죠. 자기 행동의 결과를 살피라는 말입니다.

하지만 중요한 의문 하나가 남습니다. 어떻게 하면 자기 행동의 결과가 긍정적일지 부정적일지 **확신**할 수 있을까요? 벤담의 답은 다름 아닌 쾌락 계산법입니다!

벤담은 사람들이 일곱 가지 기준, 즉 강도, 지속성, 확실성, 근접성, 다산성(쾌락이 더 많은 쾌락을 낳는지), 순수성(쾌락에 고통이 뒤따르지는 않는지), 범위를 토대로 자신의 모든 행동에서 비롯한 즐거움과 고통을 합산해야 한다고 주장합니다. 각 기준을 더 명확히 이해하고 자기 행동이 낳는 결과를 더 정확히 파악할수록 우리는 더 선해질 수 있다는 말이죠.

자, 이제 쾌락 계산법을 배웠으니 계산한 값을 쭉 적은 다음 합계를 내기만 하면… 짜잔! 당신은 어떻게 행동해야 할지 알게 됩니다. 참 쉽죠? 수학 시대에 걸맞은 도덕이자 이성적인 사람들을 위한 윤리입니다. 걱정할 필요가 전혀 없답니다!

…단지 매번 그걸 다 계산하는 데 한두 시간이 필요하다는 게 문제지만요.

아리스토텔레스
중용

우리는 모두 적절한 때에 올바른 일을 하길 원합니다. 덕을 행하고 싶은 거죠. 하지만 특정한 상황에서 무엇이 올바른 일인지 어떻게 알 수 있을까요? 용감해지고 싶을 때 내 행동이 무모하지는 않은지 어떻게 확신할까요? 정중하되 답답해지지 않으려면 어떻게 해야 할까요? 자신감이 교만으로 변하는 지점은 어디일까요? 인심이 생색으로 변하는 때는 언제일까요?

플라톤의 제자 아리스토텔레스는 자신의 저서 『니코마코스 윤리학』에서 바로 이 문제를 다루며 '중용'을 해결책으로 제시합니다.

아리스토텔레스는 윤리적 행동 또는 옳은 일을 하는 것이 결국 덕의 문제로 요약된다고 주장했습니다. 실천하고 반복하며 다른 이들을 모방함으로써 다양한 미덕을 두루 갖춘 사람으로 거듭날 수 있다는 뜻이죠. 친절해지고 싶다고요? 그냥 친절한 일을 자주 하세요. 너그러워지고 싶다고요? 당신이 아는 너그러운 사람을 따라 하세요. **행하면** 곧 그렇게 **될지니.** 그는 이런 명언도 남겼습니다. "우리는 자신이 반복한 일로 이루어진다. 그렇기에 탁월함은 행위가 아니라 습관이다."

하지만 어떤 상황에서든 덕 있는 행동이 뭔지 알아내기란 쉽지만은 않습니다. 도덕적 결정이나 선택은 모두 그때그때 다르니까요. 한 상황에서 용감했던 행동이 다른 상황에서는 아닐 수도 있습니다. 어제는 상냥했던 솔직함이 오늘은 뼈아프게 잔인할지도 모릅니다. 그렇다면 덕 있는 행동을 어떻게 알아볼 수 있을까요?

아리스토텔레스는 착한 일이란 양극단의 '중도'라고 주장했습니다. 선한 행위는 두 가지 악, 즉 지나침과 모자람 사이에 존재합니다. 용기는 무모함과 비겁함의 중간입니다. 정중함은 시큰둥함과 야단스러움 사이에 있고요. 넉넉하려면 쩨쩨해서도 헤퍼서도 안 됩니다. 고대 그리스 시인 헤시오도스의 "모든 것은 적당히"라는 말로 요약할 수 있겠습니다.

하지만 '중용'을 찾아내는 이러한 능력은 늘 쉽게 발휘되지는 않으므로 연습이 필요합니다. 그러려면 실천적 지혜가 필요하며, 아리스토텔레스는 이를 **프로네시스**phronesis라고 불렀습니다. 올바르게 행동하고 덕을 실천하면 헬스장에서 근육을 단련하듯 차츰 이 기술을 갈고닦을 수 있습니다. 프로네시스를 통해 직관적으로 중용을 정확히 짚어낼 수 있다는 뜻이죠. 우리는 완벽하게 윤리적인 시민이 될 것이고 어떤 상황에서든 무엇을 말할지 정확히 알게 되겠죠. 그러다 보면 언젠가는 우리처럼 완벽하게 덕을 행하려는 젊은이들이 생겨나 우리를 따라 할지도 모를 일이죠.

칸트
"남들도 똑같이 한다면?!"

세상 모든 사람이 당신과 똑같이 행동한다면 어떨까요? 그 세상은 선하고 상냥하고 행복할까요, 아니면 당신조차 살기 싫은 곳일까요? 당신의 사소한 행동 하나하나가 인류 전체의 규범이 된다면 어떨까요? 그 사실은 당신의 행동 방식에 어떤 영향을 미칠까요?

18세기 독일 철학자 이마누엘 칸트가 **정언 명령**定言 命令, categorical imperative이란 개념을 내놓은 배경에는 바로 이러한 생각이 있었습니다.

칸트는 이런 말도 했습니다. "나를 경외감으로 꽉 채우는 두 가지는 내 머리 위 별이 총총한 하늘과 내 마음속 도덕률이다." 그는 모든 인간의 내면에 절대적 도덕성이 존재하며 누구에게나 이 도덕성을 드러낼 능력과 특권이 있다고 믿었습니다. 또한, 이 도덕률에 접근하는 방법은 인간의 놀라운 특성인 이성뿐이라고 했죠. 즉 도덕적 인간이 되려면 이성(감정이나 '직관'이 아니라)을 사용해야 한다는 뜻입니다.

칸트의 말에 따르면 인간의 이성은 살아가며 지킬 '준칙maxim'(여기서는 개인적 도덕률 또는 행동 원칙)을 가려내는 역할을 합니다. 어떤 상황에서든 우리에게는 몇 가지 준칙이 제시되고, 도덕적 주체인 우리는 어느 것을 따를지 결정해야 하죠. 적절히 활용되기만 하면 **이성**은 이 여러 도덕적 선택 가운데 '명령'(우리가 **해야만** 하는 것), 즉 우리의 의무가 무엇인지를 알려줍니다.

이성으로 이 선택을 해내는 데는 세 가지 방법(칸트는 이를 '정식 formulation'이라고 불렀죠)이 있지만, 가장 잘 알려진 것은 첫 번째 방법입니다. **보편화가능성**universalisability이라는, 말장난으로 지어낸 단어로 보일 만큼 긴 이름으로 불리죠. 기본적으로 이 방법은 스스로 이렇게 질문하는 것입니다. "남들도 다 똑같이 한다면 어떻게 될까?" 못마땅한 듯 혀를 차는 온 세상 부모의 목소리와 비슷하죠.

"원한다면 거짓말해도 된다" 같은 준칙을 예로 들어보죠. **누구나** 이렇게 행동한다면 거짓말이 너무나 일상적이고 당연한 행위가 되어 참과 거짓의 의미가 없어집니다. 이윽고 거짓말('의도적 비非진실')은 불가능해지며, 결국 원래의 준칙은 붕괴하고 맙니다. 모든 사람이 전염병 격리 원칙을 지키지 않는다면 격리라는 개념 자체가 무의미한 탁상공론이 되어 사라지겠지요. 불륜이나 절도 등으로도 비슷한 예를 들 수 있습니다. 이런 준칙은 모든 이에게 적용되는 보편적 원칙이 되면 저절로 붕괴합니다. 따라서 진실을 말하고 격리를 지키는 것은 해야만 하는 일이죠. 지키지 않으면 논리적으로 붕괴하는 이런 준칙을 칸트는 인간의 **완전 의무**perfect duty라고 부릅니다.

칸트가 **불완전 의무**imperfect duty라고 부르는 것들도 있습니다. 이 의무는 이성뿐 아니라 개인의 기호나 욕구에 좌우되기에 불완전합니다. 이를테면 "절대 남을 돕지 마라"라는 말에 논리적 모순은 없지만, 누구나 이 준칙을 따른다면 세상은 상당히 암울한 곳이 될 테지요.

본다는 행위의 순수한 즐거움을 위해 영화를 보듯 '정언'이라는 말은 '그 자체를 목적으로 행해지는 무언가'를 가리킵니다. 이제 '정언 명령'이 무슨 뜻인지 감을 잡으셨겠지요.

그러니 다음번에 도덕적 딜레마에 빠지거든 칸트의 간단한 방법을 활용해보세요. 잠시 짬을 내서 이성적으로 생각해보는 거죠. '남들도 다 이렇게 한다면 어떻게 될까?'

랜드
이기주의

소셜 미디어에 자랑할 수 없다면 착한 일을 하는 의미가 있을까요? 칭찬해주는 사람이 없다면 대체 왜 남을 도울까요? 뭔가 친절을 베풀려거든 당연히 남이 볼 때 해야죠!

아인 랜드Ayn Rand의 '이성적 이기주의' 세상에 오신 걸 환영합니다. 즐겁게 지내면서 자기 자신(만)을 생각하시면 됩니다.

러시아 출신인 20세기 철학자 랜드에 따르면 인간이 자기를 챙기는 것은 이성적이고 자연스러운 일입니다. 모든 관계, 행동, 욕망은 개인에게 얼마나 이득이 되는지에 따라 판단되어야 합니다. 어떤 일이 자신에게 이익이 될수록 그 일을 할 동기도 커진다는 뜻이죠.

당신이 자선단체에 돈을 기부한다면 친구들에게 좋은 사람으로 보이려고 하는 것입니다. 울타리를 고치는 이웃을 돕는다면 다음번에 태풍이 왔을 때 이웃의 도움을 받으려는 속셈이고요. 결혼을 한다면 그건 자기가 바라는 안정감과 행복, 자녀를 얻기 위해서입니다. 이렇듯 전부 꼼꼼하게 계산된 행위이기에 우리는 종종 잠시 멈춰 이렇게 물어야 합니다. "이 상황에서 나에게 가장 이득이 되는 것은 무엇일까?" '이성적 이기주의'의 렌즈를 거치면 모든 행동은 자신에게 어떤 영향을 미치는지에 따라 평가됩니다.

어떤 행동을 함으로써 인생이 험난해진다면 그 길을 택하는 것은 완전히 비이성적인 행위입니다. 자기 목숨을 희생하는 행위(랜드의 주장대로라면 자살은 제외입니다)는 **전적으로** 부적절합니다. 간단히 말해 모든 것은 도구적 관점, 즉 손익으로만 파악되지요. 랜드의 세상에서 모든 상호작용은 이성적으로 자신에게 가장 좋은 결과를 얻으려고 애쓰는 법적 당사자 사이의 계약과도 같습니다(물론 양쪽에 모두 이로운 계약도 가능합니다).

사람들은 랜드를 아주 좋아하거나 아주 싫어하는 경향이 있고, 가끔은 그의 이론을 부당하게 오해하거나 곡해하기도 합니다. 예를 들어 랜드는 다친 개나 타인을 도우려는 도덕적 충동을 전혀 느끼지 않으려면 '사이코패스'여야 한다는 사실을 인정했죠. 하지만 동시에 이런 충동은 '주는 만큼 받는다'라는 일반적 통념에서 비롯한다고 주장했습니다. 웬만해선 사람들이 서로 돕는다면 당연히 우리 모두에게 좋은 일이죠. 카르마를 염두에 둔 이익 추구(228쪽에 나오는 에피쿠로스의 사상과도 비슷합니다)라고 볼 수도 있습니다.

그러니 누가 당신에게 어떤 형태로든 자신을 희생하라거나 혜택이나 이득을 포기하라고 다그친다면 이유를 대라고 하세요. 자기 자신을 뒷전에 두는 행위에 과연 이성적인 구석이 있을까요? 지적인 존재가 자신을 포기할 이유가 대체 뭘까요?

콩트
이타주의

크리스마스에 집에 왔더니 가족은 모두 다른 방에서 TV를 보고 있습니다. 요깃거리를 찾던 당신은 열린 채 놓인 고급 초콜릿 상자를 발견합니다. 딱 한 개 남은 초콜릿은 당신이 가장 좋아하는 맛이네요. 하지만 다른 가족도 **모두** 그 맛을 좋아합니다. 그 순간 당신의 마음은 이기주의와 이타주의라는 한 쌍의 세력이 다투는 전쟁터로 변합니다. 어느 쪽이 이길까요? 당신은 초콜릿을 먹을 건가요?

'이타주의'라는 단어를 만든 프랑스 철학자 오귀스트 콩트Auguste Comte는 이런 상황에서 의지력을 발휘해 이기주의를 뛰어넘어야 한다고 생각했습니다. 이타주의는 이길 수 있습니다. 하지만 그러려면 우리가 시간을 들여 마음을 갈고닦아야 하지요.

콩트는 자신이 인간의 본성을 잘 안다고 생각했고, 그의 주장은 오늘날 '진화심리학'이라고 불리는 개념에 기반을 둔 것이 많았습니다 (사실 콩트는 다윈이 『종의 기원』을 발표하기 두 해 전인 1857년에 사망했는데도 말이죠). 그는 모든 인간이 놀라울 정도로 이기적인 '감정적 충동'에 강력히 지배되며 본능적으로 자신을 먼저 생각하고 뭐든 손에 넣으려 하는 존재라고 믿었습니다.

하지만 콩트는 우리가 생리적 본능의 노예라거나 인간의 충동이 미리 정해진 운명이라고 생각지는 않았습니다. 인간은 모두 극히 뛰어난 정신을 타고나므로 유전적 숙명을 초월하거나 탈출할 수 있다고 여겼죠. '개인주의'라고 할 수 있는 우리의 '개인성'이 한 편에, 남을 배려하기를 원하는 '집단주의'가 다른 한 편에 서서 맹렬히 전투를 벌이는 것처럼 보이는 이유는 바로 이 때문입니다.

전투에서 이기려면 타고난 이기심을 극복하고 더욱더 '남을 생각하는' 사람이 되려는 훈련이 필요합니다. 사실 우리는 이미 일상의 수많은 행동 속에서 이런 연습을 하고 있습니다. 예를 들어 사람은 대부분 타인을 위해 출입문을 잡아줍니다. 자신에게는 아무 이득도 없지만, 남을 도와주는 행동이죠. 더 중요한 지점은 너무 일상적이어서 사람들이 대개는 의식조차 하지 않고 이렇게 행동한다는 사실입니다. 이타주의는 이런 방식을 통해 훨씬 더 큰 범위로 뿌리내릴 수 있습니다.

콩트는 이 모든 것들이 사소해 보이지 않았습니다. 이타주의는 모든 인간에게 행복과 '안정감'을 주는 만족스러운 삶과 관련되기 때문이죠. '자신 외에는 아무것도 사랑하지 않는' 이기주의자는 '통제 불가능한 흥분' 상태에 빠지게 됩니다. 다시 말해 항상 더 많은 것을 원한다는 뜻이지요(100년 뒤 쇼펜하우어도 이와 비슷한 생각을 했으니 58쪽을 참고하세요). 진정한 성취감은 변덕스럽고 채울 수 없는 욕망에만 관심이 있는 개인성을 부정하고 그 대신 온전히 다른 사람 또는 다른 것을 위해 살아갈 때 찾아옵니다. 공감 능력을 자기 밖의 세상으로 돌릴 때 비로소 인간은 완전해집니다.

아직도 초콜릿을 먹어야 할지 말아야 할지 갈등하고 있다면 당신의 고귀한 인간적 특성을 살려보세요. 당신의 본능은 먹어치우라고 아우성칠지도 모르지만, 당신은 그보다 우월한 존재입니다. 맹목적으로 뭐든 손에 넣도록 프로그램된 생물학적 기계가 아니죠. 이타주의 덕에 우리는 그보다 훨씬 나은 존재가 되어 한결 심오한 행복을 얻을 수 있습니다.

아벨라르
선한 의도

두 사람이 법정에 섰습니다. 첫 번째 사람은 장난으로 총을 쐈죠. 건물에 부딪혀 튕겨 나온 총알을 맞고 친구가 죽었습니다. 두 번째 사람은 헤어진 연인을 집까지 따라가서 총으로 쏘았습니다. 하지만 조준이 엉터리여서 총알은 빗나갔고, 그는 죽일 생각을 접기로 했지요. 더 큰 벌을 받아야 할 사람은 누구일까요? 첫 번째 사람은 어처구니없이 불운한 사건으로 종신형을 살아야 할까요? 두 번째 사람은 '도덕적 행운' 덕에 가벼운 처벌만 받게 될까요?

12세기 철학자 겸 시인인 피에르 아벨라르Pierre Abélard는 바로 이 문제를 두고 고심했습니다.

아벨라르가 글을 쓰던 시대에 사회 전체의 강력하고 보편적인 도덕 중추였던 교회는 **행동**을 옳고 그름의 기준으로 삼았습니다. 근친상간, 절도, 신성모독 등은 행위자의 의도나 사전 지식과 상관없이 항상 잘못된 행동이었죠.

아벨라르는 이 점이 말도 안 된다고 생각했습니다. 대신 그는 행동의 도덕적 가치가 전적으로 **의도**에 달렸다고 주장했죠. 그는 태어나자마자 떨어져 자란 두 남매를 예로 들었습니다. 오랜 시간이 흘러 둘은 우연히 다시 만나게 되었고 혈연임을 전혀 모른 채 사랑에 빠집니다. 아벨라르가 보기에 둘은 죄인이 아니었습니다. 하지만 교회가 보기에는 지옥행이었죠.

오늘날에는 상식으로 보이지만, 그 시대에 아벨라르의 생각은 혁명적이었습니다. 대담하게도 성교도 죄가 아니라고 했거든요! 성교의 쾌락이 결혼이라는 울타리 **안**에서는 교회의 승인을 받지만, 울타리 **밖**에서는 음탕함이라는 죄가 된다면 성교 자체는 도덕적으로 판단할 수 있는 행위가 아니라는 게 그의 주장이었죠.

물론 윤리가 늘 그렇듯 이 문제도 그렇게 딱 떨어지지는 않습니다. 어떻게 하면 행위자의 의도를 **확실히** 알 수 있을까요? 살인자는 웬만해선 사전에 계획했다고 인정하지 않을 겁니다. 그걸 인정하면 어떻게 되는지 알고 있으니까요. 여기에 아벨라르는 "신은 알고 계신다"는 답을 내놨지만, 오늘날 이것만으로는 아무래도 부족하죠. 그래서 종교 법정이 아닌 현대 세속 법정에서는 관련자의 성품을 폭넓게 조사하고, 모든 증거를 상호 검증하고, 상황의 타당성을 고려합니다. 하지만 이 과정은 극히 까다로워서 오류가 발생할 가능성도 적지 않지요.

게다가 무지와 태만 사이의 불분명한 경계는 또 어떨까요? "나는 총이 위험한 줄 몰랐어요!"라는 말이 합리적 변론일까요? 40쪽에 나오는 클리퍼드의 말대로 사람은 어느 정도까지 상식을 갖추려는 노력을 기울일 의무가 있을까요? 자신의 행동이 미칠 영향을 어느 정도까지 파악해두어야 할까요?

이런 여러 문제점이 존재함에도 아벨라르가 현대 윤리에, 그리고 그 결과 세속법에 미친 영향은 실로 막대합니다. 아벨라르는 미신과 혼란의 시대에 존재한 이성적 빛이었고, 오늘날 우리는 모두 그가 닦은 토대 위에 서 있습니다.

싱어
차별 대우

'평등'은 인간이 서로에게 하는 가장 큰 거짓말입니다. 우리는 고고한 척하며 자신이 모든 사람을 똑같이 대한다고, 또는 모든 사람이 평등하다고 주장하지만, 실제로 우리 모두는 거의 일상적으로 차별하고 편견을 드러냅니다. 더욱 나쁜 것은 그런 행동이 틀렸다는 **생각**조차 하지 않는다는 점이죠. 스스로에게 이런 질문을 해보세요. 어머니와 낯선 사람 중에 한 명만 구해야 한다면 누굴 택할까요? 재산은 누구에게 물려줄 건가요? 자녀에게는 물려줄 수 있지만, 모르는 사람에게는 주지 않는 이유는 뭔가요?

'확장하는 원expanding circle'이라는 개념을 내놓고 1981년 같은 제목의 책을 펴낸(한국어판 제목 『사회생물학과 윤리』) 오스트레일리아 철학자 피터 싱어Peter Singer는 바로 이 문제에 집중했습니다. 싱어는 이 책에서 자신의 친구와 가족에게 유리한 편파적 행위도 명백히 비도덕적이라는 주장을 펼칩니다.

리처드 도킨스Richard Dawkin는 1976년 저서 『이기적 유전자』에서 자기 가족을 돌보는 것은 자신과 가족의 유전자를 보호하므로 진화심리학적으로 자연스러운 행위라고 주장합니다. 그러므로 우리의 이타주의가 그리는 원은 매우 작고, 우리의 행동 범위는 진화상의 목적을 수행하는 사람에게 국한된다는 것이죠. 도킨스는 우리가 항상 진화에 유리한 방향으로만 움직여야 한다고 노골적으로 말하지는 않았지만, 그것이 자연스럽고 합리적이라는 의견을 명백히 밝혔습니다.

하지만 싱어는 단지 생물학적 또는 진화론적 '사실'이라는 이유만으로 **도덕적**인 것은 아니라고 주장했습니다. 사실 그 자체가 곧 의무인 것은 아니죠. '현상'이 '당위'로 이어지지는 않는다는 말입니다.

대신 싱어는 인간에게는 단순한 생물학적 최적화 이상의 목적이 있다고 주장합니다. 이성적 사고라는 고유한 능력도 있습니다. 고집스럽게 진화심리학에만 초점을 맞추는 것은 인류 전체를 경시하는 처사라는 거죠. 인간은 생물학적 결정론을 뛰어넘는 존재니까요.

역사 전체에 걸쳐 인류는 이성을 활용해서 '자신의 원을 확장'해왔습니다. 철저히 도킨스의 말을 따른다면 우리는 자기 자신, 자녀, 그리고 기껏해야 가까운 친척만을 보살펴야 합니다. 하지만 인류는 항상 이성을 활용해 우리의 공감 범위를 확장하는 가치관과 체계를 만들어냈습니다. 우선 인류는 확대 가족을 보살폈죠. 다음은 부족, 그다음은 국가였고요. 싱어가 보기에는 세계라고 안 될 이유가 없다는 거죠. 이성과 도덕성을 갖추면 우리는 유전적 관계와는 상관없이 모든 인류의 존엄성과 중요성을 존중하는 가치관에 따라 살아갈 수 있습니다. 294쪽에서 다룰 간디의 사상과도 일맥상통하는 개념입니다.

싱어는 누구나 공감을 확장해 자신의 원을 넓힐 수 있다고 믿습니다. 사회생물학적 차별을 진정한 이타주의로 바꾸면 더 많은 사람을, 그리고 결국에는 인류 전체를 배려할 수 있다는 뜻입니다. 싱어는 윤리가 '이성 대 감정'이라고 믿지 않았고, 오히려 이성이 우리의 타고난 공감 능력을 키우고 확장한다고 생각합니다. 이성은 우리가 더 많은 사람을 원 안에 넣도록 하고, 우리의 배려심을 넓혀준다는 말이죠.

그렇다면 타인보다 자기 형제에게 잘해주는 것은 잘못된 행동일까요? 자기 자녀에게 재산을 물려줘도 괜찮을까요? '자연스러울'지는 모르지만, 그렇다고 과연 옳다고 할 수 있을까요?

칸트
타인을 대하는 잘못된 방식

회사 동료들과 함께 저녁을 먹으러 갔는데 동료 하나가 손가락을 까딱하며 말합니다. "어이! 여기 주문!" 택시를 타면서 기사에게 "안녕하세요"나 "안녕히 가세요", "감사합니다" 같은 인사말을 전혀 하지 않는 사람도 있습니다. 아이를 납치한 범인이 몸값으로 백만 달러를 요구합니다. 한 정부가 다른 국민이 반항하지 못하게 하려고 반역자를 처형합니다. 이 예시들의 공통점은 무엇일까요?

칸트라면 이 사례들은 전부 목적을 위해 인간을 수단 취급하고 있으며 그런 행동은 모두 잘못되었다고 말할 겁니다.

칸트는 인간의 이성에 매혹되어 있었습니다. 그가 보기에 이성은 인간의 특성 가운데 단연 최고인 자산이었죠. 물론 이성의 가장 큰 장점은 우리가 선악을 구별하게 해준다는 점입니다. 앞 꼭지(22쪽 참조)에서 살펴보았듯 칸트는 이성만을 활용해서 자신의 첫 번째 정식인 '정언 명령'을 만들어냈고, 이 두 번째 정식 또한 그 연장선에 있습니다. 물론 도출 과정을 정확히 파악하려면 머리를 좀 더 굴려야 할 테지만요.

칸트는 이성적 인간에게는 무조건적 존엄성이 따르기 마련이며, 그렇기에 인간은 항상 그 점을 존중하는 방식으로 행동해야 한다고 보았습니다. 우리 모두는 "어떤 상황에서도 인간을 결코 수단이 아니라 목적으로 대하기 위해 행동"해야 한다는 뜻입니다.

칸트는 인간은 각자 **주관적**으로 자신의 존재를 본질이자 최종 목적으로서 귀중히 여긴다는 명제를 기반으로 이렇게 주장했습니다. 나는 내가 중요하다고 생각하고, 당신도 당연히 그럴 겁니다. 이런 주관적 주체인 사람들이 모여 세상을 이루므로 **모든 사람**이 그런 가치를 인정받아야 한다는 보편적 주장이 가능해집니다. 우리 모두가 자신이 특별한 조건 없이도 가치 있다고 여긴다면 세상 **전체**도 가치 있는 인간들로 이루어진다고 봐야겠지요.

물론 칸트는 순진하지 않았습니다. 사회는 우리가 서로 돕고 남을 위해 일하고 노동력을 제공해야만 제대로 굴러가죠. 그렇기에 이 정식에는 '단지' 또는 **오직** 수단으로만 타인을 대해서는 안 된다는 표현이 의도적으로 쓰였습니다. 사람은 각자 그 자체로 가치 있는 존재이기에 식당 종업원, 택시 기사, 심지어 범죄자의 인간성까지도 항상 염두에 두어야 합니다. 칸트는 자신의 하인인 람페를 언제나 매우 존중하는 태도로 대했고, 심지어 그의 이름을 자기 유언장에도 넣었다고 하네요.

그러니 다음에 누군가를 어떻게 대해야 할지 잘 모르겠다는 생각이 들면 스스로 이렇게 물어보세요. "나는 이 사람을 인간적으로 존중하고 있나, 아니면 그저 도구 취급하며 이용하고 있나?" 간단하면서도 쓸모 있는 삶의 원칙이니까요.

아퀴나스
전쟁의 정당성

국가가 전쟁에 나서야 할 때는 언제일까요? 힘의 사용이 정당화되는 때가 있다면 그건 언제일까요? 사람들이 대부분 스페인의 신대륙 정복은 옳지 않으나 노르망디 상륙작전은 영웅적 행위라고 생각하는 이유는 뭘까요? **당신**은 어떤 상황에서 전쟁에 참전할 건가요?

13세기 이탈리아 학자이자 수도사였던 성 토마스 아퀴나스는 이 문제에 관심을 쏟았고, **유스 아드 벨룸**jus ad bellum(정당한 전쟁)을 변호하는 근거를 마련한 주요 인물 중 하나로 손꼽힙니다. 앞서 비슷한 주장을 폈던 아우구스티누스의 이론을 토대로 아퀴나스는 자신의 저서 『신학대전』에서 다음의 세 가지 기준을 만족할 때 전쟁은 '정당성', 즉 도덕적 허용 가능성을 획득한다고 주장했습니다.

(1) '군주(현대에는 '공인된 정부'라고 해야겠지요)의 권한'으로 승인되어야 하며, 사적 야망에서 비롯한 변덕에 근거해서는 안 됩니다. 따라서 1757년 동인도회사가 인도 벵골 주민들을 상대로 벌인 플라시 전투는 정당하지 않습니다. 동인도회사는 임원의 이익만을 위해 운영된 사기업이었기 때문이지요.

(2) "자신이 저지른 어떤 잘못으로 공격받아 마땅한" 대상을 상대로 정의를 구현하기 위해 수행되어야 합니다. 따라서 북대서양조약기구NATO의 보스니아 내전(스레브레니차Srebrenica 대학살 이후) 개입은 정당합니다. 인도주의적 개입은 모두 여기 해당합니다.

(3) 피해를 최소화하고 문제 해결과 평화를 우선시해서 "악을 피하고 선을 도모하는" 방식으로 수행되어야 합니다. 1209년 십자군이었던 아르노 아말릭Arnaud Amalric은 이단 교파인 프랑스 순결파에게 승리한 뒤 이들을 숨겨준 베지에Béziers의 시민 전체를 학살했습니다("모두 죽여라, 주님께서는 누가 자기 백성인지 알아보신다!"라고 했다는군요). 이는 엄청난 잘못이었죠.

오늘날에는 '정당한 전쟁'보다는 '합법적 무력'이라는 말이 사용되지만, 세계 각국 지도자들은 여전히 아퀴나스의 기준을 응용한 근거를 활용해 전쟁에 찬성하는 주장을 펼칩니다. 오늘날 국제연합UN은 '정당한 전쟁'을 극히 좁은 범위로 정의합니다. 국제연합헌장 51조에 따르면 전쟁은 자기방어를 위해서만 정당화되며 적극적 공격 행위(아퀴나스는 가능하다고 보았죠)는 결코 허용되지 않습니다. 하지만 이건 너무 제한적이지 않나요? 전쟁 또는 무력 개입이 정당화되는 경우도 있지 않을까요? 아니면 전쟁은 국제연합 말대로 방어를 위한 최후의 수단으로만 활용되어야 할까요?

싱어
종차별주의

미래 세대는 현세대의 어떤 점을 비판하게 될까요? 현재 우리 삶의 어떤 이야기를 들려주면 손자들이 질색할까요? 미래의 TV 프로그램에서 깜찍한 꼬마는 무엇에 대해 이런 질문을 하게 될까요? "할머니, 그땐 왜 아무도 그게 잘못됐다는 말을 안 했어요?"

현대 철학자 피터 싱어라면 혹독하게 비판받게 될 영역 가운데 하나는 우리가 동물을 대하는 방식과 거기서 드러나는 위선이라고 말할 것입니다. 그는 인간이 동물을 취급하는 방식을 설명하기 위해 내세울 만한 윤리적·철학적 정당성이 있는지, 있다면 무엇인지 생각해보자는 도발적 제안을 내놓았습니다. 간단히 말해 왜 대부분의 사람은 당연하다는 듯 인간이 동물보다 가치 있다고 여기는가에 의문을 제기합니다.

'종차별주의speciesism'는 1970년대 싱어가 내놓아 널리 알려진 환경 및 동물 윤리학의 한 갈래이며, 싱어는 이를 "자기 종 구성원의 이익을 다른 종 구성원의 이익보다 우위에 두는 편견 어린 태도"라고 정의했습니다.

'-주의'로 끝나는 다른 차별처럼 종차별주의 또한 관습에 의해 굳어진 집단의 통념을 비판적으로 점검하는 데 실패해서 생겨난 편견입니다.

싱어의 주장은 모든 생명의 가치가 동등하다는 것이 아니라(싱어 자신도 '자기 인식'을 중시합니다) 모든 종이 똑같이 고통을 경험하며, 살고자 하는 의지를 지녔다는 것입니다. 그렇기에 행동의 결과를 놓고 장단점을 따지는 윤리적 이론은 우리 종뿐 아니라 **모든** 종을 고려해야 한다는 말이죠.

싱어의 종차별주의는 그의 공리주의(특정 행동의 옳고 그름을 정하기 위해 예상되는 고통과 쾌락을 비교함)에 포함됩니다. 싱어는 도덕적 결정을 내릴 때 인류뿐만 아니라 동물과 식물, 자연에 미치는 영향도 고려해야 한다고 주장합니다. 인간의 쾌락만이 방정식의 변수가 될 이유가 있을까요?

21세기 들어 우리는 점점 싱어의 관점 쪽으로 기울고 있습니다. 오늘날 많은 사람은 투우나 투견 같은 경기를 비도덕적이라고 여깁니다. 인간에게 쾌락을 줄 목적만으로 동물에게 고통을 주어서는 안 됩니다. 동물도 우리의 도덕 방정식에 포함되기 시작한 거죠. 하지만 아무렇지 않게 스테이크를 먹는 자신의 즐거움이 살고자 하는 소의 의지보다 중요하다고 생각하는 사람도 많습니다. 싱어라면 이렇게 말하겠죠. 대체 어떤 도덕 계산법을 쓰기에 개와 곰을 싸움 붙이는 베어베이팅bear-baiting은 금지하면서 집단 사육 농장은 허용하느냐고요.

싱어는 오늘날 우리가 과거의 인종차별이나 성차별을 되돌아볼 때 역겹다고 생각하듯 치명적이고 시대착오적인 편견인 종차별 또한 똑같이 취급해야 한다는, 어떻게 보면 더욱 도발적인 주장도 펼쳤습니다. 우리가 지각 있는 생명체와 고통을 느끼고 관계를 맺을 줄 아는 생물을 편견과 전통 외에는 아무 근거도 없이 부당하게 대해왔다면, 과연 앞으로도 그렇게 해야 할까요?

짐바르도
만들어지는 악

당신이 나치 독일에 태어났다면 어땠을까요? 정말 솔직히 말해 당신이라면 남들과 달랐으리라 생각하시나요? 그렇게 하라고 지시받았다거나 단지 집단에 받아들여지고 싶다는 이유로 크든 작든 잘못을 저지른 적은 없나요? 제복과 지위, 자유재량권이 주어지면 어떤 일까지 가능할 것 같나요? 스스로 물어보세요. 머릿속에는 당신을 비판할 사람 따윈 없으니까요.

2차 세계대전 이후 독일에서 일어난 현상들을 보며 많은 사회심리학자가 이와 같은 질문을 시험해보고자 했습니다. 역사와 지적 전통이 풍부한 나라의 국민이 **대체** 어떻게 그토록 빨리 변해버릴 수 있었을까요?

미국 심리학자 필립 짐바르도Philip Zimbardo는 1971년 유명한 스탠퍼드 감옥 실험에서 75명의 성인 남성을 교도소 환경에 배치했습니다. 그중 24명은 장비를 갖추고 '교도관'이 되라는 지시를 받았고, 나머지는 '죄수'가 되었습니다. 2주 예정이었던 실험은 일부 교도관이 점점 권위주의적이고 가혹하고 폭력적으로 변하면서 고작 엿새만에 막을 내렸습니다. 짐바르도는 교도관 중 3분의 1이 가학증으로 진단받을 만한 특징을 보였다고 밝혔습니다.

그 이래로 철학자와 심리학자들은 사회적 제재가 없는 상황에서 우리가 도덕이라 부르는 것들 가운데 얼마나 많은 수가 왜곡되는지 보여주는 증거로 이 실험을 활용했습니다. 짐바르도는 여태껏 개인의 성향과 도덕이 사회적 맥락 또는 압력을 무시한 채 과대평가되었다는 의견을 밝혔습니다. 허가증과 제복, 역할이 주어지면 우리 모두 아우슈비츠 교도관이 될 수도 있다는 말이죠.

하지만 이후 이 실험은 수많은 비판과 정정의 대상이 되기도 했습니다.

첫째, 짐바르도 자신이 공정한 태도를 유지하지 않고 도리어 '사악한 감독관' 역할을 자처하며 실험 대상자들이 더욱 역할에 몰두하도록 유도했다는 점에 비판의 초점이 맞춰졌습니다. 예를 들어 짐바르도는 영화 〈폭력 탈옥〉(1967)에서 극도로 가학적인 교도관이 썼던 것과 비슷한 미러 선글라스를 교도관들에게 지급했죠. 상황이 너무 악화된 나머지 그의 연구(및 인생) 파트너였던 크리스티나 마슬락Christina Maslach은 실험이 끔찍한 상태에 이르렀다고 지적했고, 그제야 짐바르도는 실험 전체를 취소했습니다.

둘째, 실제로 몇 명의 교도관이 가학적 경향을 보인다고 할 정도로 악하게 변했는지가 분명치 않습니다. 가장 심각한 행위는 데이브 에셜먼Dave Eshelman이라는 교도관 혼자 행한 것으로 보이는데, 그는 연구자들에게 뭔가 연구할 거리를 주려고 의식적으로 페르소나를 꾸며냈다고 주장했습니다. 다른 이들은 적극적으로 동참했다기보다는 방관하는 잘못만을 저질렀을 가능성이 큽니다.

이런 문제점에도 짐바르도의 실험은 우리 모두에게 중요한 질문을 제기합니다. 자신이 무소불위의 권력을 쥐었다면 어떻게 할지 솔직하고 진지하게 생각해봅시다. 그 상황에서 당신의 도덕과 가치관이 어느 정도까지 왜곡될 수 있다고 생각하시나요?

클리퍼드
믿음의 윤리

남을 불쾌하게 하는 믿음을 품는다면 도덕적으로 잘못된 것일까요? 자신의 태도와 행동은 책임져야 하지만, 생각은 책임지지 않아도 될까요? 아니면 인간에게는 특정한 믿음을 품거나 특정한 방식으로 생각해야 할 의무과 책임, 이른바 '인식적 의무epistemic duty'까지 있는 걸까요?

영국 철학자 윌리엄 클리퍼드William Clifford는 1877년 『믿음의 윤리The Ethics of Belief』에서 그렇다고 주장했습니다.

우선 이야기가 하나 나옵니다. '평생에 다시없는 환상의 여행' 티켓을 파는 선주가 있다고 치죠. 그는 자기 배가 여행을 감당할 만큼 안전하지 않을지도 모른다는 예감을 느끼지만, 수리에는 목돈이 들어갈 게 뻔합니다. 수리 작업만으로도 이윤이 줄어들 텐데, 줄어들 매상은 또 어떻게 하죠? 그래서 선주는 더 자세히 알아보지 않고 눈을 감기로 합니다. 어쨌거나 그냥 **예감**일 뿐이니까요. 이 선주의 무지함은 도덕적으로 비난받아야 할까요? 아니면 더 자세히 알아볼 의무가 있을까요? 클리퍼드는 그렇다고 생각했습니다.

클리퍼드는 이렇게 썼습니다. "누구든 불충분한 증거를 토대로 무언가를 믿는 것은 언제 어디서든 옳지 않다." 클리퍼드와 이 원칙은 자신이 증거를 확보한 것만을 믿어야 한다는 '증거주의'의 상징이 되었습니다.

클리퍼드의 말에 따르면 '환상의 여행'이 안전하고 즐거웠든 비극적이고 치명적이었든지 상관없이 선주의 행동은 옳지 않습니다. 그가 진실을 밝히기 위해 적절히 조처하지 않은 시점에 잘못은 이미 저질러진 것이죠. 그는 증거를 찾기 위해 **인식적 최선**epistemic best을 다하지 않았으니까요.

마찬가지로 인종차별주의자는 차별 행위를 했든 하지 않았든 비도덕적입니다. 자신의 믿음을 더 자세히 들여다보지 않았기 때문이죠. 증거를 회피, 폄하, 왜곡, 오해하는 것은 변명이 될 수 없습니다. 고의적 무지는 언제 어디서나 옳지 않습니다.

평평한 지구론자, 백신 반대론자, 음모론자, 점성술사들은 증거를 살펴보는 데 충분한 노력을 기울이지 않았으므로 **비도덕적**입니다.

물론 이 주장에도 문제는 있습니다. 증거를 찾으려는 노력이 적절했는지는 누가 정할까요? 자기 생각과 상반되는 증거를 자연스레 피하도록 유도하는 확증편향은 또 어떤가요? 사람의 의도(28쪽에서 아벨라르가 던진 화두)에는 가중치를 얼마나 두어야 할까요? 클리퍼드의 주장을 제외하고 신념을 윤리적 문제로 봐야 할 이유는 **대체 뭘**까요?

클리퍼드의 주장은 '믿음 대 행동'이라는 까다로운 문제를 꺼내놓았고, 이 두 가지의 도덕적 차이는 깔끔하게 구분되지는 않습니다. 당신은 자신의 관점에 도덕적 책임을 질 수 있나요? 덧붙여 그걸 판단할 사상경찰에는 누구를 임명해야 할까요?

러브록
대자연

줌아웃해서 이 책을 읽는 자신을 위에서 내려다본다고 상상해보세요. 다시 줌아웃. 당신이 있는 건물이 보입니다. 다시 뒤로 가서 땅이, 도시가, 숲이 그리는 곡선을 살펴보세요. 한 번 더 뒤로 빠져서 당신이 지구 자체가 된 것처럼 우주를 바라보세요.

영국 과학자 제임스 러브록James Lovelock은 자신의 '가이아gaia(그리스 신화 속 대지의 여신) 가설'에서 그런 관점을 유지해보자고 제안합니다.

인류 전체를 바라보면서 스스로 간단한 질문 하나를 해봅시다. 우리가 전혀 특별하지 않다면 어떨까요? 거대한 생태계 안에서 인간 또한 작은 톱니바퀴 하나에 불과하다면요? 지금이 아니라 수십억 년에 걸친 생명의 역사라는 관점에서 인류를 바라보세요. 지구에게 인간이 그저 금방 사라질 장내 박테리아 같은 존재라면 어떨까요? 생태계 전체를 지구의 관점에서 바라보는 이 개념을 러브록은 '가이아'라고 부릅니다.

가이아는 피드백을 주고받으며 생태계 변화를 활용해 지구 전체를 유지하는 관리자입니다. 이 '가이아의 힘'은 생명의 존속을 보장하기 위해 기온, 바닷물의 염도, 산소 등의 항상성 요소를 조절합니다. 인류가 보기에 생태계와 기후 체계는 머리가 아플 정도로 복잡하지만, 가이아에게는 일상적으로 관리하는 대상일 뿐입니다. 가이아는 모든 것이 마땅한 방향으로 흘러가도록 실을 조금씩 잡아당기죠.

처음 들으면 오해하기 쉽지만, 이 개념은 뉴에이지나 신비주의와는 조금 다릅니다. 공진화co-evolution는 생태계가 서로 발맞춰 진화한다는 이론입니다. 예를 들어 독수리는 사냥에 뛰어나도록, 토끼는 번식력이 왕성하도록 진화했죠. 소는 풀을 소화하도록, 풀 씨앗은 소화기관 안에서 살아남도록 변화했습니다. 튤립은 끈끈한 꽃가루를, 벌은 보송보송한 몸을 발달시켰습니다. 이런 식으로 보면 마치 **지구**가 진화하고 있으며 각 종은 지구를 구성하는 미생물이나 장기 같지요. 그런 생태계 안에서 인간은 다른 종보다 나을 것도 못할 것도 없는 존재입니다.

이 이론에는 두 가지 해석이 존재합니다.

어쩌면 인류는 (〈매트릭스〉에서 스미스 요원이 말한 대로) 가이아에게 치명적인 병원균일 수도 있습니다. 우리는 기후 파괴와 탄소 배출로 지구에 치명상을 입힌 암이나 바이러스입니다. 우리는 망가진 컴퓨터 부품이고, 이제 생태계는 불길할 정도로 느리게 굴러가고 있습니다.

아니면 우리는 전혀 중요치 않은 존재일 수도 있습니다. 가이아는 앞서 겪었던 다른 질병과 똑같이 인류를 말소해버릴지도 모릅니다. 세상은 인간이 살 수 없는 곳이 되겠지만, "생명은 방법을 찾아낼" 겁니다(〈쥬라기 공원〉의 대사처럼). 지구상의 생명체 가운데 대다수는 인간의 공장과 핵무기가 바다 밑바닥에 가라앉아 녹이 슨 지 한참 뒤까지도 살아남겠죠.

어느 쪽이든 간에 가이아 가설은 낙관적인 동시에 섬뜩한, 도발적이면서 흥미로운 개념임이 틀림없습니다.

○

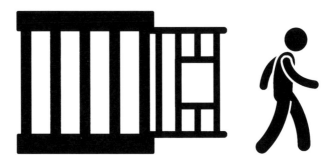

Existentialism

II.

실존주의

실존주의는 부정이자 긍정입니다. 절대적·객관적·제한적 규칙과 기준에 대한 부정인 동시에 인간의 선택, 자유, 자기 결정, 주체성에 대한 긍정이죠. 이 사상은 우리가 쓰고 있는 가면과 거짓된 삶을 드러내고, 자기 생각에 따라 삶을 선택하라고 촉구합니다.

실존주의는 우리에게 남들이 정해놓은 '해야 할 일'을 거부하고 자기 삶의 주도권을 잡으라고 요구합니다.

사르트르
자기기만

스스로 한 일에 대해 다른 대상을 몇 번이나 탓해봤나요? "**그것**만 아니었으면 난 지금 **이걸** 하고 있을 텐데!"라고 화를 낸 적은요? 당신이 무언가를 하도록 '시켰다'고 상사나 선생님, 부모님을 원망하지는 않았나요?

20세기 프랑스 실존주의 철학자 장 폴 사르트르는 이러한 감정을 포착해 거기에 '자기기만bad faith'(프랑스어로 모베즈 푸아mauvaise foi)라는 이름을 붙였습니다.

선택권이 있는 것은 좋기만 한 일은 아닙니다. 선택에는 책임과 기대, 그리고 자기 선택이 모든 것에 영향을 미친다는 것을 아는 데서 오는 부담이 따르니까요. 스스로 결정을 내리는 것보다 어떻게 하라고 지시받는 편이 훨씬 쉽습니다.

그렇기에 사르트르는 우리가 노골적으로 **자신의 자유를 빼앗고** 선택의 여지를 없앨 목적으로 구성된 이야기와 규칙, 법률을 만들어낸다고 주장합니다. 여기에는 "격식 있는 자리에서는 슬리퍼를 신지 않기" 같은 사회적 통념과 "도둑질하지 않기" 같은 공식적 법률이 모두 포함됩니다.

'자기기만'은 이런 구조를 활용해서 자신의 연루를 숨기는 순간, 즉 외부 규칙이 나에게 무언가를 하도록 '시켰다'고 가장할 때 나타납니다. 하지만 개념이나 규칙, 기준은 사람에게 무언가를 억지로 시킬 수 없습니다. 무언가를 결정하는 것은 당신뿐이죠.

우리는 매일 쉴 틈 없이 선택에 직면합니다. 깨어 있는 모든 순간 자유를 누리기 때문이죠. 무엇도 인간에게서 자유를 빼앗을 수 없습니다. 인간은 "자유롭도록 저주받은" 존재입니다.

사르트르는 자신의 제자들, 그리고 모든 실존주의자에게 자신의 선택이 지닌 힘을 인식해야 한다고 역설했습니다. 자기기만을 피하려면 급진적인 인식의 전환이 필요합니다. 스스로 학교에 다니기를 **선택**했으니 선생님에게 골을 내서는 안 됩니다. 과속을 **선택**한 것은 당신이니 과속 딱지에 화를 내면 곤란합니다. 원래부터 예의 없기로 이름난 당신의 친구가 당신에게 예의 없게 군다고 놀랄 이유가 없습니다. 모든 선택을 한 것은 당신이므로 그 결과도 당신이 감당해야만 합니다.

자기기만은 사건과 자기 자신의 관련성을 부정하는 것입니다. 책임 회피이며 자신이 원하는 존재가 되는 것이 두려워서 후퇴하는 행위죠. 맹목적으로 흐름에 몸을 맡기는 편이 쉬울지는 모르지만, 그건 자신의 실존적 자아를 거부하는 태도입니다. 얼마든지 분노하고 고민하고 욕해도 좋지만, 화를 낼 대상은 자기 자신뿐임을 기억하세요.

이 순간을 택한 것도, 이 삶을 택한 것도 당신입니다.

실존주의
공허

사람은 모두 자기 인생을 완전히 뒤바꿀 행동 한 가지를 하는 몽상에 빠집니다. 주먹질, 비명, 뛰어내리기, 혹은 전화 한 통이나 어떤 고백…. 이런 환상은 당신의 세계를 거꾸로 뒤집을 핵폭탄 같은 행동이죠. 한번 접어들면 되돌아올 방법이 없는 길입니다.

문자 그대로 '허공의 매력'으로 번역되는 **라펠 뒤 비드**l'appel du vide는 이러한 감정을 담아내며, 선택과 진정성의 철학인 실존주의를 소개하는 데 딱 알맞은 문구입니다.

쇠렌 키르케고르는 인간이 자기 자신에게 행사할 수 있는 힘을 두려워하는 동시에 즐긴다고 주장했고, 장 폴 사르트르는 인간이 선택의 여지가 없기에 훨씬 편안하고 아무 생각도 없는 로봇 같은 상태인 '비존재'를 갈망한다고 생각했습니다. 선택에는 **책임**이 따르고, 책임에는 부담과 불안이 따르기 때문이죠. 길을 잘못 택했다고 남을 탓할 수는 없는 법입니다.

그런 맥락에서 라펠 뒤 비드는 가끔 우리가 자신에게 **얼마나 큰** 책임을 지고 있으며 우리 행동이 얼마나 절대적으로, 두려울 만큼 강력한지 깨닫는 순간 느닷없이 찾아오는 느낌입니다.

이는 널리 퍼져 있으며 흔한(일상적이지는 않더라도) 감정입니다. 당신이 서 있는 승강장을 기차가 빠른 속도로 통과할 때 불현듯 찾아오는 공포일 수도, 절벽 가장자리에 서서 아래를 내려다보면 느껴지는 아찔한 현기증일 수도 있습니다. 차마 입 밖에 낼 수 없어 담아둔 어두운 생각일 수도 있고, 도서관에서 소리를 지르고 싶다는 경솔한 충동일 수도 있습니다.

라펠 뒤 비드는 당신 마음속 구석진 방에서 이렇게 속삭이는 목소리입니다. "저질러버릴 수도 있었어." 자신이 황당한 행동을 할 리 없다고 진심으로 믿지는 못하는 기묘한 감각이죠. 이 어처구니없는 행동을 하지 **말아야** 할 이유는 셀 수 없이 많지만, 마음 한구석에서는 이것으로 충분할까 하는 의문이 고개를 듭니다. 당신이 그 행동을 하는 것을 막아줄 만큼 절대적·구체적·객관적인 무언가는 우주에 존재하지 않습니다. 마지막 순간에 끼어들 경찰이나 부모, 신도 없고요. 당신이 믿을 것은 당신 자신뿐이고, 그런 깨달음은 두려울 수밖에 없습니다.

이런 생각은 자살이나 파괴 충동이 아니라(진지하게 지속되는 생각이 아니기도 하니까요) 오히려 반대에 가깝습니다. 자기 자신의 거대한 힘, **선택**의 엄청난 무게를 실감하는 순간이죠.

존재 자체를 완전히 뒤집어버리고 삶의 모든 것을 뒤바꿀 수 있는 것은 다른 누구도 아닌 당신입니다. 아주 작고 간단한 행동만으로도 당신은 세계의 주인이 됩니다.

그렇기에 그런 감정을 묻어둔 채 당신은 나아갈 원동력을 얻어 일상으로 돌아오게 됩니다.

몽테뉴
메멘토 모리

인생은 만만치 않습니다. 온갖 걱정과 집착, 불안과 공포, 괴물과 유령이 가득하죠. 그렇다면 이런 것들을 몽땅 털어내고 싶을 때는 어떻게 해야 할까요? 별것 아닌 문제를 가볍게 취급하고 싶다면 어떻게 해야 하죠?

이에 대해 철학은 단순하면서도 효과적인 도구로 '메멘토 모리 memento mori'를 제시합니다.

메멘토 모리(말 그대로 '죽음을 기억하라')는 우리에게 사람은 누구나 죽는다는 필멸성을 잊지 말라고 촉구합니다. 이는 사소한 문제를 사소하게 취급하기 위한, "이게 진짜 중요할까?"라고 자문함으로써 성가시기 짝이 없는 걱정거리를 전부 내려놓게 도와주는 도구죠.

로마 황제이자 스토아학파 철학자인 마르쿠스 아우렐리우스는 이 개념에 관심이 많았습니다. 그는 죽음이 자연스러우며 불가피한 것이라고 보았고, 때때로 죽음을 떠올리면 물건을 사 모으거나 세속적 부에 매달리거나 수명에 집착하는 데서 생겨나는 불안이 사라진다고 주장했지요. 언젠가 모두 흙으로 돌아간다면 쓸데없는 걱정에 이 아까운 시간을 낭비할 이유가 있을까요?

고대 이집트 연회에서는 식사 중에 미라가 된 시체를 수레에 실어 들여왔다고 합니다. 참석자들은 이렇게 외쳤겠지요. "먹고, 마시고, 즐기시오! 우리도 곧 이렇게 될 테니." 구약성경의 「전도서」에도 이와 거의 정확히 똑같은 정서가 잘 드러나 있습니다.

르네상스 시대 프랑스 철학가인 미셸 드 몽테뉴는 메멘토 모리의 개념을 선호한 나머지 우리 모두 가능하면 묘지 가까이 살아야 한다고 권고하기도 했습니다. 그는 이렇게 썼죠. "죽음에서 낯섦을 빼앗고, 그리하여 죽음에 익숙해지자." 몽테뉴가 보기에 메멘토 모리는 죽음을 향한 집착이 아니라 삶을 기억하기 위한 도약대였습니다.

중세 기독교 시대와 르네상스 시대 사람들은 종종 사신이나 시체, 해골이 그려진 장신구를 지니기도 했습니다. 죽음을 가까이 두면 삶이 더욱 달콤하리라는 생각에서였죠.

가능하다면 지금 당장 자신이 죽는 순간을 상상해보세요. 잠시 시간을 내서 언제, 어디서, 어떻게, 왜 죽을지 진지하게 생각해보세요. 그 순간의 두려움, 한없는 막막함, 끔찍한 외로움, 혼자라는 느낌, 그리고 당신 곁을 지키다 뒤에 남겨질 사랑하는 사람들을 떠올려보세요. 필요하다면 이 책은 내려놓아도 좋습니다.

죽음은 **반드시** 찾아옵니다.

이 사실을 차분히 곱씹었다면 일상의 고민은 쪼그라들고 시들 것입니다. 상사가 뭐라고 생각하든 신경이나 쓰일까요? 친구가 독한 말을 한 게 뭐 그리 중요할까요? 내가 사랑하는 사람에게 뭣 하러 부루퉁하게 굴죠?

삶은 끝없는 어둠 속에서 찰나의 순간 타오르는 촛불입니다. 메멘토 모리는 우리에게 사소한 것은 사소하게, 귀중한 것은 귀중하게 다루라고 충고합니다.

니체
힘을 향한 의지

당신의 머릿속에서 뭔가가 '툭 끊어지는' 순간은 언제일까요? 끊임 없는 지겨움과 비참함, 입에 발린 뻔한 소리를 견딜 수 없게 되는 때 는 언제인가요? 이건 당신의 삶이며, 단 한 번뿐인데도 당신은 패기 없고 비굴하고 따분하게 굴면서 삶을 낭비합니다. 수백만 년에 걸친 진화의 결과가 고작 이것인가요? 자신의 가치를 낮추며 살아온 우리 는 그저 껍데기만 남아 훌쩍이는, '퇴보한 인류'일 뿐입니다.

19세기 후반에 활동했던 프리드리히 니체는 현대 문명을 이런 식 으로 바라봤습니다.

따지고 보면 모든 생명체는 힘을 원하는 욕망 그 자체입니다. 생물 학적으로 자기 유전자를 남기려는 진화론적 격전이 벌어지는 것은 물론이고 생물에게는 통제하고 지배하고 원하는 것을 손에 넣으려 는 보편적 본능이 있습니다. 아스팔트를 뚫고 자라는 나무뿌리나 경 쟁자와 결투를 벌이는 수사슴을 보면 이 사실을 알 수 있지요. 인간 도 다르지 않습니다.

권력, 고귀함, 신체적 힘이 칭송과 숭배를 받던 때가 있었습니다. 우리는 한때 기세등등한 스파르타 전사이자 용감한 장군, 용을 처치 하는 북구 용사였으며 영웅과 정복자에 관한 서사시를 쓰는 당당하 고 대담한 종족이었죠. 그런데 이후 뭔가 단단히 잘못되었습니다. 인 류가 자신의 고귀한 모습을 잃고 만 것이죠.

인류는 거의 같은 시기에 슬그머니 퍼진 몇몇 질병에 장악당했습니다. 병의 이름은 겸손, 연민, 동정심이었죠. 갑자기 소박한 자, 가난한 자, 병약한 자가 신이나 성인으로 추앙받았습니다. 분노나 자부심은 이제 '죽음에 이르는 죄' 취급을 받게 되었지요. 거인을 무찌르는 토르도 히드라와 씨름하던 헤라클레스도 내쳐졌습니다. 대신 가난한 나사렛 목수의 아들이자 십자가에서 비참한 죽음을 맞은 이가 등장했죠.

이런 변화는 삶의 자연스러운 원동력과는 완전히 반대입니다. '무無를 향한 의지'인 이 변화는 살려고 하는 충동 자체이자 자연계 전체의 핵심인 **힘을 향한 의지**를 부정하기 때문입니다.

그렇기에 힘과 권력을 죄악으로 만들어버린 우리는 이 힘을 향한 의지를 안쪽으로 갈무리할 수밖에 없습니다. 지배하는 것을 금지당했기에 우리는 '죄책감'과 '양심'이라는 형태로 이 의지력 **자체**를 소모합니다. 인류는 자신을 "찢고, 박해하고, 괴롭히고, 학대하며", 인간다움을 억압합니다. 인간은 묶이고 재갈 물린 채 "피부가 벗겨질 때까지 갇힌 우리의 창살에 몸을 부대끼는" 야생 늑대와도 같습니다.

니체는 이런 상태가 치명적이라고 보았습니다. 우리가 삶의 원시적 측면을 전부 다시 인정해야 한다고 생각했죠. 고귀함과 힘을 회복하고, 대담하고 뻔뻔스럽게 다시 **살아야** 한다고 했습니다. 이것이 바로 힘을 향한 의지입니다.

하이데거
필멸성

400번째 생일을 맞은 드라큘라는 늘 하던 대로, 즉 완전히 무기력하게 누워 관 뚜껑 안쪽을 쳐다보며 하루를 보냈습니다. 일어날 이유가 전혀 없으니까요. 그는 이미 위대한 교향곡을 작곡하고 유명한 걸작을 그렸습니다. 용감무쌍한 영웅들을 처치했고, 각 세기의 미인들과 사랑에 빠지기도 했죠. 만나보지 못한 유명 인사가 없고 맛보지 못한 유형의 인간도 없는데… 더 애쓸 이유가 뭔가요? 끝이 보이지 않는다면 하루하루는 아무 의미도 없는걸요.

20세기 독일 철학자 마르틴 하이데거는 문제가 뭔지 정확히 알았을 겁니다. 드라큘라는 **본래성**authenticity이 부족했죠.

하이데거가 보기에 우리는 곧 닥쳐올 예정이며 피할 수 없고 인간이라는 존재를 정의하는 사실, 바로 죽음을 너무 오랫동안 무시해왔습니다. 인류는 죽음과 관련된 모든 것을 꼭꼭 숨기고 자신의 시선을 다른 곳으로 돌리는 데 막대한 노력을 기울였죠. 죽음의 낌새를 싹지우고 "영원히 행복하게 살았습니다"로 끝나는 옛이야기가 한둘이 아닙니다. 세상과 완전히 차단된 별세계인 병원과 호스피스도 많죠. 주변에서 실제로 시체를 봤다는 사람도 거의 없지요.

우리는 죽음을 감추고 죽음이 다가온다는 사실을 무시하죠. "부정타게 그런 얘기 하지 마!"라고들 합니다.

그리하여 우리는 인간을 정의하는 필멸성을 가리도록 설계된 일상적 습관과 연막에 머리를 파묻은 채 인생 대부분을 보냅니다. 인생의 가장 중요한 사건을 각종 비유와 완곡어법으로 덮어버리는 셈이죠.

하이데거는 죽음이 대단원의 막을 내리는 역할을 하지 않는다면 인간은 어떤 의미도 찾아낼 수 없다고 주장합니다. 우리가 스스로를 죽지 않는 존재라고 생각하며 살아간다면, 우리는 매 순간의 선택들이 마지막이라는 사실을 절대 깨닫지 못할 것이며, 이는 거짓된 존재 방식입니다. 자신이 내리는 결정의 무게를 진정으로 체감하지 못한다는 말이죠. 각 선택에 따라 우리는 딱 한 가지 형태의 삶을 살게 되고, 되돌릴 수는 없습니다. 인간은 오직 하나의 길을 택해 걸을 수 있을 뿐입니다. 죽음을 받아들이지 않고는 결코 삶을 **마땅한** 방식으로 경험할 수 없고, 바로 내일이라도 뭐든 할 수 있다고 여기는 그릇된 삶을 살게 되죠.

드라큘라는 자기 존재의 끝이 보이지 않으므로 그의 삶에는 시간의 풍미와 무게가 부족합니다. 필멸자인 인간의 마음은 불멸을 감당하지 못합니다. 그렇기에 결국 찾아올 자신의 고독한 죽음에 눈을 질끈 감고(이 고독이 진심으로 두려우니까요) 영원히 살 것처럼 구는 것은 진정한 **존재**를 부정하는 태도입니다. 의미와 책임 없이 살아가거나 마찬가지죠. 존재하지 않음을 받아들이지 않으면 우리가 존재하는 나날도 의미를 잃고 맙니다.

시간과 죽음이라는 닻이 없다면 우리 또한 자신에게서 멀어집니다. 존재 자체에 목적을 부여하고 싶다면 죽음을 받아들여야 합니다. 사람들은 두려움을 누그러뜨리려고 동화적 결말을 이야기하지만, 그런 환상은 인간의 조건을 깨뜨립니다. 황혼의 아름다움은 사그라짐에 있고, 사랑의 애틋함은 이별에 있습니다. 흐르는 시간은 우리를 꿈꾸게 하지요. 오늘 당신이 하는 선택은 다시는 되돌릴 수 없기에 더욱 후회 없이 최선을 다해야 합니다.

카뮈
부조리

퍼붓는 빗속에 흠뻑 젖은 채로 서서 웃음을 터뜨려본 적이 있나요? 뭔가가 너무 잘못돼서, 어처구니가 없도록 틀어져서, 그저 허허 웃으며 받아들인 다음, 그냥 그 순간을 즐기는 수밖에 없었던 적은요? 그게 바로 알베르 카뮈가 말하는 부조리입니다.

프랑스 실존주의자인 카뮈의 철학은 삶에서 우리를 이끄는 객관적 규칙은 없다는 단순한 주장에서 출발했습니다. 인간에게는 '목적'(아리스토텔레스가 주장했던)이 없고, 세상에는 도덕적 법칙(칸트가 생각했던)도 없고, 기대할 만한 사후 세계도 없다는 말입니다. 솔직히 꽤 암울하죠.

카뮈는 1942년에 쓴 『시지프 신화』에서 '존재의 부조리'라는 개념을 제시합니다. 시지프는 그리스 신들에게 잘못을 저지르고, 산꼭대기에 다다르면 다시 바닥으로 굴러떨어지는 커다란 바위를 영원히 밀어 올려야 하는 형벌을 받았습니다.

마찬가지로 인간도 마음속 깊은 곳에서는 모든 것이 사라질 것을 알면서도, 위대한 자도 비천한 자도 흙으로 돌아간다는 사실을 알면서도 계속해서 애를 씁니다. 모든 것은 부조리하고, 우리가 아무리 열심히 규칙적 일상이나 거창한 책무 뒤에 자신을 숨겨도 모든 것이 사라진다는 사실을 지울 수는 없죠. 인생은 헛고생이니까요. 우리는 모두 곧 침몰할 타이태닉호 악단의 연주에 장단을 맞출 뿐입니다.

카뮈는 "진정으로 진지한 철학적 문제는 단 하나뿐이며, 그건 바로 자살이다"라고 말했지만, 그것이 그의 결론은 아니었습니다. 자살은 허무주의에 굴복하는 행위이고, 우리는 그렇게 굴복해서는 안 됩니다.

부조리는 우리가 거기에 맞서 분노할 때만 문제가 됩니다. 시지프가 자신의 임무를 싫어하는 이유는 단지 그 상황을 자신이 한때 누렸던 풍요로운 삶과 비교하기 때문입니다. 더는 가능하지 않은 존재 방식을 갈망하는 것이죠. 인간이 절망하는 이유는 순진하게도 고통의 유예나 해답, 해결책 같은 개념에 매달리기 때문입니다. 의미를 찾으려는 노력은 우리를 영원히 불만에 빠뜨릴 뿐이죠. 부조리의 '해결책'은 무시하는 것이 아니라 받아들이는 것입니다. 일단 이 점을 깨닫고 이게 자신의 최선이라고 홀가분하고 가볍게 웃어넘길 수 있다면 오히려 더 만족스럽게 삶을 받아들일 수 있습니다.

카뮈는 이렇게도 말했습니다. "처참한 진실은 인정함으로써 사라진다." 부조리라는 비극 또한 우리가 정면으로 바라보며 웃음으로 날려 보내면 얼마든지 극복할 수 있습니다.

쇼펜하우어
권태

우리를 움직이는 것은 무엇일까요? 권태나 불행, 고통을 견디도록 우리를 끊임없이 밀어붙이는 것은요? 우리에게 계속 앞으로 나아가라고, 세상에 흔적을 남기라고, 또는 그러기를 꿈꾸라고 하는 끈질긴 충동은 대체 뭘까요? 이 원동력은 누구에게나 있습니다. 죽을병에 걸렸거나 자살을 원하는 사람을 제외하고, 인간은 모두 깊고 원시적이며 강력한, 처칠의 표현대로 "기를 쓰고 발버둥 치려는" 욕구를 느낍니다.

독일 철학자 아르투어 쇼펜하우어는 이 본능을 **의지**라고 불렀으며, 이것이야말로 삶의 원동력인 동시에 가장 큰 불행의 원천이라고 말했습니다.

19세기에 활동했던 쇼펜하우어는 칸트의 영향을 받았고(264쪽 참조), 칸트와 마찬가지로 세계는 '있는 그대로' 인식될 수 없으며 눈에 보이는 세계는 우리가 스스로 구축한 '표상representation'일 뿐이라고 생각했습니다. 하지만 칸트가 현실의 **진짜** 본질(물자체物自體)을 알 수는 없다고 말한 반면, 쇼펜하우어는 사물을 실증하는 근본적 힘이자 모든 것의 핵심적 본질은 바로 **의지**라고 주장했죠.

세상의 모든 사물에는 원동력이 있습니다. 이 힘은 활기차고 끊임없는 **욕구**, 또는 '맹목적 매진'입니다. 쟁취하고 통제하고 지배하고 소유하고 이해하려는 욕망이기도 하죠.

우주의 모든 것에는 의지가 있습니다. 동물의 의지(배고픔, 생식, 경계하는 태도 등에서 드러나는)를 이해하기는 그리 어렵지 않겠죠. 하지만 절벽 옆면을 깎아내는 강물, 지구에 부딪히는 별똥별, 바다로 흘러드는 물방울에도 모두 의지가 있습니다(52쪽에서 설명한, 니체의 **힘을 향한 의지**라는 개념도 이 전제를 토대로 삼지요).

문제는 인간의 의지가 만족을 모른다는 점입니다. 확장만을 목적으로 삼는 바이러스와도 같죠. 만물의 정수인 의지는 끝없이 더 많은 것을 원하도록 설계되어 있습니다. 본질적으로 의지는 결코 자신의 몫에 만족하지 않기에 우리는 끊임없이 두 가지 선택지 사이에서 고통받게 됩니다.

즉, 인간은 그리스 신화에서 닿을 듯 닿지 않는 과일에 손을 뻗는 탄탈로스처럼 지칠 줄 모르고 새로운 것을 헛되이 원하든지, 아니면 동기 부족으로 권태롭고 무기력해지고 맙니다. **의지**는 만족을 모르는 동시에 우주 전체의 원동력이기도 하므로 발버둥을 치지 **않는**다는 것은 어떤 의미에서 삶의 반대이기 때문이죠. 인간이라는 존재 자체는 계속 앞으로 나아가도록 만들어져 있습니다. 만약 멈춘다면 인간이기를 포기하는 거나 마찬가지죠.

그러므로 쇼펜하우어는 우리가 권태감과 초조함 사이에 영원히 갇히게 된다고 보았습니다. 원동력이 모자라 늘어지거나 결코 만족하지 못한다는 말이죠. 참으로 끝내주는 상황이 아닐 수 없네요.

사르트르
타인

친한 친구나 가족에게 당신을 몇 단어만으로 요약해달라고 부탁해보세요. 그들이 말한 내용을 들었을 때 어떤 기분이 드나요? 그들이 당신을 족집게처럼 묘사해서 기분이 좋은가요? 아니면 어쩐지… **축소**된 기분인가요? 어떻게 이렇게 가까운 사람마저 헛다리를 짚고 당신을 전혀 이해하지 못하는지 의아하지는 않나요?

이 마지막 생각은 자주 인용되는 장 폴 사르트르의 격언 "타인은 지옥이다"에서 잘 드러납니다.

각각의 인간은 놀라울 만큼 복잡한 존재입니다. 우리 모두에게는 아무도 모르는 환상, 누구에게도 알리지 않은 비밀, 깊이 묻어둔 두려움, 아무도 이해하지 못하고 이해하려 들지도 않는 복잡성이 있죠. 높은 탑 안의 죄수처럼 우리는 자기 마음에 홀로 갇혀 있으며 동시에 스스로 느끼고 생각하는 자기 삶의 **주체**입니다.

그렇지만 우리는 타인과 더불어 살아가야만 하죠. 사람들은 우리를 보고 관찰하고 듣고 **판단**합니다. 당신이 방 안으로 걸어 들어가면 거기 있던 사람은 모두 당신에게서 드러나는 정보를 토대로 판단을 내립니다. 그들에게 당신은 객체인 셈이죠. 그들은 순식간에 당신을 축소합니다. 당신에게 딱지를 붙여 치워버린다는 뜻입니다. 그들에게 당신은 '웃긴 사람'이나 '책벌레', '간섭쟁이', '따분한 사람', '뚱보', '낯가림쟁이'가 됩니다. 타인의 판단이 가하는 무게가 피부로 느껴지고, 당신은 기분이 상합니다.

당신을 가장 잘 안다고 생각했던 가까운 사람들조차 당신 인격의 복잡성 전체를 속속들이 이해할 가능성은 없습니다. 당신은 단순화되어 상자에 가지런히 정리될 뿐이죠. 소중하고 내밀한 자아를 알아주는 사람은 한 명도 없습니다. 그래서 이 모든 것의 부당함에 분노하며 이렇게 외치고 싶어집니다. "난 고작 그 정도가 아니라고!"

더 큰 문제는 우리가 남들의 시선으로 자신을 보기 시작한다는 점입니다. 타인에게 객체화된 우리는 그로 인해 수치심이나 모욕을 느낍니다.

그래서 우리는 그대로 갚아주려 합니다. 이번에는 우리가 **타인**과 그들의 복잡성을 축소하죠. 다른 이들의 현실과 다양성, 중요성을 깎아냅니다. 분개한 주체인 우리는 타인의 비판으로 상한 마음을 다스리려고 타인을 객체화합니다. 나를 제외한 **나머지**의 입을 막아 자신의 자존심을 달래는 거죠. 이렇게 해서 우리는 자신을 다시 영웅의 자리에 세웁니다.

따라서 "타인은 지옥"인 이유는 그들이 우리의 인간다움을 **빼앗기** 때문입니다. 타인의 시선 탓에 우리는 자신이 초라하고 하찮을 뿐 아니라 얄팍하고 시시하며 따분하다고 느낍니다. "난 원래 그런 사람이 아니야!"라고 소리치고 싶지만, 꾹 눌러 삼킵니다. 그러지 않으면 막돼먹은 사람으로 비치게 될 뿐이니까요.

니체
영원한 회귀

프리드리히 니체는 종종 허무주의자로 오해받습니다. 종종 거대한 콧수염을 달고 분노에 차서 "신은 죽었다!"라고 외치며 모든 삶은 가치 없다고 주장하는 사람으로 그려지지요. 하지만 짐작하다시피 그의 사상은 그렇게 단순하지 않습니다. 실제로 **영원 회귀**eternal recurrence라는 니체의 사고 실험을 보면 그는 인생을 긍정하는 사람이자 실존주의의 기둥이며 심지어 매우 현대적인 심리치료사로 보이기도 합니다.

1882년 저서 『즐거운 학문Die fröhliche Wissenschaft』에서 니체는 다음과 같이 말하는 악마를 상상해보라고 제안합니다. "너는 지금 네가 살고 있고 지금껏 살아온 이 삶을 다시 한번 똑같이, 그리고 끝없이 반복해서 살게 된다. 새로운 일은 단 하나도 없겠지만, 네 삶의 모든 고통과 모든 즐거움, 모든 생각, 한숨 하나까지 어떤 사소한 일이나 위대한 일도 같은 시간에 같은 순서로 반복될 것이다."

이 말을 듣고 처음 드는 생각은 뭔가요? 잠깐 곰곰이 생각해보세요. 필요하다면 위 문단을 다시 읽어도 좋습니다.

생각해봤더니 따분할 것 같거나 두려움이 앞선다고 치죠. 니체가 보기에 그건 당신이 객체로서 삶을 살기 때문입니다. 어쩌다 보니 당신은 자기 삶의 목격자가 되어 모든 것을 신랄하고 냉소적으로 비평해대며 수동적으로 삶이 당신을 **지나가도록** 놓아둡니다. 상처와 고통을 곱씹으며 인생을 최대한 빨리 끝내야 할 무언가로만 인식하죠.

니체는 인정사정없이 야멸차게 말합니다. 이 묘사를 듣고 짚이는 데가 있다면 당신은 '불쌍한 나'라는 자기연민에 갇힌 줏대 없는 호구일 뿐이라고요.

그런 다음 니체는 해결책이 될 만한 격언을 제시하죠. **아모르 파티** amor fati, 즉 '네 운명을 사랑하라'는 뜻입니다.

모든 이가 바라는 실존적 평안은 자기 몫으로 분배된 카드를 받아들여야만 찾아옵니다. 우리는 의지력으로 '시간을 되감을' 수 없고, 이미 일어난 일을 바꿀 수 있기를 넋 놓고 바라서도 안 됩니다. 하지만 더 중요한 것은 자신에게 일어난 일을 **사랑**해야 한다는 점이지요. 기쁨과 쾌락뿐 아니라 괴로움과 고통도 마찬가지입니다. 모든 것은 인간으로서 자신이 겪는 유일무이한 경험이기에 우리는 그 전부를 사랑해야 합니다. 극복의 증거가 되는 실수와 잘못도 자랑스럽게 여겨야 합니다. 우리는 그 모든 것 **덕분**에 존재하니까요.

영원 회귀는 수천 년 동안 여러 동양 종교의 중심이 되었고 고대 그리스 스토아학파에서도 자주 활용되었지만, 현대 서양 철학에서 이 개념을 널리 알린 것은 니체였습니다.

오늘날 사람들이 종종 쓰는 '내려놓기', '마음 비우기', '케 세라 세라que será, será' 같은 표현도 비슷한 의미를 가리키기는 하지만, 니체의 개념에는 더 많은 뜻이 담겨 있습니다. 그건 그저 무언가가 사라지기를 바라거나 털어버리는 것이 아니라 긍정적이고 적극적으로 삶을 받아들이는 것입니다.

자기 운명을 **사랑**하세요. 아모르 파티.

키르케고르
실존의 단계

하루아침에 감정 상태가 달라졌다고 느낀 적이 있나요? 어느 날 자고 일어났더니 마음가짐이나 인생관이 완전히 바뀐 적은요? 분명히 행복하고 더없이 만족스러웠는데 다음 순간 불만스러워지지는 않았나요? 왠지 몰라도 무언가 더 큰 것, 아니면 **더 나은 것**을 원하게 된 적은 없나요?

19세기 덴마크 철학자 쇠렌 키르케고르는 이런 기분이 뭔지 정확히 이해했습니다.

실존주의의 아버지로 널리 알려진 키르케고르는 자기 시대의 철학이 나무만 보느라 숲을 보지 못하고 있다고 확신했습니다. 그 당시 철학은 추상화한 형이상학에 집착했고, 이런 난해성은 헤겔의 '세계정신'(118쪽 참조)으로 정점에 달했습니다. 이런 경향은 한때 고대 그리스인들이 탐구했던, 사람들을 이끌고 개별적 인간에게 의미를 부여하는 종류의 철학과는 완전히 동떨어져 있었죠.

키르케고르는 '나'라는 개인적 삶의 경험에서 출발하고 자기 성찰과 반성을 요구하는 옛 철학으로 돌아가야 한다고 목소리를 높였습니다. 그래서 그는 자신의 인간성으로 눈을 돌렸고, 인간은 실존의 세 가지 개별적 단계(또는 영역)를 거쳐 발전한다고 주장했지요. 이 세 단계는 각각 '심미적', '윤리적(또는 보편적)', '종교적' 단계입니다.

심미적 단계는 가장 낮고 하찮으며 순수하게 욕구를 채우는 단계입니다. 경박하게 축제를 즐기며 욕망을 추구하는 삶이죠. 키르케고르의 책에서 세련된 쾌락주의자이자 유혹자인 요하네스는 탐미적 삶을 대표하는 인물입니다. 하지만 키르케고르의 관점에서는 과도한 음주나 〈강남 스타일〉과 마찬가지로 바흐와 캐비어 또한 격이 낮다는 점을 기억해야 합니다. 모두 똑같이 욕구 충족과 관련되어 있으니까요. 욕구 자체의 특성은 중요하지 않습니다.

하지만 탐미주의자는 곧 이런 삶에 **권태**를 느끼고(58쪽의 쇼펜하우어보다 먼저 이 개념을 내놓았죠) 새벽녘에 숙취에 절어 몽롱한 채로 더 나은 것, 이른바 **윤리적 단계**를 갈구합니다. 이 단계는 탐미주의자가 타인과 공동체를 이루려고 손을 내미는 단계입니다. 사회, 언어, 도덕, 문화가 형성되는 영역이죠. 여기서 우리는 더 크고 심오한 무언가의 일부가 된다는 기쁨을 느낍니다. 내가 응원하는 스포츠 팀 경기를 보거나, 취미를 공유하거나, 아량 또는 친절 같은 미덕을 지키며 살아갈 때 느끼는 감정도 여기 속합니다.

종교적 단계는 인간의 삶에서 가장 높고 의미 있는 경지입니다. 말로 설명할 수 없고 비논리적인 방식으로 더 고결한 행위에 이끌리는 순간을 가리키지요. 언어로 표현하기는 상당히 어렵지만(언어는 이전 단계에 속하는 것이므로), 굳이 말하자면 더욱 숭고한 힘에 붙잡히는 것과도 같습니다. 우리는 오직 자신만이 이해하는 행동을 해야만 한다고 느낍니다. 그 일을 하는 것이 자신의 **의무**라고 느끼는 동시에 누구도, 심지어 가장 가깝고 사랑하는 이들조차도 자신을 이해하리라 기대하지 않습니다.

키르케고르는 순수한 개인성과 감정의 변화가 드러나는 이런 순간이야말로 가장 심오하고 훌륭한 삶의 방식이라고 여겼습니다. 이런 변화는 자신만이 알 수 있으며, 결코 이해하거나 조사할 수 있는 대상이 아니라는 점이 중요합니다.

헤겔
주종관계

누구에게나 숙적이 있습니다. 꼭 숙적이라는 이름으로 부르지는 않더라도 열정적으로 싫어하는 대상 하나쯤은 있지요. 너무 싫은 나머지 그와 반대되는 것을 자기 정체성으로 삼을 정도로요. 그런데 억지로 그 숙적과 함께 살아가야만 한다면 어떨까요? 불가피하게 어마어마한 충돌이 일어나겠죠. 영웅과 숙적, 정립定立과 반정립, 주인과 노예 사이의 전투… 최후의 승자는 누구, 또는 무엇일까요?

독일 철학자 게오르크 빌헬름 프리드리히 헤겔은 이러한 충돌이 모든 인간과 사물을 정의한다고 보았고, '주종관계'의 역학에 관한 그의 담론은 후세의 역사가, 사회학자, 철학자에게 영향을 미쳤습니다.

헤겔의 철학은 이해하기 어렵기로 악명이 높고, 본인도 그 점을 알았습니다. 1831년 죽음을 눈앞에 둔 헤겔은 이렇게 말했다고 전해집니다. "나를 이해했던 사람은 단 한 명뿐이며, 그조차도 나를 제대로 이해하지 못했다." 물론 그렇다고 우리가 그의 사상에서 눈부신 보석을 찾아낼 수 없다는 말은 아닙니다.

헤겔의 철학에서 매우 중요한 개념 가운데 하나는 인간이 정체성과 자의식을 형성하는 방식입니다. 헤겔은 인간이 사물 또는 타인과의 관계 속에서만 자신을 파악할 수 있다고 보았습니다. 인간이 되려면 우리는 먼저 인간으로 인식되어야 합니다. 부모님이 나를 이름으로 부르거나 친구가 나를 인정해줄 때, 나는 내가 누구인지 파악하게 되죠. 추상적 상태로 존재하는 사람은 없으니까요. 타인과의 관계에서 분리된 사람은 아무 의미를 지니지 못합니다.

이때 우리와 타인의 관계가 동등하지 않다면 어떻게 될까요? 한 사람이 다른 사람보다 더 지배적이라면요? 헤겔은 인간관계에서는 대체로 경쟁자 간 충돌하고 서로 이기려는 투쟁이 뒤따른다고 생각했습니다. 이 상황에서 양측은 이 싸움이 힘들고 소모적임을 깨닫게 되고 필연적으로 한쪽이 굴복하는 '주종관계'가 생겨납니다. 강한 자와 약한 자, 주인과 노예로 나뉘는 거죠.

하지만 이 관계에서는 누구도 행복하지 않습니다. 노예는 객체화되고 노예의 노동력은 주인에게 착취당합니다. 인간 존엄성 또한 소외당하죠. 주인 또한 손해는 있습니다. 주인도 자신을 인식해줄 사람이 필요합니다. 하지만 주인은 노예를 객체화하고 격하했기에 **자신**이 인식될 수 있는 유일한 방법을 스스로 지워버린 셈이죠. 주인은 노예의 인식이 필요하지만, 노예의 인식은 자격이 부족하기에 받아들일 수 없습니다. 물론 둘 중에서는 노예의 상황이 훨씬 나쁘죠.

그러다 결국 노예는 목숨을 건 투쟁을 시작해 자유를 얻습니다. 이 새로운 관계는 둘 모두에게 더 이롭고, 양측은 자신이 서로에게 의존하고 있음을 깨닫게 됩니다. 충돌하던 두 인격 사이의 타협에서 이제 서로 주고받는 안정되고 행복하며 성숙한 관계가 탄생합니다.

헤겔은 종종 추상적인 방식으로 글을 썼고, 주종관계 역학에 관해서도 다르지 않았습니다. 많은 독자가 '이게 어떻게 실제 삶에 적용된다는 거지?'라는 의문을 품었죠. 헤겔 본인은 이 질문에 답한 적이 없습니다. '권력관계'의 현대적 해석에 헤겔의 사상이 스며들게 된 것은 사르트르, 보부아르, 푸코가 등장한 다음이었죠. 하지만 아무리 난해하다 해도 헤겔이 보여준 통찰은 심오합니다. 지배와 착취는 누구에게도 이롭지 않죠. 잘되고 싶다면 우리는 서로를 존중해야 합니다.

카뮈
반항

당신이 맞서 싸우기로 마음먹는 시점은 언제인가요? 얼마나 많은 모욕, 부당함, 무시를 견디고 나서야 당신은 "이제 안 되겠어"라고 말할 건가요? 참는 데도 한계가 있다고 선을 그을 지점은 어디인가요?

카뮈의 말에 따르면 아무도 넘을 수 없는 그 선, 최후의 반항을 부르는 그 지점은 자신이 누구인지에 관해 많은 것을 알려줍니다.

카뮈는 자신의 여러 작품을 통해 허무주의, 즉 삶은 무의미하고 목적 또한 없다는 철학을 의도적으로 분쇄하려고 시도합니다. 그의 소설과 수필은 종교 이후의(그리고 니체 이후의) 공백 시대에 어떻게 살아가야 하며 어떤 가치를 중요시해야 하는지에 관한 문제를 서정적으로 표현하죠.

그 가운데서도 특히 철학적으로 중요한 작품으로 꼽히는 것이 『반항하는 인간』(1951)입니다. 이 책에서 카뮈는 삶에서 우리가 타협을 용납하지 않는 순간, 우리를 정의하는 가치를 지킬 중대한 순간이 있다고 주장합니다. 우리가 "인간에게서 항상 지켜져야만 하는 부분"이라고 선을 긋는 지점이죠. 이는 가치를 지켜 삶을 긍정하는 행위이며, "여기까지는 내주겠지만 그 이상은 안 돼"라고 선언하는 것과도 같습니다.

반항하는 사람은 다른 인간이 절대 부정할 수 없는, 자기 존재 안의 불가침 영역에 온 힘을 쏟습니다. 과로에 지쳐 퇴근해야겠다고 상사에게 말하는 회사원, 부당한 체벌을 받지 않겠다는 학생도 여기 속합니다. 가정폭력을 휘두르는 배우자에게서 벗어나려는 피해자도, 도망치기로 마음먹은 노예도 반항자입니다.

간단히 말해 우리 모두 죽음을 각오하고 지키려는 고지가 있고, 그 경계선이 우리 삶을 정의한다는 뜻입니다.

사실 이 반항이라는 주제는 카뮈가 말한 부조리의 개념과도 일맥상통합니다. 카뮈는 인간이 극도로 탄압받거나 절망할 때 가장 자유롭고 즐거워진다고 주장합니다. 잃을 것이 하나도 없을 때 우리는 자기 안에서 존재하는 줄 몰랐던 깊이를 발견하게 되니까요. 자유가 제한될수록 인간이 맛볼 수 있는 자유는 더욱 커집니다.

다른 저서에서 카뮈가 절대적 진실이 인간을 특정한 방향으로 밀어붙인다는 개념에 맹렬히 반대했음을 고려할 때, 『반항하는 인간』에서 그가 몇몇 불가피한 의무와 책임을 언급하는 부분이 칸트의 사상과 매우 비슷하다는 점은 꽤 놀랍습니다. 반항자는 자기만 생각하는 이기주의자가 아닙니다(물론 반항자는 항상 개인적인 이유로 행동하기는 합니다). 대신 반항자는 타인을 존중하고 인류 공동체와의 연대를 긍정합니다. 카뮈는 심지어 자신이 "인간을 형이상학적 존재로" 바라본다고 말하기도 했습니다. 사람은 누구나 세상을 초월하여 변치 않는 부분이 있다는 뜻이죠. 이런 생각은 인간이 바꿀 수 없는 것은 없다고 믿었던 동시대 실존주의자들보다는, 오히려 인간에게는 미리 정의된 본질이 있다고 생각했던 '본질주의자'들과 닮은 구석이 있습니다.

자, 그러니 다음번에 싫다고 말할 때는 당신의 반항이 무엇을 뜻하는지 기억하세요. 반항은 결코 부정적인 것이 아니라 삶을 긍정하는 의미심장한 행위입니다. 당신이 누구인지 정의하는 순간이며, 그것만은 절대 빼앗길 수 없다고 세상과 자기 자신에게 외치는 선언입니다.

보부아르
페미니즘

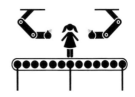

'사회적 통념에 어긋난다'는 이유로 원하는 대로 하지 못한 채 참은 적이 있나요? 사람들이 멋대로 기대하고 부담을 주고 꼬리표를 붙여서 답답한 느낌이 들었던 적은 있나요? 연인이나 배우자와의 관계에서 당신은 어떤 역할을 하나요? 거기서 당신이 느끼는 감정은 자유와 속박 중 어느 쪽인가요?

시몬 드 보부아르가 1949년에 내놓은 대표작 『제2의 성』은 실존주의와 현대 페미니즘의 선구적 역할을 한 저서입니다. 이 책에서 보부아르는 인간이 미리 정해진 틀(또는 본질)에 맞춰 형성되는 것이 아니라 **스스로 자신을 만들어낸다**고 주장했지요. 우리가 자기 정체성(자신이 보는 나)과 사회적 정체성(남들에게 보이고 싶은 나) 양쪽을 창조한다는 말입니다.

보부아르는 이러한 개념이 여성성에도 적용된다고 주장했습니다. "여성은 태어나는 것이 아니라 만들어지는 것이다"라는 말은 매우 유명하죠.

또한 보부아르는 사회가 '여성'에게 특정한 방식의 외양과 행동 방식을 요구하며, 여성은 이에 따라 의식적·무의식적으로 역할을 수행한다고 단언했습니다.

이렇게 덧씌워진 정체성이 반드시 그 자체로 차별적이거나 부정적인 것은 아니지만, 보부아르는 사회가 종종 여성을 '제2의 성'으로 여기고, 남성보다 열등하고 뒤떨어지는 성별로 강등한다고 주장했죠. 남성이 기본이고 여성은 변종일 뿐이라는 뜻입니다.

보부아르가 보기에 '여성'의 역할을 받아들인다는 것은 '자기기만'(46쪽 참조)에 빠진 채로 사는 것입니다. 자신의 진정한 잠재력과 스스로를 정의할 힘을 자발적으로 찾으려 하지 않는 것이죠. 이러한 자기기만은 직장 내 차별 같은 사회문제로 이어질 뿐 아니라 우리가 쓰는 언어와 우리가 지키는 규범에도 영향을 미칩니다.

다음 질문들을 한번 생각해보세요. 데이트에서 남자가 돈을 내는 것은 '여성'을 더욱 객체화하는 행동일까요? '조신한' 여성이라면 술집에서 특정 종류의 음료만을 주문해야 할까요? 여성이 항우울제를 복용할 확률이 두 배 이상 높으므로 여성이 남성보다 두 배 이상 우울증을 겪는다고 생각해도 될까요? 여전히 전체 비임금 노동의 75퍼센트를 여성이 담당한다는 사실은 앞 항목과 연관되어 있을까요? 지하철에서 성추행을 당한 여성 90퍼센트가 이를 신고하지 않는 현실이 어떤 사회적 규범으로 설명될까요? (이 예들은 뛰어난 여성 운동가 캐럴라인 크리아도 페레스Caroline Criado Perez의, 현대판 『제2의 성』이라고 불릴 만한 저서 『보이지 않는 여자들』에 상당 부분을 빚지고 있음을 밝힙니다.)

'여성'이라는 고정관념은 대부분 사회가 만드는 것이라는 점을 인식해야만 자신이 그 고정관념을 고스란히 받아들이거나 투영하고 있음을 깨닫게 됩니다. 우리 각자는 자기 역할을 완벽히 해내고 있는 것이죠.

그래서 보부아르는 이런 질문을 던집니다. 타인의 손으로든 자신의 손으로든 우리는 스스로 원하는 **진정한** 자신을 만들어낼 수 있을까요?

파농
흑인 실존주의

사람은 모두 무언가가 되기를 원합니다. 최고의 아빠가, 크리켓 팀 최고의 선수가 되고 싶어 하죠. 하지만 살다 보면 이런 정체성이 한계로 작용합니다. 힘들게 얻어낸 칭호, 역할, 미덕이 우리를 정의해 버리거든요. "이분은 조앤이에요. 크리켓광이죠." "여기 마이크는 귀여운 아들이 둘 있는 아빠예요." 이런 말 몇 마디만으로 당신은 즉시 기대감이라는 우리에 철컹 갇히고 맙니다. 사람들은 당신이 특정한 행동을 하길 기대하죠. 마이크는 아이들에 관해 불평할 수 없고, 조앤은 어젯밤 크리켓 경기를 보지 않았다고 인정할 수 없게 됩니다.

프랑스령 마르티니크 출신 프란츠 파농Frantz Fanon은 이것이 인간의 특성에 속한다고 생각했고, 이 독특한 방식의 실존주의를 흑인으로 산다는 문제에 적용했습니다.

1952년 저서 『검은 피부, 하얀 가면』에서 파농은(60쪽의 사르트르와 마찬가지로) 모든 꼬리표와 외부에서 주어진 정체성은 진정한 자아를 질식시킨다는 주장을 폈습니다. 파농에게는 '흑인이라는 것'도 이를 보여주는 예였죠. 하지만 흑인이라는 것은 지독하게 힘들다는 점에서 다른 꼬리표와는 달랐습니다. '흑인'은 여전히 정체성을 강요받는 계층에 붙는 꼬리표이며, 어떤 의미에서 인류 전체가 씨름해야 하는 문제입니다. 파농은 이렇게 썼습니다. "열등함에 의해 노예가 된 니그로도, 우월함에 의해 노예가 된 백인도 똑같이 전전긍긍하며 신경증적으로 행동한다." 꼬리표는 모든 사람을 초라하게 합니다.

파농은 인간이 자신을 빚어내기 위해서는 몇몇 조건이 필요하지만, 이런 조건은 흑인에게는 주어지지 않는다고 지적했습니다. 파농은 헤겔의 '주종관계' 개념(66쪽 참조)을 빌려왔는데, 우리가 자아를 발달시키려면 타인을 인식하고 타인에게 인식되어야 한다고 생각했습니다. 하지만 식민주의자나 인종차별주의자의 눈에 흑인은 이런 인식의 대상이 아니었지요. 백인의 평가는 흑인을 "다른 객체들 한 가운데의 객체"로 만듭니다. 흑인은 자신의 신체를 백인과는 완전히 다른 방식으로 인식하게 되죠. 흑인은 제한되고 묵살되고 축소되고, '니그로' 같은 단어로 분류당합니다.

파농은 이때 대체로 두 반응이 생겨나며 둘 다 옳지 않다고 믿었습니다. 가끔은 자신이 흑인임을 기꺼이 받아들이고 자랑스러워하는 사람도 있습니다. 하지만 이는 백인이 흑인에게 하는 것과 마찬가지로 자신을 객체화하는 태도입니다. 파농은 이렇게 썼습니다. "부당하게 인정받지 못하는 니그로 문명을 되살리기 위해 내가 자신을 바칠 일은 절대 없으리라. 나는 자신을 과거에 연연하는 인간으로 만들지 않을 것이다." 한편, "백인이 되기를 원하는 흑인"도 있습니다. "백인이 손수 지어준 제복을 입고" 백인처럼 행동해 백인이 되려고 하죠. 물론 이는 진정한 삶을 살지 못하는 결과로 이어지게 됩니다.

파농의 결론이 무엇인지는 명확하지 않지만, 모든 인종에 해당하는 인간의 보편적 불안을 강조하고 있다는 점은 분명합니다. 하지만 이는 백인과 흑인에게 동등하게 적용되지 않습니다. 자기실현에도 위계는 존재하니까요. 백인도 진정한 자신이 되는 데 어려움을 겪을지 모르지만 흑인에게는 이런 불안을 겪는다는 것 자체가 손에 닿지 않는 사치입니다. 인종차별 사회에서 흑인으로 산다는 것은 실존적 불안을 겪을 기회조차 부정당한다는 의미이니까요.

The Arts

III.

예술

대상을 더 깊이 파고들고 다시 들여다보는 순간이 철학이라면, 철학자들이 예술을 사랑하는 것은 당연한 일입니다.

예술을 정의하는 것 자체도 철학의 영역이지만, 여기서는 예술에 속하는 요소, 즉 음악, 회화, 영화, 연극, 노래, 미학 등에 초점을 맞추려 합니다. 대부분의 경우 예술은 우리가 인간으로서 살아가는 데 필수적인 요소이며, 철학은 그런 필요성의 뿌리를 탐구합니다. 예술이란 우리가 자신만의 특별한 경험을 표현하고, 다른 이들이 이를 들여다볼 수 있도록 하는 모든 방법을 가리킵니다.

아리스토텔레스
스트레스 해소하기

사람들은 왜 공포 영화를 좋아할까요? 왜 '역대 최고의 영화'에는 늘 우리를 울리는 슬픈 영화가 꼽힐까요? 따지고 보면 인간은 생물학적으로 두려움과 슬픔을 싫어하도록 만들어졌습니다. 그래야 야생동물이나 외로움에서 자신을 지킬 수 있으니까요. 그렇다면 왜 우리는 굳이 시간을 할애해 그런 감정에서 자극을 받으려는 걸까요?

아리스토텔레스는 기원전 335년경에 쓴 『시학』에서 자신이 그 답을 찾았으며 이를 **카타르시스**라고 부른다고 말했습니다.

고대 그리스인들은 모든 면에서, 특히 이성적이고 합리적인 시민의 자질로서 온건과 절제를 높이 평가했습니다. 위대한 의사였던 히포크라테스는 모든 병이 몸 안의 액체, 즉 체액humor의 불균형에서 온다고 주장했습니다. 아리스토텔레스는 이 개념을 영혼까지 연장해서 우리 생각과 감정에도 균형을 맞추는 작업이 필요하다고 생각했죠.

카타르시스는 강렬하거나 유쾌하지 않은 감정을 경험해서 그것을 자기 정신세계에서 몰아내는 과정입니다. 아리스토텔레스는 비극이야말로 카타르시스를 끌어내는 최고의 방법이라고 말합니다. 동정심과 두려움을 유발해 보는 이가 억눌린 감정을 털어내도록 유도하기 때문이죠.

펑펑 울고 나면 종종 기분이 훨씬 나아지는 이유, 스트레스가 쌓였을 때 실컷 달리거나 고주망태가 되도록 술을 마시고 싶어지는 이유는 카타르시스 때문입니다. 김을 빼주는 거죠. 카타르시스는 안전하면서 허용 가능한 스트레스 해소법입니다. 실제로 고대 그리스에서는 이 카타르시스의 의료적 효과가 워낙 커서 시민들에게 공짜로, 심지어 가끔은 돈을 줘가며 연극을 보게 했다고 합니다. 공공복지의 일환이었던 셈이죠.

논리적으로 보면 비극을 **관람**하면서 안전하게 이런 감정을 맛보는 편이 현실에서 그 감정을 겪는 것보다 낫습니다. 실제로 사람을 죽이는 것보다 무대 위의 살인을 감상하는 편이 낫고요. 친구에게 버럭 화를 내느니 프로메테우스의 괴로움에 공감하는 게 낫습니다. 특히 오이디푸스가 어머니와 동침하는 장면은… 실제보다 관람이 백번 낫겠지요.

최근 카타르시스는 논쟁의 주제가 되기도 했습니다. 일부 사람들은 아리스토텔레스의 원래 의도가 공포나 분노, 증오처럼 부정적이고 파괴적인 감정만을 몰아내서 건전한 감정적 균형을 되찾는 데 있었다고 생각합니다.

반면 감정을 **전부** 몰아내려는 의도였다고 여기는 사람들도 있습니다. 많은 그리스 철학자들이 이성을 감정 위에, 논리를 열정 위에 두려고 갖은 애를 썼다는 점을 생각하면(사실 아리스토텔레스 본인은 자신의 스승 플라톤만큼 열정이라는 개념을 질색하지는 않았지만) 이런 관점도 일리가 있어 보입니다.

현대인의 삶에서 카타르시스는 매우 큰 역할을 합니다. 우리는 드라마와 비극, 공포물과 유령의 집을 좋아합니다. 기분을 나아지게 해주기 때문이죠. 그러므로 답답하거나 조바심이 나서 견딜 수 없다면 바로 지금이 카타르시스를 적극적으로 활용해서 김을 빼야 할 때라는 사실을 기억하세요.

칸트
아름다움과 숭고함

천둥을 동반한 폭풍우에는 무시무시한 아름다움이 있죠. 우리는 종종 산기슭에 서서 경외감과 동시에 자신의 보잘것없음을 느끼기도 합니다. 소용돌이치는 드넓은 바다에는 강렬한 매력이 있지요.

이마누엘 칸트는 이런 기분을 '숭고함'이라 부르며 훌륭한 것으로 평가했습니다. 그는 미적으로 볼 때 모든 것을 아름다움과 숭고함 두 가지로 분류할 수 있다고 여겼죠. 인간은 양쪽 모두에 반응하지만, 어떤 상황에서 어느 정도로 반응하는지는 각자 다릅니다.

간단히 말하자면 **아름다움**은 유쾌하고, 예쁘고, 즐거운 것으로 정의됩니다. **숭고함**은 깊고, 의미 있고, 심오합니다. 향기로운 장미, 깡충거리는 아기 양, 이슬에 젖은 풀밭은 아름답습니다. 콧김을 내뿜는 들소, 성난 파도, 깎아지른 듯한 피오르는 숭고합니다.

칸트는 여기서 멈추지 않고 사람과 인간관계도 두 가지 중 하나로 나뉜다고 주장했습니다.

어쩌면 당신 주변에도 아름다운 사람이 있을 겁니다. 눈치 빠르고 카리스마 있으며 친구들 모임의 중심이 되는 사람. 부담 없고 재미있지만, 얄팍하고 안이한 사람은 아닌지 남몰래 의심을 품기도 합니다.

물론 숭고한 사람도 있습니다. 이들은 위엄 있고 정직하며, 우리가 속내를 털어놓고 충고를 구하는 대상입니다. 믿음직스럽고 남을 잘 돕지만, 가끔은 무뚝뚝하거나 답답하거나 지루해 보일 때도 있습니다. 칸트는 숭고함이 훨씬 나은 인격이라고 평했습니다(어쩌면 칸트 자신이 그 유형에 속하기 때문인지도 모르죠).

탄력을 받은 칸트는 무리수를 두기 시작해서 자기 이론을 성별(여자는 아름답고 남자는 숭고하다고 했죠)과 국가에까지 확장했고, 그 과정에서 심각한 인종차별을 저지릅니다.

우선 프랑스인은 아름답다고 했습니다. 멋쟁이, 맵시꾼, "사랑에 빠진 방탕아"라고 했죠. 영국인은 원칙이 있고 숭고하다며 좋게 평했습니다. "모험심이 있고… 무시무시하게" 신대륙을 정복한 스페인인은 숭고한 쪽으로 분류되었습니다. 일본인은 "동양의 영국"이라고 한 반면(참으로 에두른 칭찬이죠), "아프리카의 니그로들은 본질적으로 우스꽝스러움을 넘어서는 생각을 할 줄 모른다"라는 빼도 박도 못할 인종차별적 발언을 늘어놓았죠. 수없이 작은 단위로 나뉘는 국가를 한 덩어리로 보고 평한 것이 흥미롭습니다. 물론 그 와중에 독일은 아름다움과 숭고함, 이 두 가지 미학의 완벽한 구현이라고 한 점도요.

확실히 칸트의 예시 중 상당수는 지금 보기에는 이상하고 심지어 불쾌하지만, 기본적 구분 방식 자체는 직관적 매력이 있습니다. 우리도 장미 정원을 산책하거나 거세게 문을 두드리는 빗소리에 귀 기울일 때 자기만의 방식으로 이를 활용하는 것도 좋겠지요.

쇼펜하우어
음악

음악은 마법과 닮은 데가 있습니다. 우리가 자기 육신에서, 삶에서 빠져나와 날아오르게 하는 힘이 있거든요. 그래서 어디로 가냐고요? 음악과 그 순간만이 존재하는, 자아에서 벗어난 공간이죠. 혹시 사람들이 음악을 묘사할 때 종종 거의 종교적인 표현을 쓴다는 점을 눈치채셨나요? 사실 음악은 말로는 표현할 수 없습니다. 뭔가 더 거대한 것이 존재한다는 느낌, 자아가 사라지는 감각은 순수하게 과학적이고 진화론적인 언어로는 나타내기 어려우니까요.

아르투어 쇼펜하우어는 이러한 사실을 모두 잘 알고 있었고, 음악적 경험의 초월적·신비적 측면에 관해 많은 글을 남겼습니다.

대부분의 예술은 적어도 부분적으로는 세상의 무언가를 나타냅니다. 회화나 사진, 조각은 사람이나 사물을 표현하죠. 소설이나 영화는 어떤 형태의 관계를 담아내고요. 시 또한 비유와 상징을 활용해서 특정한 주제를 탐색합니다. 하지만 음악은 뭘 나타낼까요? 작곡가나 음악가가 곡을 쓸 때는 어떤 과정을 거칠까요? 그들은 뭘 목표로 삼을까요? 쇼펜하우어는 이렇게 썼습니다. "음악은… 상당히 멀찍이 서 있다. 음악에서 우리는 닮은꼴을 찾아낼 수 없다." 음악은 그저 음악 그 자체입니다. 음악은 음악을 위해 존재하죠.

쇼펜하우어의 관점에서 음악은 세상의 특정 사물을 나타내는 것이 아닙니다. 인간이라는 존재의 짜임새 자체, 즉 몸부림치며 나아가려는 힘이며 그가 '의지'라고 이름 붙인 역동적 생명력(58쪽 참조)을 표현합니다. 음악은 인간의 본질에 대한 완벽하고 멋진 미적 표현이기에 우리 영혼에 공명하지요. 나아가 인간과 똑같이 의지를 지닌 세상 만물의 본질까지 아우릅니다. 쇼펜하우어는 음악에서 으뜸화음이 사람에게 만족감을 주는 이유는(예를 들어 '완전종지perfect cadence'로 음악을 마치려면 마지막에 코드가 '으뜸음'으로 돌아가야만 합니다) 그것이 우리 의지의 분투를 반영하기 때문이라고 생각했습니다. 화음을 들으면 확실히 **기분**이 좋아지죠.

여기서부터는 쇼펜하우어가 너무 나간 듯한 느낌이 들기 시작합니다. 그는 음악의 4성부 화성이 세상의 각 부분을 나타낸다고 주장했죠. 베이스는 광물계, 그리고 중력 같은 과학적 힘과 연결했습니다. 테너는 식물계, 알토는 동물계, 그리고 멜로디를 담당하는 소프라노는 인간의 "제한 없는 자유"와 "지적으로 계몽된 의지"를 나타낸다고 했고요. 쇼펜하우어에게 음악은 정말로 모든 것이었죠.

그가 주장한 결론은 우리 모두 음악을 들으며 에고와 개인성을 내려놓음으로써 "순수하고 의지 없는 주체"가 되어 "온전하고 황홀한 자유"를 누려야 한다는 것입니다. 음악은 자아를 해체한다는 점에서 의지에서 벗어나게 하는 해방구입니다. 음악에 몸을 맡기면 음악은 당신을 만족스러운 초월적 장소로 데려다줄 겁니다.

괴테
색채론

예술적 소질이 있는 사람이 아니라면 자신과 색채의 관계를 깊이 생각해본 적은 없을 겁니다. 하지만 지금부터라도 다음 질문들에 답해보기로 하죠.

"분홍색과 회색 중 자신을 나타내는 색은 무엇인가요?"

"보라색과 갈색 중 더 좋은 냄새가 나는 색은 어느 쪽일까요?"

"빨강과 노랑이 싸운다면 어느 쪽이 이길까요?"

"파란색과 초록색 중 더 많은 파티 손님을 부르는 색은 무엇일까요?"

색채는 그저 눈에 보이는 빛의 농담이 아닙니다. 무수히 많은 의미와 은유, 분위기와 연결되어 있죠. 색은 우리가 세상을 경험하는 방식과 태도에 영향을 미치며, 요한 볼프강 폰 괴테는 색을 진지하게 탐구한 최초의 학자로 손꼽힙니다.

괴테는 방대한 연구를 담은 『색채론』(1810)을 자신의 최고 걸작이라고 여겼습니다. 부분적으로 보면 이 책은 뉴턴의 광학을 (부정확하게) 반박하고 있지만, 색이 인간에게 어떤 의미인지를 폭넓게 다룬 백과사전식 저서로 볼 수 있습니다.

독일에서 가장 위대한 작가로 인정받는 괴테의 책답게 『색채론』은 화려한 산문과 시적 비유로 주요 색채가 불러일으키는 다양한 감정과 연상을 풀어냅니다.

예를 들어 빨강은 "위엄 있고 화려한 느낌"이 있으며, 노랑은 "평온하고 명랑하며 은근히 관심을 끄는 성격"이며, 파랑은 "서늘한 느낌을 주고 그늘을 연상시키는" 색깔입니다. 파란색 방이 더 넓어 보이긴 해도 "텅 비고 추운" 느낌이라고들 하는 것은 말하자면 19세기 프랑크푸르트식 풍수風水입니다.

영어에는 기본색을 가리키는 단어가 11개(레드, 핑크, 옐로, 오렌지, 브라운, 블루, 그린, 퍼플, 그레이, 화이트, 블랙)뿐이며, 대부분의 색 이름이 사물에서 따온 것입니다. 버건디는 포도주, 세피아는 오징어 먹물 주머니를 가리키며 앰버amber(호박), 터쿼이즈turquoise(터키석), 루비, 제이드jade(옥)는 모두 보석 이름입니다. 기본색 가운데 핑크는 몇 가지 꽃만을 가리키는 말이었고, 오렌지 또한 과일 이름이죠. 이런 식으로 생각하면 색 이름 중 상당수가 이미 비유이므로 색이 분위기나 역사적 상징과 연관되는 것도 당연할지 모릅니다.

문화권이 다르면 색을 분류하는 방식도 다르고, 같은 문화권의 성인 두 명이 애매한 색을 두고 의견이 갈릴 수 있습니다. 진홍색과 심홍색을 구분할 자신이 있나요? 하늘색과 담청색은요? 만 여섯 살 이하 어린이는 놀라울 정도로 색을 구분하지 못한다고 합니다.

이렇듯 색깔조차도 끈질긴 철학자들의 마수에서 벗어나지 못합니다. 우리 마음은 세상의 색을 분위기와 느낌으로 구분해 받아들이죠. 매 순간 우리는 자기 자신의 '색상 편견'을 거쳐 세상을 경험하는 셈입니다.

하라리
집단 신화

가만히 생각해보면 돈이란 참 이상한 물건입니다. 당신이 지저분한 종잇조각 한 장을 건네면 그 대가로 농부나 약사, 재단사가 뭔가 유용하고 실체가 있는 물건을 줍니다. 종이 쪼가리나 금속 조각이 그 자체의 가격보다 높은 가치를 지닌다는 허황된 이야기에 온 세상 사람들이 동조한다는 말이죠. 간단히 말해 바로 이것이 **집단 신화** collective myth입니다.

이스라엘 역사학자 유발 하라리Yuval Harari의 최근 저서『사피엔스』에 따르면 이런 신화는 호모 사피엔스가 오늘날의 현대인으로 발전하는 데 필수 불가결했던 기술 가운데 하나입니다.

우리는 실존주의 이후의 시대에 살고 있습니다. 니체는 "신은 죽었다!"고 외쳤고, 사르트르는 과일 칵테일을 홀짝이며 "실존이 본질에 우선한다"고 선언했죠. 우리는 이제 우주의 구조에 내재한 절대적 진실이 존재한다고 믿지 않게 되었습니다. 하지만 모든 도덕, 종교, 신념에는 어떤 식으로든 믿음이 필요합니다. 우리 인간은 여전히 그런 것들에 의지해 살아가죠. 철학자가 아닌 일반인 가운데 허무주의자나 극단적 회의론자는 보기 드뭅니다. 왜일까요? 하라리는 '신화'를 만들고 따르는 것이 인간의 근본적 행위이기 때문이라고 주장합니다.

이러한 신화는 일상에 너무 깊이 스며들어 때로는 신화임을 알아보기 어려운 경우도 있습니다. 예를 들어 '국가'라는 개념을 생각해 보죠. 나라 사이의 국경은 그저 지도 위에, 그것도 사실은 우리 생각보다 훨씬 최근에 그어진 선일 뿐입니다. 이런 선은 국가와 애국심이 써먹을 만한 신화라고 생각한 사람들의 손으로 다시 그어지고 지워집니다. 프랑스에서 독일로 날아가는 새가 국경을 신경 쓸까요?

돈도 마찬가지입니다. 집단 신화가 작동하고 있음을 가장 명확히 보여주는 증거 중 하나죠. 우리는 모두 그 신화를 단단히 믿고 있으므로 돈의 가치를 의심하지 않습니다. 상대가 이 종잇조각을 받고 대신 무언가 훨씬 더 좋은 것을 내주리라 확신하는 거죠.

물론 인정하기 더 어려운 예도 있습니다. 인권, 종교, 정치적 이념뿐 아니라 평등, 민주주의, 공정함 같은 개념들이 그렇죠. 이 모두는 신화입니다. 그러므로 그런 개념을 지키고 싶다면 우리는 그것을 진심으로 믿고 또 믿는 수밖에 없습니다.

하라리가 옳다면 이런 신화에 전념하는 것이야말로 우리가 개인적·집단적으로 성공할 수 있는 비결입니다. 우리 인간은 현실을 묘사할 뿐 아니라 **창조**할 수 있고, 이 능력을 통해 힘을 합쳐 함께 노력하며 나아갈 수 있습니다.

융
캐릭터 선택 창

연인의 옆에서 눈을 뜬 **영웅**은 충분히 잠을 못 자 눈꺼풀이 무겁습니다. 전화기를 집어 드니 **보살피는** 자인 아버지에게서 안부 전화가 걸려오지만, 그냥 무시하기로 합니다. 출근한 **영웅**은 상사인 **마법사**와 회의를 합니다. 몇 시간 뒤 숙취에 시달리는 **광대**, 휴가로 하이킹을 하러 갔던 얘기를 늘어놓는 **모험가**와 점심을 먹습니다. 밤이 되어 집에 돌아온 그녀는 **그림자**로 변신합니다….

융의 **원형**archetype 세계에 오신 걸 환영합니다!

스위스 정신분석학자 카를 융은 프로이트의 오랜 친구이자 추종자였습니다(훗날 사이가 벌어지기 전까지는 말이죠). 하지만 프로이트가 대체로 개인의 무의식에 초점을 맞춘 반면, 융은 주로 자신이 '집단 무의식'이라 이름 붙인 주제에 전념했습니다.

융은 어느 사회 집단에나 구성원의 행동을 좌우하는 보편적 구조가 있다고 생각했습니다. 바로 이것이 그가 말하는 '원형'이죠. 간단히 말해 원형이란 공동체가 구성원에게 활용해도 좋다고 인정한 일련의 행동 방식을 가리킵니다. 어떻게 보면 게임에 나오는 캐릭터 선택 창과 비슷하죠.

오늘은 어떤 캐릭터로 플레이하실 건가요? 순수하고 순진하기 짝이 없는 **처녀**? 자연과 혼연일체인 **동물**? 독서광이며 사려 깊은 **마법사**? 세상을 비웃는 **광대**?

융은 이런 열두 원형의 영향력이 워낙 강력해서 사람들이 이를 길이 남기기 위해 설화, 신화, 노래, 전통 등에 새겨 넣었다고(156쪽 캠벨의 이론도 참조해보세요) 주장했습니다. 예를 들어 『반지의 제왕』, 『해리 포터』, 〈겨울왕국〉, 〈스타워즈〉에서 프로도, 해리 포터, 엘사, 루크 스카이워커는 모두 **영웅**에 해당합니다. 간달프, 덤블도어, 패비 할아버지, 요다는 **현자**고요. 피핀, 해그리드, 올라프, 쓰리피오C-3PO는 **어린아이**입니다.

여기서 더 나아가 사람들은 신과 종교에까지 이런 원형을 적용하기도 합니다. 예를 들어 로키와 헤르메스는 장난에 목숨 거는 **트릭스터**trickster, 아프로디테와 비너스는 **연인**에 해당합니다. 심지어 유일신교인 기독교에도 **처녀**인 성모 마리아와 **현자**인 성부, **그림자**인 사탄이 존재하죠.

여기 적힌 원형은 종종 마케팅과 대중문화에서 활용됩니다. 하지만 융이 자신의 저서에서 이런 식으로 각 항목을 명확히 밝혀 적지는 않았다는 점을 짚고 넘어갈 필요가 있습니다. 융은 자신이 개략적으로 잡은 원형에 이름을 붙이기는 했지만, 나중에 굳어진 롤플레잉 게임 캐릭터 같은 명칭보다는 훨씬 느슨하게 정의해놓았습니다. 다만 융의 예가 좀 더 융통성이 있기는 했어도 현대적 버전을 축소나 왜곡이라고 부를 정도로 동떨어진 것은 아니었습니다.

현대인에게 융의 개념은 공감할 구석이 많습니다. 우리는 미리 정해진 행동 양식이 존재하며 우리에게 허용되는 역할은 극도로 한정되어 있다고(융의 생각대로 열두 개는 아닐지라도) 느끼죠. 철학적으로 보면 융은 실존주의자들과 비슷한 데가 있습니다. 인간이 행복해지려면 원형의 한계를 벗어나 '개인화'를 향해 나아가서 자신만의 특성을 창조해야 한다고 주장했거든요. 자유로워지려면 캐릭터 선택 창에서 벗어나 자기만의 맞춤 캐릭터를 만들어야 한다는 뜻입니다.

조커
허무주의

우리가 의미 없는 일에 쏟아붓는 시간과 돈, 노력을 생각하면 인간은 참으로 부조리한 존재가 아닐 수 없습니다. 세상 사람들은 어이없는 상황을 매우 진지하게 받아들이죠. 팬은 자신이 사랑하는 스타를 잠깐이라도 보겠다고 빗속에서 몇 시간이고 기다립니다. 우표 수집가는 1931년 발행된 바이마르 공화국 우표 세트를 완성하려고 한 달치 봉급을 털고요. 게이머는 최종 보스를 이기려고 이틀 밤을 꼬박 새웁니다. 하지만 그게 무슨 소용인가요? 대체 왜 이런 행동을 하죠? 왜 그렇게 심각해요?

크리스토퍼 놀런Christopher Nolan 감독의 2008년 작 영화 〈다크 나이트〉의 악당인 조커는(그리고 물론 영화의 원작인 DC 코믹스에 등장하는 조커 또한) 인간이 살아가는 이유 자체를 위협하는 부조리를 생생히 보여줍니다. 조커의 책략 중에서도 가장 위험한 것은 그의 조롱하는 태도와 도발적 허무주의일지도 모릅니다.

조커는 가치가 존재하지 않고 혼란과 무의미함이 지배할 뿐인 세계에서 살아갑니다. 그는 대중과 사회를 아주 살짝만 밀어도 광기에 찬 무정부 상태에 빠뜨릴 수 있다고 생각하죠. 또한 우리가 중요시하는 도덕과 규범은 "말썽의 기미가 보이는 순간 버려질" 것이며, "상황을 통제하려는 [인간의] 노력이 실제로는 얼마나 한심한지" 모른다고 말합니다.

조커는 이 세상에 어떤 질서도, 우리의 중심을 잡아줄 무언가도 없다고 생각합니다. "혼돈의 대리인"인 그는 끔찍한 사건 하나만 일어나도 우리가 애지중지하는 '문명'은 완전한 난장판으로 변하리라 단언하죠. 심리학적으로 인간은 충격적 경험 한 번만으로도 미쳐버릴 수 있는 존재입니다. "광기란 중력 같은 거야. 살짝 밀기만 하면 끝이거든."

근본적으로 허무주의는 많은 부분을 니체에게 빚지고 있습니다. 니체는 인간이 신과 종교가 없는 세상에 남겨져 가치 없는 주관적 공허 속을 떠돌고 있다고 주장했습니다. 조커처럼 니체도 우리가 혼란에 빠져 방향을 잃은 채 이러한 공허 속으로 "끝없이 추락하고" 있다고 생각했죠. 니체의 해결책은 우리가 자신만의 방식으로 삶을 긍정해야 한다는 것이었습니다. 조커식으로는 "이 세상을 제정신으로 사는 유일한 방법은 규칙 없이 사는 것"이라고 할 수 있겠지요.

조커의 철학에 도사린 함정은 그것이 지독하게 극복하기 어렵다는 점입니다. 카뮈는 1942년에 쓴 『시지프 신화』(56쪽 참조)에서 불가사의하고 터무니없을 만큼 웃기는 태평함으로 삶을 바라보라고 우리에게 제안합니다. 조커는 이 말을 정확히 실천하죠. 그는 세상의 허무함을 기꺼이 받아들이며 말합니다. "웃어. 뭐가 네 안에서 널 죽이고 있는지 설명하는 것보다 그게 더 쉬우니까."

니체
아폴론과 디오니소스

영화를 보거나 책을 읽다가 두 시간이 훌쩍 지났음을 깨달은 적 있나요? 무언가에 완전히 푹 빠져서 주변 세상은 물론 자신까지 잊어버린 적은요?

이런 경험은 프리드리히 니체가 예술과 미학에 관한 연구에서 '디오니소스Dionysos형'이라고 부르는 유형에 해당합니다.

고대 그리스 철학과 쇼펜하우어의 영향을 강하게 받은 니체는 모든 문화와 예술을 두 가지 유형, 즉 아폴론Apollon형과 디오니소스형으로 나눌 수 있다고 생각했습니다. 인간은 타고난 인식 능력 덕분에 이 둘을 느낄 수 있으며, 각 유형은 인간 본질의 두 가지 측면(사람에 따라 정도는 다르지만)을 반영합니다.

아폴론적인 것은 명확히 정의되고 이성적인 것을 가리킵니다. 기하학적 아름다움이 있는 건축과 윤곽이 뚜렷한 조각은 아폴론형의 가장 고귀한 형태지요. 아폴론형은 깔끔하고 질서정연하며 체계적입니다. 완성된 스도쿠 퍼즐이나 금문교, 인공지능의 알고리듬이 여기 속하죠.

아폴론적인 사람은 논리적 정신을 지녔고 소설보다 교과서를, 예술보다 과학을 선호하며 잘 정돈되고 질서 있는 환경을 선호할 가능성이 큽니다.

디오니소스적인 것은 조화보다는 혼돈에 가깝습니다. 광기와 열정의 광시곡이죠. 니체는 음악이야말로 디오니소스적인 것의 최고봉이라고 여겼습니다. 음악은 듣는 이를 몽롱한 황홀감에 빠뜨리며 (80쪽 참조), 이는 광기와 닮았기 때문이죠. 세 시간 동안 꼼짝 않고 책 읽기, 홀린 듯이 넷플릭스 몰아 보기, 클럽 음악의 도취감은 모두 디오니소스적인 것에 속합니다. 순수하고 강렬한 경험이죠.

디오니소스적인 사람은 무질서하고 미덥지 않으며 거칠지만, 창의성과 상상력이 뛰어나며 임기응변에 능합니다. 생각하기 전에 움직이고 살펴보기 전에 뛰어내리는 사람들이죠.

니체의 관점에서 가장 순수하고 위대한 예술은 디오니소스형과 아폴론형의 결합입니다. 오래전 고대 그리스 비극에서 이미 구현되었죠. 하지만 니체는 디오니소스적인 것이 훨씬 가치 있다고 평가했습니다. 그것이 인간 존재의 본질이라고 생각했기 때문입니다. 정밀한 추상보다 열정을 앞에 두었다는 뜻이죠.

모든 예술을 두 유형으로 딱 떨어지게 분류하는 것은 지나친 단순화에 해당하지만(인터넷에 떠도는 심리 테스트나 '좌뇌 대 우뇌' 같은 유사과학 논쟁처럼), 니체의 개념에는 확실히 흥미로운 부분이 있습니다. 우리가 발레와 라틴 댄스, 대성당과 소설책을 각기 다른 방식으로 감상한다는 데는 의심의 여지가 없죠. 어쨌거나 이 두 개념을 활용해서 새로운 시각에서 예술을 감상해보는 것도 그리 나쁘지는 않을 겁니다.

아도르노
문화 산업

이해하기 어려운 외국 영화를 보고 나서 '지금까지 내가 대체 뭘 본 거지?'라고 생각했던 적이 있나요? 가장 최근에 너무 낯설어서 전혀 이해할 수 없는 예술 작품을 보거나 읽거나 들은 것은 언제인가요? 문화는 완전히 우리 삶의 일부가 되어 일상에 스며들었기에 우리는 그것이 실제로는 얼마나 인공적인지 인식하지 못합니다. 몇몇 예외를 빼면 우리가 보는 영화, 우리가 읽는 책은 모두 형태와 주제가 비슷합니다(156쪽 참조). 심지어 이런 문화는 특정 규범이나 가치관을 강화하지만, 우리는 눈치조차 채지 못하죠.

독일 철학자 테오도어 아도르노Theodor Adorno는 '문화 산업' 속에서 바로 이 점을 포착했고, 이런 문화는 위험한 데다가 사람을 억압하고 심지어 바보로 만든다고 생각했습니다.

20세기 초 유럽 전역의 마르크스주의자들은 이런 의문을 품었습니다. "왜 프롤레타리아 노동자 계층은 부르주아의 억압과 착취에서 벗어나기 위해 진작 일어나지 않았는가?" 마르크스 본인은 혁명을 예견했지만, 결국 상황은 그렇게 돌아가지 않았죠. 이에 대해 아도르노는 현대 문화가 '허위의식false consciousness'을 만들어냈기 때문이라는 답을 내놓았습니다.

아도르노는 지배 계층의 '문화 산업'이 워낙 성공적이었기에 결과적으로 혁명을 향한 욕망의 불씨까지 전부 꺼뜨렸다고 생각했습니다. 자본주의는 신성하며 절대 침범할 수 없는 몇몇 미덕과 가치를 확립했고, 이는 자본주의자의 거짓말을 반복해서 확대 재생산하는 영화, 책, 노래를 통해 강화되었습니다. 이런 거짓말은 내면화되어 '원래 그런 것'으로 받아들여지게 되었죠. 심지어 억압받는 사람들조차 거기서 벗어나지 못했습니다.

그렇다면 이 거짓말이 대체 뭘까요? 억압받는 이들은 어떤 '허위의식'을 내면화한 걸까요? 아도르노는 '물신 숭배'가 존재한다는 마르크스의 주장에 동의했습니다. 물신 숭배란 모든 사물을 교환가치로만 보는 사고방식과 (집착에 가까운) 가치 체계이며, 이 세계를 사용될 물건이라는 관점으로만 바라봅니다. 사회가 퍼뜨리는 '거짓말'은 모든 것에 가격이 있으며, 인생이란 본질적으로 이기적이고 탐욕스럽다는 것이지요.

그러므로 능력주의적 생존 경쟁에서 승리한 노동자의 '개천에서 용 나는' 이야기를 반복하는 영화, 부와 호화로움을 과시하는 노래, 값비싼 전원주택이나 상류층의 삶을 그린 책은 모두 그런 허위의식을 아주 천천히, 한 방울 한 방울씩 우리에게 스며들게 합니다. 가치는 부유함에서 오고, 욕심은 좋은 것이라고요. 이런 거짓말은 모두 '문화 산업'의 일부이며, 사람들을 무디고 나약하게 해서 저항의 싹을 제거합니다. 잠재적 혁명가를 "아 뭐, 어쩔 수 없지"라고 말하는 사람으로 바꿔놓는 거죠.

아도르노는 여기에 저항하려면 일종의 문화 전쟁을 벌여야 한다고 주장합니다. 상업적 수단으로 전락한 문화를 되찾아야 한다는 말이죠. 예술은 사람을 바보로 만들고, 마비시키는 것이 아니라 도전하고 저항하도록 힘을 실어주어야 합니다. 예술은 우리를 분노하게 해야 합니다. 세상에는 분노할 일이 너무도 많기 때문이죠.

타노스
에코테러리즘◆

골똘히 생각해본 결과 당신은 선택지가 두 가지뿐임을 깨닫습니다. 몹시 나쁜 짓을 하거나, 그보다 훨씬 나쁜 일이 일어나도록 내버려두는 것이죠. 어떻게 할 건가요? 악한 행동이 그보다 훨씬 심하게 끔찍한 결과를 부르는 비非행동보다 나쁘다고 생각하나요?

토성의 위성 타이탄 출신이며 거의 불멸에 가까운 이터널 종족의 돌연변이인 타노스(마블 세계관 속 슈퍼 빌런)가 마주한 딜레마가 바로 이것입니다.

타노스는 오랫동안 심사숙고한 끝에 유감스러운 결론에 다다릅니다. 삶이란 죽음과 절망으로 가는 일방통행로라는 것이죠. 그는 이렇게 주장합니다. "이 우주는 유한하며, 따라서 자원도 유한하다. 생명체를 통제 없이 놓아두면 생명 자체가 사라지고 말 것이다."

전쟁이 일어나고, 아이들은 영양실조에 빠지고, 우주 전체가 몸살을 겪겠지요. 타노스는 이렇게 생각합니다. '상황을 바꿔놓아야 한다. 그 사실을 아는 건 나뿐이다. 적어도 뭔가를 할 의지가 있는 건 나뿐이다.'

타노스에게는 두 가지 선택지가 있습니다. 자신의 강한 힘을 써서 자기 손으로 상당수의 생명체를 제거하는 것, 또는 모든 생명체가 숨막히는 디스토피아에서 시들고 부패하고 죽어가는 모습을 손 놓고

◆ 환경보호를 명분으로 하는 테러 활동.

지켜보는 것.

이 문제는 기본적으로 '트롤리 문제Trolley Problem'의 재탕입니다. 1960년대에 필리파 풋Philippa Foot이 처음 제시한 이 딜레마는 폭주하는 열차의 방향을 직접 바꿔 한 사람을 치어 죽일지, 그대로 두어 다섯 명이 치어 죽게 할지 택하는 문제입니다.

풋이 내놓은 해결책은 일종의 '이중 효과 원칙doctrine of double effect'입니다. 아퀴나스가 처음 언급한 이 원칙은 어떤 행동을 할 때 나쁜 결과가 의도되었다면 옳지 않으나 나쁜 결과가 예견되더라도 피할 수 없었다면 허용 가능하다는 내용입니다. 말하자면 '부수적 피해collateral damage' 원칙이죠.

이런 관점에서 보면 타노스는 옳지 않습니다. 전체 인구의 상당 부분을 죽여 없앤다는 그의 행동은 악합니다. 아무리 나쁜 일이 벌어지게 놔둔다 해도 이보다 더 나쁠 것 같지는 않죠. 하지만 과연 그렇게 딱 잘라 말할 수 있을까요?

달리 보면 이 딜레마는 규칙 대 '최대의 행복', 또는 결과 대 '원칙'입니다. 배고픈 떠돌이 늑대가 수많은 어린아이를 잡아먹게 두느니 늑대를 죽이는 것이 훨씬 낫지요. 손가락을 한 번 튕겨 모든 생명체의 절반을 제거해서 남은 절반이 엄청나게 향상된 삶을 누리게 된다면 그게 정말 나쁜 일일까요?

자, 그렇다면 누가 옳은 것일까요? "선한 이들이 아무것도 하지 않으면" 악이 승리해버린다면 마블 영화 세계관에서 선한 자는 타노스뿐인지도 모릅니다. 당신이 인피니티 스톤을 전부 손에 넣는다면 어떻게 할 건가요?

와비사비
부서진 아름다움

부서진 것도 지극히 아름다울 수 있습니다. 이끼로 뒤덮인 조각상이 놓인 정원, 마른 나무가 가득한 잡목림, 무너진 성터에는 우리 존재의 깊은 곳을 울리는 애절함이 있지요. 낡고, 쇠락하고, 금이 가고, 짝이 맞지 않고, 울퉁불퉁하고, 비틀린 것에는 왠지 애달픈 아름다움이 느껴집니다. 설명하거나 이해하기가 매우 어려운 감정이죠.

바로 이것이 일본의 미적 개념인 **와비사비**わび・さび, 侘・寂입니다.

와비사비는 삶의 불완전함 또는 시간의 흐름을 깨닫고 진심으로 받아들이게 하는 마주침이며, 사물과 자신을 연관 지어 자신이 그런 흐름의 **일부**임을 깨닫는 방식이기도 합니다.

고대 그리스로 거슬러 올라가는 서양의 미학 전통은 아름다움과 완벽함을 이상으로 삼았습니다. 반면 불교문화에서는 만물의 덧없음, 불완전함, 연약함을 강조하죠. 아도니스 대리석 조각상과 이 빠진 찻잔을 보면 차이가 극명히 드러납니다. 존재의 이상과 현실의 대비라고 할까요.

와비사비는 주로 디자인과 관련된 개념으로 쓰입니다. 무너져가는 폐허나 농장의 낡은 식탁, 유적의 비대칭 기둥 등이 풍기는 느낌을 가리키죠. "저 긴 의자는 와비사비해." 주로 이렇게 형용사로 사용됩니다. 하지만 이 표현은 와비사비의 개념 일부를 잘 담아내고는 있지만 중요한 요소를 빠뜨리고 있습니다.

사실 와비사비는 보는 사람과 사물 사이의 **관계**에 가까운 말입니다. 사물 자체는 엄밀히 말해 와비사비할 수 없지만, 우리에게서 그런 느낌을 끌어내지요. 금이 가고 이끼 낀 비석을 보고 서글픈 아름다움을 느낀다면 그건 그 장면이 인간의 필멸성과 불완전함, 그리고 세상 만물의 덧없음을 일깨우기 때문입니다. 싸움으로 흉터투성이가 된 늙은 사자를 보고 와비사비를 느끼는 사람이 있는가 하면 요절한 천재 뮤지션 제프 버클리Jeff Buckley의 음악에서, 혹은 소설의 마지막 문장에서 같은 기분을 느끼는 사람도 있습니다.

동양에서는 계절의 흐름을 매우 중요시하며(일본에서는 실제로 계절을 72후候로 촘촘하게 나눕니다), 와비사비는 이와 관련이 깊습니다. 와비사비는 불가피하게 찾아오는 가을과 길고 추운 겨울을 인식하는 데서 옵니다. 생기 넘치는 봄과 한창때인 여름 또한 다른 모든 것과 똑같이 지나간다는 사실을 잘 알기에 현재를 깊이 음미하는 마음가짐이죠. 모든 것은 바래고, 상처 입고, 시들고, 망가집니다. 그리고 와비사비는 모든 사물에서 그 사실을 깨닫는 것입니다.

그러니 나중에 뭔가 망가지거나 비뚤어진 것을 보거든 거기서 발견되는 덧없는 아름다움을 느껴보세요. 세상에는 영원한 것도 끝나지 않는 것도 완벽한 것도 없습니다. 이 사실을 보여주는 것은 어디에나 있습니다.

o

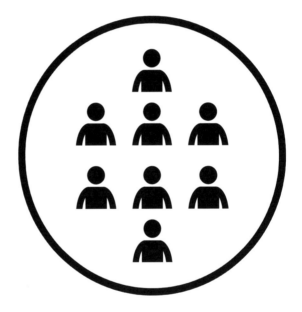

Society and Relationships

IV.

사회와 인간관계

아리스토텔레스는 인간이 된다는 것은 다른 인간과 함께 살아가는 것이라고 말했습니다. 인간은 어떤 식으로든 타인과 맺은 관계 속에서 살아갑니다. 작게 보면 우리는 모두 누군가의 자녀입니다. 크게 보면 인류의 일원이기도 하죠. 그 사이에도 수많은 관계가 존재합니다. 우리는 사회 속에서 살아갈 수밖에 없습니다. 인간은 그런 식으로 만들어졌고, 유전자에 그렇게 새겨져 있으니까요.

사회는 우리가 함께 살아가는 방식을 가리키며, 인간관계는 우리가 타인을 대하는 방식이자 인생에 커다란 영향을 미치는 개인적 태도를 뜻합니다.

플라톤
진정한 사랑

사람은 누구나 늙습니다. 화를 내고 외면하고 부정할 수도 있지만, 그럼에도 우리가 잘난 체하며 과시하는 것들은 전부 언젠가 시들고 쪼그라들겠지요. 그렇기에 궁금해집니다. 우리가 젊고 팽팽할 때 만난 누군가를 사랑한다는 것은 어떤 의미일까요? 말로든 행동으로든 평생 함께하기로 맹세했는데, 그 사람의 외모가 완전히 변해버린다면 어떻게 될까요?

사랑의 의미에 관한 글을 쓰던 플라톤은 이러한 문제를 생각하게 되었습니다.

플라톤의 사랑 이론은 육체와 영혼이라는 더 큰 주제를 다룹니다. 플라톤의 관점에서 인간이란 단순하게 말하면 육체에 갇힌 영혼입니다.

영혼은 인간의 가장 순수한 본질이며, 인간은 영혼이 있기에 이 타락하고 거짓된 환영에 불과한 세상(246쪽 참조)을 초월해서 명목상의 '현실' 뒤에 숨은 진정하고 완벽한 현실, 즉 '이데아'를 인식할 수 있습니다. 혼魂은 진실의 창인 셈이죠.

이런 생각을 토대로 플라톤은 사랑이 두 종류, 즉 세속적(또는 저속한) 사랑과 신성한(또는 순수한) 사랑으로 나뉜다고 주장했습니다.

저속한 사랑은 물질적이고 헛되며 얄팍합니다. 매혹이자 성욕, 욕망이기도 하죠. 쾌락만을 토대로 삼기에 피부가 처지고 머리가 하얗

게 세면 사랑도 식습니다. 현대적 언어로는 열병이나 성적 흥분이라고 표현되는 이 사랑은 육체의 사랑입니다.

순수한 사랑은 타인의 혼을 인식하는 것입니다. 상대방의 가장 순수하고 깊은 자아를 발견하는 것이죠. 이런 사랑은 몸의 변화에 개의치 않고, 세월에 따라 육체라는 껍데기가 어떻게 달라지든 변함없이 충실하며 헌신적입니다. 사소한 변화와는 관계없이 본질에 전념하기 때문이죠. 두 정신의 긴밀한 포옹인 이 사랑은 영혼의 사랑입니다.

오늘날 **플라토닉 러브**는 성적인 측면이 없는 애정이라는 뜻으로 쓰입니다. 상대방이 잘되는 모습, 상대의 가장 좋은 모습을 끌어내고 싶다는 욕구를 가리키죠. 하지만 플라톤 본인은 사랑의 개념에서 성적 욕망을 배제한다고 명확히 밝힌 적이 없습니다. 오히려 그는 사랑이란 육체를 넘어서는 이해이며 때로는 성교를 통해서도 이런 경지에 이를 수 있다고 생각했습니다. 육체를 **통해서** 상대의 영혼을 찬미할 수도 있다는 말이죠.

정말 운이 좋아서 당신이 늙고 병약해지고 백발에 주름투성이가 되었는데도 전혀 신경 쓰지 않고 손을 잡아줄 누군가가 있다면 플라톤의 사랑을 떠올려보세요.

진정한 사랑은 맹목이 아니라 꿰뚫어 보는 통찰력입니다. 겉모습 너머를 보기 때문이죠. 또한 함께 이 세상에 유배된 두 영혼이 나누는 포옹이자 동반자 관계이기도 합니다.

몽테뉴
빗나간 격정

참 재수 없는 날이었습니다. 상사가 '얘기 좀 하자'며 당신을 불렀고, 아니나 다를까 좋은 얘기는 아니었죠. 커피를 마시다가는 혀를 데었습니다. 게다가 우산을 잊고 나와서 홀딱 젖어버렸죠. 아무래도 감기 기운이 있는 것 같습니다. 그래서인지 저녁에 퇴근해서 집에 돌아간 뒤 애꿎은 남편에게 짜증을 내고 맙니다. 별것도 아닌 일에 당신은 비이성적으로 버럭 화를 내고, 어리둥절한 남편은 마음이 상합니다.

16세기 프랑스 철학자 미셸 드 몽테뉴는 어쩌다 이런 일이 벌어지는지 정확히 꿰뚫어 보았습니다. 몽테뉴에 따르면 당신은 자신의 격정을 잘못된 과녁에 조준한 것입니다. 이 사실을 깨닫는 것이야말로 이 상황의 부조리함을 인식하는 첫걸음이죠.

인간은 격정적인 종족이며, 모든 감정은 세상을 향합니다. 우리는 사물이나 사람에게 반응하고, 뒤이어 분노나 사랑, 공포, 호기심 등의 감정이 쏟아져 나오지요. 사실 감정을 느낀다는 것은 어떤 방식으로든 **행동**한다는 뜻입니다. 감정은 우리가 특정한 방식으로 움직이도록 유도하고 때로는 강제합니다. 강한 감정은 어떻게든 해소되거나 인정받아야 하죠. 몽테뉴는 격정이 "조준과 행동의 대상이 될 객체"를 필요로 한다고 썼습니다. 누군가에게 사랑을 느낀다면 우리는 그 사람을 보살피거나 보호하지 않고는 못 배길 겁니다. 반면 뭔가가 두렵다면 그걸 피하거나 물리치려고 하겠죠.

몽테뉴의 말에 따르면 인간은 이런 격정을 표현할 적절한 방법을 부정당할 때 자신을 "기만"하고 "상상 속 가짜 존재를 창조"해서 조준 대상으로 삼습니다. 심지어 감정을 내부로 돌려 자신을 과녁으로 삼기도 합니다. 몽테뉴는 이 주장을 증명하기 위해 분노를 예로 들었습니다. 그는 사람들이 종종 (어이없게도) 자신의 분노를 무생물에 돌린다는 점을 지적했죠. 우리는 화가 날 때 컴퓨터 키보드를 부수거나 바람난 연인의 옷을 태우거나 벽을 주먹으로 칩니다. 사실 벽은 아무 잘못이 없습니다.

그리스 철학자 플루타르코스ploutarchos도 인간의 사랑과 애정에 관해 비슷한 말을 한 적이 있습니다. 그는 사람들이 종종 자기 소유물이나 "관심을 쏟을 가치가 없는 물건"에 지나친 애착을 보인다고 지적하며, 그 이유는 단지 그런 감정을 쏟아부을 온전한 인간관계가 부족하기 때문이라고 설명했습니다. 우리가 사람에게서 위안을 얻을 수 없기에 **물건**으로나마 마음을 달래려 한다는 것이죠.

오늘날 정신분석학자들은 이런 행동을 '치환displacement'이라고 합니다. 상사 대신 남편에게 소리를 지르는 아내의 예처럼 본래의 원인이 아닌 대상에 감정을 표출하는 행위를 가리키죠. 이를 살펴보면 감정의 작동 원리에 관해 많은 것을 알 수 있습니다. 이런 지식은 우리가 가짜 우상에 집착하지 않도록 막아줄 뿐 아니라 가장 사랑하는 이들에게 뜻하지 않게 상처를 주기 전에 멈추도록 도와줍니다.

그루시
부모의 애정

모든 것은 부모에게로 거슬러 올라갑니다. 오스트리아 빈에서 턱수염을 꼬며 시가를 피우던 모 정신분석학자가 아니더라도 부모의 영향력은 부정할 수 없지요. 부모님은 우리에게 세상을 가르치고, 어떻게 행동할지 알려주고, 우리를 입히고 먹이고 보살핍니다. 하지만 그중에서도 가장 중요한 것은 그들이 존재했다는 사실 그 자체입니다. 산속에서 혼자 태어나는 사람은 없으니까요. 인간은 무리에 속합니다. 우리는 서로를 필요로 하죠.

18세기 프랑스 철학자 소피 드 그루시Sophie de Grouchy는 이런 간단한 관찰에서 인간의 도덕성은 타인과의 공동 작업을 통해서만 자라난다는 결론을 끌어냈습니다. 나아가 우리가 삶의 첫 순간에 받는 사랑이 우리의 도덕적 관점을 정의하고 전체적 틀을 만든다고 주장했지요.

이 세상에 태어나는 순간부터 인간은 남에게 의존할 수밖에 없습니다. 보호자의 도움과 돌봄, 사랑이 없으면 인간 아기는 살아남지 못하기 때문이죠. 보호자는 대개 부모지만 친척, 또는 심지어 국가 공무원인 경우도 있습니다. 인간은 "모든 사람에게 철저히 의존하도록 저주받은" 존재입니다.

이를 토대로 생각하면 인류가 처음부터 "자기 존재의 대부분을 남에게 빚지고" 있음을, 그리고 타인에게서 등을 돌리고 고립된 채 살아가거나 남의 고통과 기쁨에 "무관심해질" 수 없음을 알게 됩니다. 사람이 태어나서 처음 배우는 교훈은 내가 고통받을 때 다른 사람이 도움을 준다는 사실이니까요. 그러므로 우리는 자연스레 주변 사람들과 조화를 이루게 되고, 모든 공감과 도덕성, 친절함은 이 '요람 속' 시절의 애착에서 생겨납니다.

애덤 스미스(그루시가 자신의 글에서 반대했던)는 공감이란 사리사욕에서 태어난다고 주장했습니다. 우리가 자신의 욕망, 욕구, 감정을 타인에게 투사한다는 것이죠. 하지만 그루시는 스미스가 인간의 특성을 잘못 파악했다고 보았습니다. 그는 인간은 생애 초기에 연결이 이루어지고 애착이 형성되므로 우리가 다른 사람의 신체적·정신적 고통에 **공감**한다고 생각했습니다. 타인이 느끼고 있으므로 우리도 느낀다는 것이죠.

인간의 도덕적 공감 능력이 생애 초기의 관계를 통해 형성된다면 이 관계의 질과 우리의 공감 능력은 비례할 것입니다. 어린 시절 더욱 의존하고 더 강한 연결과 애착을 느끼고 더 많이 사랑받을수록 공감 능력이 강하다는 뜻이죠. 이 점을 생각하면 교육법과 아동보호법, 유아기 사회화는 모두 이러한 애착을 장려하는 방향으로 바뀌어야 할 것입니다.

다른 여러 여성 철학자와 마찬가지로 그루시 또한 역사적으로 인정받지 못했습니다. 하지만 그루시의 사상과 저서는 그가 시대를 한참 앞서갔으며 현대 심리학에서 반복적으로 증명된 사실을 이미 알았음을 보여줍니다. 사랑이 사랑을 만들고, 상냥함이 상냥한 사람을 만들고, 아이가 온전하고 충실하며 행복하고 도덕적인 인간으로 자라는 데는 부모의 보살핌이 필수적이라는 사실을요.

머독
타인의 장점 바라보기

우리는 엄청나게 많은 짐을 짊어진 채 타인을 만납니다. 그 짐들은 다름 아닌 우리의 인지적 편견과 모든 사람과 연관된 어떤 기억들과 생각, 느낌들이죠. 이 모든 짐들은 우리의 판단력을 흐리려고 호시탐탐 기회를 노립니다. 우리는 누군가가 했던 잔인한 말 때문에 말수가 적어지기도 하고, 누군가의 목소리가 짜증스럽게 느껴져서 그 사람과는 말을 섞기 싫어 얼굴도 마주보지 않기도 합니다. 무의식적으로 혹은 의식적으로 우리는 다른 사람과의 관계에 우리 자신(자아)을 가져다 놓습니다.

영국 작가 아이리스 머독Iris Murdoch은 이래서는 안 된다며 자신이 새롭게 정의한 단어인 '주목attention'을 해결책으로 내놓았고, 우리가 이 개념을 토대로 행동하면 세상에 더 많은 빛과 사랑이 찾아오리라고 조언했습니다.

머독은 먼저 철학자로 활동하다 이후 유명한 소설가가 된 여성이며, 그의 사상에 관한 실마리를 얻으려면 두 시기의 저서를 모두 살펴볼 필요가 있습니다. 머독은 점점 인기를 얻고 있던 도덕적 상대주의(도덕은 사람에 따라 다를 수 있다는 생각), 또는 선악을 인간 중심으로 바라보는 관점의 반대편에 섰습니다. 대신 세상에는 인간이 지식으로 아는 동시에 실천 가능한 도덕적 사실이 존재한다고 믿었죠. 친절하거나 잔인하거나 관대하거나 이기적인 행동은 객관적으로 선

또는 악을 행한다는 뜻입니다. 윤리를 다룰 때 머독은 '선택'보다 '통찰'이라는 단어를 선호했습니다. 그건 마치 우리가 활용해야 하는 특별한 육감과도 같습니다. 우리는 옳은 일을 선택하는 것이 아니라 알아보는 것이죠.

한편, 주목은 타인을 특정한 방식으로 바라보는, 모든 사람이 지닌 도덕적 능력입니다. 타인 안의 선함을 **보는** 것이죠. 머독의 해석에 따르면 누군가에게 '주목'한다는 것은 "개인을 향한 공정하고 애정 어린 시선"으로 본다는 것입니다. 복잡하고 특이하며 역사를 지닌 한 사람을 고스란히 인식한 다음, 가장 좋은 점만을 보는 것이지요. 복잡하고 풍부한 인간을 받아들이고 허용하고 격려하고 받쳐주는 것이기도 하고요. 동시에 부정적인 과거에 집착하지 않는다는 뜻입니다. 타인의 악의를 상정해서도, 그들이 실패하길 기다려서도 안 됩니다. 그 대신 우리는 희망과 사랑을 품고 그들에게 '주목'합니다. 비판하려는 마음 없이 타인을 바라봐야 한다는 뜻이죠.

당연히 쉬운 일은 아닙니다. 머독은 프로이트의 열렬한 추종자였고, 사람이 자신의 태도나 편견을 버리는 게 얼마나 어려운지 잘 알았죠. 그래서 그는 '자아 내려놓기unselfing'를 제안했습니다. 이는 자아라는 짐을 집 현관에 걸어두고 밖을 나서는 방법입니다. 이렇게 하면 자신의 시선을 이기적 관심사에서 바깥쪽으로 돌릴 수 있습니다.

다음에 누굴 만나거든 머독의 '주목'을 실천해보세요. 평소에 하던 대로 바라보지 말고 그 사람 안에서 좋은 점만을 보려고 시도해보세요. 잘못이라고는 할 줄 모르고 선한 마음씨를 간직한 사람이라고 생각하세요. 그 사람의 잠재력을 바라봐주세요. 인간의 복잡함을 받아들이고 인간으로 산다는 것이 얼마나 어려운지 깨달으세요. 우리가 모두 그렇게 한다면 세상은 틀림없이 더 나은 방향으로 변하겠지요.

베버
야근의 굴레

당신은 시계를 한 번 더 쳐다봅니다. 여섯 시 반인데도 상사는 회의를 끝낼 기미를 보이지 않네요. 왜 아무도 뭐라고 하지 않는 걸까요? 당신은 이미 남편에게 늦을 거라는 문자를 보냈습니다. 당신이 집에 들어갈 무렵이면 아이들은 이미 자고 있겠지요. 당신은 왜 아직도 일하고 있을까요? 아니, 그보다 왜 당신은 제시간에 퇴근하는 데 **죄책감**을 느끼는 걸까요?

막스 베버는 1905년 저서 『프로테스탄트 윤리와 자본주의 정신』에서 이에 대한 자기 나름의 해답을 제시했습니다.

20세기로 넘어갈 무렵 독일에서 활동한 베버는 자본주의와 거기에서 비롯한 부와 번영이 기독교, 특히 개신교 국가에서만 뿌리를 내리는 현상의 이유를 알아내려 애썼습니다. 그는 이것이 우연의 일치라고는 생각지 않았고, 개신교가 자본주의 성장에 적합한 토양이 되는 노동 윤리와 삶의 방식을 사람들에게 제시한다고 주장했습니다.

개신교에서 태어난 두 가지 자본주의적 미덕은 다음과 같습니다.

(1) 개인의 세속적 직업을 '신성한 것'으로 격상. 즉, 일을 신성한 의무라고 정의.

(2) 돈을 술, 음식, 여가 생활에 쓰지 않고 재투자해서 자본을 모으는 반反쾌락주의 또는 청교도주의.

신약성경만으로는 자본주의 정신의 대두를 완전히 설명할 수 없습니다. 선을 행하고 "네 이웃을 사랑하라"는 가르침은 "자신의 이익에 초점을 맞춰라"라는 자본주의 정신(288쪽에서 애덤 스미스가 말한 대로)과 어울리지 않습니다. 더불어 자본주의, 그리고 최종 가격과 이윤의 관점에서 "사물을 경제적으로 바라보는 관점" 또한 인간의 본질적이고 자연스러운 성정과 맞지 않지요. 맞았다면 자본주의는 실제보다 훨씬 더 먼저 생겨났을 테니까요.

베버는 청교도주의, 특히 17세기의 칼뱅주의가 사람들에게 열심히 일하고 직업에 전념해야만 구원받을 수 있다는 생각을 주입했다고 주장했습니다. 칼뱅은 선택된 극소수만이 천국에 갈 수 있다고 공언했고, 이후 부유함이 '신께 선택받은 자'의 특성이라는 통념이 널리 퍼졌습니다. 그러므로 일은 자신의 구원을 보장하는 수단으로 간주되었죠.

오래지 않아 얼마나 열심히 일했고 얼마나 성공했는지에 따라 삶 전체의 가치와 값어치가 결정되기 시작했습니다. 건강을 해쳐가며 늦도록 일하는 것이 칭송받고 이상화되었죠. 따라갈 수 없다면 지옥행 확정이니까요?!

오늘날에도 우리는 여기에 맞춰 살아갑니다. 이메일에 답장을 하지 않으면 죄책감을 느끼고, 사무실에서 가장 먼저 퇴근하려면 마음이 불편하고, 입사 면접에서는 밝은 표정으로 "저는 일하는 게 즐겁습니다!"라고 말하죠. 많은 사람이 은퇴하고도 일하지 않는 생활에 익숙해지기까지 꽤 오랜 시간이 걸린다고 합니다.

우리는 직업으로 자신을 정의합니다. 베버는 거의 최초로 이러한 사고방식이 훈련된 것이며 몹시 부자연스럽다는 점을 지적한 사람입니다. '프로테스탄트 노동 윤리'가 진짜든 가짜든, 옳든 그르든 간에 결정하는 주체는 당신 자신입니다.

듀보이스
이중 인식

빌은 신이 나면서도 긴장한 채로 학교로 가고 있습니다. 오늘은 전교생이 카드를 교환하는 중요한 날이거든요! 빌은 초조하게 자기 카드를 꼭 쥐고 조심스럽게 새로 전학 온 여학생에게 다가가 말을 건넵니다.

"여기 있어, 리지." 리지는 잠깐 카드에 눈길을 주더니 빌을 쳐다보고, 미묘한 표정을 짓습니다.

그렇게 잠깐 쳐다보더니 리지는 발길을 돌립니다. 빌은 흑인입니다. 리지는 백인이고요. 그래서 리지는 카드를 받지 않았습니다.

이 이야기는 미국 사회학자이자 인권운동가인 윌리엄 에드워드 버가트 듀보이스William Edward Burghardt Du Bois가 직접 겪은 실화입니다. 이 경험은 인종에 관한 철학에서 핵심적 개념인 **이중 인식** double consciousness 이론을 내놓도록 그에게 영감을 주었습니다.

듀보이스는 흑백 차별법인 짐 크로Jim Crow 법이 한창 시행되던 1903년 『흑인의 영혼 The Souls of Black Folk』을 썼습니다. 그는 이 법제화된 분리 정책과 백인의 문화적·암묵적 편견 탓에 흑인은 "일곱째 아들" 취급을 받는다고 주장했죠. 흑인은 미국에서 가장 뒤떨어지는, 열등하고 비정상적인 인종으로 치부되었습니다.

듀보이스는 이것이 흑인의 '이중 인식'으로 이어진다고 지적했습니다. 흑인은 자기 고향에서도 이방인이며, 자기 나라에서도 소외됩니다. 다수를 차지하는 백인에게 정의되고 비판받는 존재죠. 그 결과

"[니그로는] 항상 타인의 눈을 통해 자기 자신을 바라보게" 됩니다.

듀보이스는 이렇게 썼습니다. "흑인은 이중성을 느낀다. 미국인이자 니그로, 두 개의 영혼, 두 가지 생각, 화합할 수 없는 두 갈래의 분투. 하나의 검은 육체 안에서 두 이상이 싸움을 벌이고, 산산이 찢기는 것을 막아주는 것은 끈질기게 버티는 힘뿐이다." 흑인은 두 극단 사이에서 갈등합니다. 그는 "미국의 아프리카화"도 원하지 않았고, "백인만의 미국 안에서 자신의 니그로 피를 표백하는 것"도 원치 않았습니다.

이러한 '이중 인식'을 듀보이스가 어떻게 바라보는지에 관해서는 의견이 갈립니다. 한편으로 이렇게 분열된 정체성은 실존적 불안으로 이어져 진보와 자유, 평화를 추구하는 활동가의 소명을 저해합니다. 다른 한편으로는 자신이 속한 사회를 조금 떨어진 곳에서 내려다봄으로써 자신이 사는 세계와 가치관을 더욱 깊이 이해하는 데 도움이 되기도 합니다. 더불어 이러한 이중 인식을 뛰어넘는 데 필요한 "끈질긴 힘"은 "이중적 자신을 더 바람직하고 진정한 자신으로 통합하는" 능력으로 이어질지도 모릅니다.

1920년대의 흑인 문화 부흥인 할렘 르네상스가 그랬듯, 이러한 정체성의 통합과 전환이 흑인 문화의 특정한 측면을 살리는 데 필수적인 요소라고 보는 관점도 있습니다.

사실 듀보이스 본인은 이 모든 것에 대해 구체적 해결책이나 조언을 제시한 적이 없습니다. 어쩌면 그럴 만한 필요성이나 이점을 느끼지 못했을지도 모르지요. 그렇다 해도 그의 개념은 오늘날에도 여전히 커다란 의미를 지닙니다. 우리가 자신의 정체성을 만들어내는 과정은 절대 당연하게 주어지는 것이 아닙니다. 그렇기 때문에 우리는 타인과 자기 자신에게 무엇을 어떻게 투사하는지 인식할 필요가 있습니다.

울스턴크래프트
1세대 페미니즘

사회의 **모든** 구성원에게 권한을 주는 것이 당연히 사회를 위하는 길 아닐까요? 경주에서 이기고 싶다면 한쪽 다리로 뛰면 안 되니까요. 공을 잡고 싶다면 한쪽 손을 등 뒤로 묶으면 안 되고요. 능력의 반만 발휘한다면 무슨 의미가 있을까요?

바로 이것이 메리 울스턴크래프트Mary Wollstonecraft가 여성의 권리를 옹호하며 내세웠던 근거입니다.

울스턴크래프트는 여성주의 철학자의 원형으로 평가됩니다. 그는 여성에게 참정권과 법적·경제적 권리는 물론 교육 기회마저 허락하지 않았던 18세기 영국 사회에서 평생을 보냈습니다. 오늘날 울스턴크래프트는 무엇보다도 동등한 법적·정치적 권리와 관련이 깊으며 '1세대 페미니즘'으로 알려졌던 여성 운동의 핵심적 인물로 인정받습니다.

울스턴크래프트는 이렇게 주장했습니다. "권리를 공유하게 해주면 여성도 남성의 덕목을 본받을 것입니다." 기회만 주어진다면 여성도 일을 해낼 능력을 갖출 거라는 뜻이죠.

오늘날의 기준에서 보면 그의 주장은 이상할 정도로 남성 중심적으로 보이지만, 이는 울스턴크래프트가 청중을 잘 파악하고 있었기 때문입니다. 당시 영국 사회에 만연했던 '신경질적인 여자'라는 성차별적 편견에 기름을 붓지 않기 위해 그는 항상 이성과 논리에 기반을 두고 주장을 펼치는 데 주의를 기울였지요.

울스턴크래프트는 한쪽 성별 전체의 지성과 미덕, 재능을 무시하는 것은 사회 전체의 손해라고 주장했습니다. 여성의 역할을 남성과 가족 돌보기로 제한함으로써 인류는 발전을 저해하고 있다는 것이죠. 이는 엔진을 50퍼센트의 출력으로 돌리는 거나 다름없습니다. 그 이후 각종 분야에서 여성이 이룬 수많은 업적만 봐도 그의 말은 증명됩니다. 한쪽 성이 무시되고 가려지고 교육받지 못한 탓에 인류는 수많은 발명과 발전 기회를 놓친 것은 아닐까요? 지금까지 그런 경향이 이어졌다면 우리는 얼마나 많은 것을 놓쳤을까요?

정치적으로 울스턴크래프트는 의무와 권리가 한 동전의 양면이라는 로크의 주장을 따랐습니다. 적절한 사회계약(272쪽 참조)이 없었기에 여성은 의무만 짊어지고 그에 따르는 권리는 누리지 못했습니다. 짐 나르는 가축과 다를 바가 없는 상태였죠.

따라서 여성의 예속은 그 자체로 비도덕적일 뿐 아니라 사회가 최대의 생산력을 발휘하지 못하게 막는다는 점에서 공리주의적 관점에서도 손해였습니다. 어떤 18세기 영국 남성이 이 냉철한 논리를 반박할 수 있었을까요?

마르크스
계급투쟁

은행가요?! 이익에만 눈이 벌게진 사람들이잖아요. 뭐든지 가격을 매기고 진짜 가치는 보지도 않는 배부른 자본가들. 세상이 이렇게 불평등으로 넘쳐나는 것도 사람들이 서로 보살피기는커녕 **물건**만 더 사려고 드는 것도 다 그 사람들 탓이죠. 은행가는 독이에요! 기생충! 진보의 걸림돌!

아주 현대적인 불평불만이죠. 하지만 '은행가'라는 단어를 '부르주아'로만 바꾸면 19세기 프로이센에서 카를 마르크스가 부르짖은 '**계급투쟁**'과 일치하는 내용이 됩니다.

종종 우파는 마르크스를 왜곡하고 비방하며 좌파는 지나치게 치켜세우고 유리한 부분만 언급하지만, 그의 사상은 제대로 살펴볼 가치가 있습니다.

마르크스는 '부르주아'(공장주, 고급 저택 거주자, 그리고 물론 은행가도 포함)가 자본주의의 화신이며 세상을 이윤이라는 관점에서만 바라본다고 주장합니다. 이들은 생산수단을 통제하며, 그렇기에 예상대로 비용 절감과 생산 효율을 궁극적 목표로 여깁니다.

반면 '프롤레타리아'(노동자)는 더 나은 노동 환경과 임금, 직업 만족도를 원합니다. 이들은 손익 이상의 가치를 중시하며 이를 손에 넣으려고 애쓰지만, 동시에 부르주아와 견줄 만한 생활 수준을 원하기도 합니다(한편 흥미롭게도 마르크스는, **대체로**는 맞기는 하지만 부르주아가 항상 부유하거나 프롤레타리아가 항상 가난한 것은 절대 아니라고 생각했습니다).

척 봐도 양쪽의 목표가 상충하므로 두 집단이 충돌할 것은 불 보듯 뻔하지요. 그렇기 때문에 마르크스는 '계급투쟁'이 실재한다고 주장했습니다. 이는 꼭 문자 그대로의 전투라기보다는 개념과 지적 우월성을 두고 벌어지는 충돌입니다(사실 마르크스는 평생 민주주의를 지지했다죠).

마르크스는 자본주의가 귀족과 하인, 채권자와 채무자 사이의 의무로 묶인 봉건적 인간관계를 폐지했다고 지적했습니다. 전근대 사회에는 (수많은) 단점도 있었지만, 적어도 인간적 관계가 존재했습니다. 하지만 이제는 인간미 없는 숫자와 욕심만이 남았다는 거죠. 경제와 생산은 관료들이 운영하는 차갑고 서먹한 무언가가 되었습니다. 생산수단(그리고 무력)을 손에 넣음으로써 권력을 잡은 부르주아가 게임의 규칙을 정합니다. 돈과 이익이 왕이라는 규칙을요.

하지만 프롤레타리아가 인간조차 재화에 불과하다는 치명적 신화를 꿰뚫어 볼 수만 있다면 사회의 이념을 극복하고 자기 삶과 권력을 되찾을 수 있다는 것이 마르크스의 주장이었습니다. 더 공정하고 친절하며 평등한 사회, 이윤이 아니라 사람을 바라보는 사회를 만들 수 있다는 것이지요.

마르크스는 이 투쟁이 소비지상주의 대 공동체, 기업 대 대중, 인적 자원 대 인간 존엄성의 충돌이라고 생각했습니다. 간단히 말해 계급뿐만이 아니라 인류의 영혼을 위한 투쟁이라는 뜻입니다.

공자
소속감

때로는 무언가에 속한다는 것이 기분 좋기도 합니다. 우리는 체계 안에서 자기 몫을 다하는 데서 오는 소속감과 공동체 의식을 좋아하죠. 인간은 대체로 자신이 사회에서 어떻게 적응하면 되는지 알고 싶어합니다. 규칙은 무엇인지, 어떻게 행동해야 하는지, 허용되는 범위는 어디까지인지 등… 인간에게 조화는 자연스러운 일입니다.

　예禮는 유교의 핵심 교리입니다. 고대 중국 철학자 공자의 사상을 기본으로 삼는 유교는 일종의 세속 종교에 해당합니다. 유교는 신이나 초자연적 존재를 모시지 않는 대신 철저한 사회적·윤리적 철학과 엄격히 규정된 의식이 있습니다. 예는 그런 의식의 일부죠. 종종 '적절한 행동거지'로 번역되며, 비록 어느 정도는 종교적인 면이 있으나 일상 속에서 사람을 대할 때도 적용됩니다.

　유교에서는 세상(세속뿐 아니라 우주까지 포함)에 질서가 존재하며 인간의 성취는 이 사실을 인식하고, 나아가 이 질서를 실천하는 데서 온다고 가르칩니다. 이 질서는 사람 사이에 온갖 종류의 관계를 만들어내죠. 예는 이런 관계에 적용되는 모든 긍정적 행동, 공동체를 하나로 묶는 처신을 아울러 가리킵니다.

　유교, 그리고 많은 동양 철학에서는 인간의 본질을 전체론적으로 바라봅니다. 다시 말해 우리의 정체성과 목적은 다른 사람과의 관계 속에서 정의된다는 뜻이죠. '나'는 '딸', '친구', '아버지', '이웃' 등의 역할과 결합할 때만 의미를 지닙니다(이런 면에서는 118쪽의 헤겔과도 닮은 데가 있죠).

그렇기에 예는 다른 사람을 향하는 행동을 나타냅니다. 나아가 우리의 정체성을 외면화하고 그것을 타인에게 반영하며 연결하죠.

서양에서도 예가 반드시 생소한 개념은 아닙니다. 소리를 맞춰 합창하는 즐거움, 할머니의 장바구니를 들어드리는 뿌듯함, 가족과 공동체와 국가에 소속되는 자부심 같은 것이죠. 예는 우리가 자신을 맨 앞이나 맨 끝에 두지 않고 **딱 알맞은 곳에 속할** 때의 상황과 행동으로 구성됩니다. 즐겁고 만족스러운 마음으로 자신의 대사를 읊고 역할을 연기하며 다른 이들이 차례로 참여하기를 기다리는 것이죠.

우리는 시계 속 톱니바퀴, 강물 속 물방울, 숲속의 나무입니다. 받아들여지고, 떠받쳐지고, 소속됩니다. 그리고 그건 그 나름대로 기분이 좋습니다.

헤겔
세계정신

외따로 존재하는 것은 아무것도 없습니다. 모든 사물과 사람 뒤에는 이루 다 말할 수 없을 만큼 긴 이야기가 있습니다. 사물이 왜, 어떻게 생겨났는지에 관한 이야기죠. 무언가를 온전히 이해하고 싶다면 그 것의 맥락, 전체적인 틀, 그것이 **모든 시간대**에서 맺는 관계를 정확히 파악해야 합니다. 마치 신이 피조물을 내려다보듯 거대하고 서로 얽힌 관계로서 사물을 바라봐야 하는 거죠.

헤겔은 바로 이것을 **벨트가이스트**Weltgeist, 즉 끊임없이 진화하고 진보하는 만물의 역동적이고 보편적인 관련성이라고 보았습니다.

이해하기 어렵기는 해도 헤겔은 지난 두 세기 동안 영향력이 가장 큰 철학자로 손꼽힙니다. 그의 사상은 사르트르, 보부아르, (반대자로서) 키르케고르의 실존주의에 영향을 미쳤지요. 칸트와 후설, 하이데거가 더 깊이 파고들었던 현상론(230쪽과 264쪽 참조)도 창시했습니다. 무엇보다도 헤겔의 사상은 엥겔스와 마르크스에게 영향을 미쳐 세계적으로 공산주의 운동이 일어나게 했던 원동력이 되기도 했습니다.

헤겔의 사상을 뒷받침하는 핵심 개념 중 하나는 모든 것이 서로 연결되어 있다는 이 발상입니다. 그는 조각난 채로는 어떤 사실이나 사물, 인물도 제대로 이해할 수 없다고 주장했죠. 모든 것은 다른 무언가와의 대비와 관련성을 통해 정의됩니다. 이 책을 예로 들어보죠.

제대로 이해하려면 당신은 이 책이 지금 이 순간 여기 오게 된 전체 이야기를 알아야 합니다. 이 책을 찍은 인쇄기, 원고를 받아준 출판사, 책을 써낸 잘생긴 작가, 작가를 가르친 교육기관, 작가를 격려해준 부모님 등을 전부 봐야 한단 얘기죠. 모든 곳에서 모든 사물에 대해 이 작업을 반복하면 당신은 무한에 가까운 벨트가이스트를 이해하기 시작하는 겁니다.

가이스트라는 단어는 영혼 또는 정신으로 번역되지만, 어느 쪽도 그 개념을 완벽히 표현하지 못합니다. 철학자들은 대부분 벨트가이스트(세계정신)라는 말을 그대로 쓰죠. 벨트가이스트는 만물의 총체성이며, 우리는 모두 그 일부에 불과합니다. 유한한 개인의, 당신의, 나의, 모든 이의 정신은 이 벨트가이스트 안에서 작은 역할을 수행하며, 전체가 앞으로 나아가도록 자신만의 작지만 꼭 필요한 힘을 보탭니다. 성취감과 정체성, 소속감은 가이스트 안에서 자신의 자리를 인식할 때 생겨납니다.

헤겔은 사적·개인적·추상적 영역보다 공적·집단적·사회적 영역을 강조한 것으로 유명합니다. 그의 말에 따르면 인간은 자신이 이 벨트가이스트의 일부임을 깨닫게 되면 다른 사람과 조화를 이루려고 더욱 노력하게 됩니다. 일단 자신과 타인을 묶는 끈을 발견하면 서로의 공통성에 주목하기 시작한다는 것이죠. '친구', '동포', '인간'에서 완전히 분리된 '나'는 없습니다. 우리는 타인과의 관계로 정의됩니다. 우리는 모두 한배를 탄 처지니까요.

아피아
세계주의

'세계시민cosmopolitan'이라는 단어는 매우 정치적으로 변했습니다. 일부 사람에게 이 단어는 통합된 인류가 서로 보살피고 받아들이는 긍정적 미래를 상징합니다. 반면 다양성보다 획일성을 추구하는 위험한 전체주의를 가리킨다고 보는 시각도 있지요. 그렇다면 세계주의를 꼭 이렇게 양극단 중 하나로 봐야 할까요?

가나 출신 영국인이며 현대 철학자인 콰메 앤서니 아피아Kwame Anthony Appiah는 그렇지 않다고 생각합니다. 그는 일반적으로 생각하는 것보다 더 자세한 근거를 제시하며 세계주의를 당당히 변호합니다.

'세계시민'이라는 용어의 기원은 계몽의 초석이었던 칸트까지 거슬러 올라갑니다. 칸트와 그 이후의 사상가들은 보편적 이성과 인간성에서 비롯한 인류의 동포애를 가리키는 말로 이 단어를 사용했죠. 세상 어디에 있든지 모든 인간은 그저 인간이라는 사실 자체만으로 존엄성과 가치를 지닌다는 의미였습니다.

아피아는 이를 이어받아 세계주의를 자기 방식으로 정의했습니다. 그의 정의는 두 가지 핵심 개념으로 나뉩니다.

(1) 모든 사람은 모든 타인에게 도덕적 책임이 있습니다. 도덕적으로 무관한 사람은 없으며, 이는 우리 모두 극히 사소하고 희미하더라도 서로에게 일정한 의무가 있다는 뜻입니다.

(2) 차이점은 의미가 있습니다. 인간으로 살아가는 데 다양성은

중요합니다. 문화 인식이 도덕적으로 중요한 이유는 "문화가 그 자체로 중요하기 때문이 아니라, 사람이 중요하며 문화가 사람에게 중요하기 때문"입니다.

이 인용문은 아피아 사상의 핵심을 보여줍니다. 다양성과 차이점은 인간의 개인성을 드러낸다는 점에서 그 자체로 우리에게 중요합니다. 하지만 다양성이 최고의 선은 아닙니다. 아피아의 두 개념에는 상하 관계가 있습니다. (1)이 가장 중요하고, **그다음**에 (2)가 오지요. 그러므로 우리는 자신의 다양성을 자랑스러워해야 하지만, 거기에는 그런 차이가 인류 전체에 대한 자신의 의무와 충돌하지 않아야 한다는 전제가 붙습니다. 요약하자면 우리는 원하는 대로 살 수 있으나 그 과정에서 타인을 학대하거나 착취해서는 안됩니다.

세계주의를 공격하는 이들은 이 개념이 부자연스러운 공평함으로 이어진다고 지적합니다. 예를 들어 우리가 가족보다 시리아 난민을 더욱 신경 써야 하느냐는 것이죠. 하지만 아피아는 이에 대해서는 반대의 입장입니다. 그는 누구나 어떤 종류의 정체성이 있고, 다양하다는 것은 특정한 사물이나 사람에 편파적이라는 뜻이라고 여깁니다. 완벽한 공평함은 이 다양성을 지워버리며, 그런 근본적 부정은 시리아 난민에 대한 우리의 도덕적 의무(여전히 유효하긴 하지만)보다 더 심각한 문제라고 말하죠.

우리는 하루 동안에도 여러 정체성을 활용합니다. 아피아가 보기에 문제는 사람들이 이런 정체성을 너무 심각하게 받아들이거나 그걸 활용해서 변명하려고 할 때 생겨납니다. 우리는 특정 정체성만을 우위에 두는 경향이 있지요. 하지만 우리가 타인과 공유하고 중복되는 정체성에 더 초점을 맞춘다면 연대감과 결속력을 다질 수 있습니다. 바로 이것, 차이점뿐 아니라 공통점을 기꺼이 보려는 마음가짐이야말로 아피아가 말하는 세계시민이 되는 데 필요한 자질입니다.

매키넌
불공평한 규칙

가끔은 게임의 규칙을 따르는 것이 어처구니없이 불공평할 때도 있습니다. 다트 게임을 할 때 한 선수만 눈을 가리고 해야 한다고 상상해보세요. 이 경우 게임의 규칙을 문자 그대로 지키도록 강제하면 게임 자체가 말도 안 되게 편파적으로 변하고 맙니다.

미국 학자이자 여성 운동가인 캐서린 A. 매키넌Catharine A. MacKinnon은 현대 사회를 둘러싼 여성주의 논쟁을 이런 방식으로 바라보았습니다. **게임 자체**가 참가자들에게 여전히 근본적으로, 통탄할 만큼 불균형하다면 법과 규칙만으로는 해결되지 않는다는 것이죠.

메리 울스턴크래프트와 엘리자베스 케디 스탠턴Elizabeth Cady Stanton에서 시작해 시몬 드 보부아르와 저메인 그리어Germaine Greer를 거쳐 현대의 나오미 울프Naomi Wolf와 케이틀린 모런Caitlin Moran에 이르는 뛰어난 인물들의 노력으로 여성주의 운동은 대단한 위업을 이루었습니다. 하지만 매키넌은 여전히 여성주의 운동이 무엇을 목표로 나아가야 하는지, 법적·정치적 변화가 그 자체로 충분한지를 토론해봐야 한다고 생각합니다.

매키넌은 수많은 여성주의 담론이 정치와 법률 체제를 일종의 객관적이고 중립적인 법적 결정권자로 바라보고, 남성과 여성이 현재의 체제와 규칙에 따라 평등하게 대우받는 데 초점을 맞추고 있다고 설명합니다. 하지만 여기서 근본적인 문제는 사회구조 자체가 남성의 손으로 만들어졌고, 남성을 위해 설계되었다는 점입니다.

'법 앞의 평등' 유형에 속하는 여성주의 운동의 근본적 오류는 사실 여성에게는 이보다 더 많은 것이 필요하다는 데 있습니다. 현행법에 따른 동등한 대우로는 여성이 경험하는 취약성과 공포, 기회 박탈을 제대로 평가하지 못합니다. 또 남성이 여성에게 보이는 존중과 인정이 부족하다는 사실(예를 들어 비임금 노동에 관한 태도)을 해결하지도 못하지요.

예를 들어 누구나 남을 죽이고 강도질을 할 수 있는 무법 세계를 상상해보죠. 의심의 여지 없이 평등한 세계입니다. 당연히 남자가 다른 남자를 죽이는 일도 수없이 일어납니다. 하지만 이 세계에서는 남자가 여자를 죽이는 사례는 비교할 수도 없을 만큼 많으리라는 점이 간과됩니다.

요약하면 남자는 안전하고 보호받는다고 느끼므로 자유를 원하지만, 여자는 안전하다고 느끼지 않으므로 보호가 필요하다는 뜻입니다.

매키넌이 보기에 계약의 한쪽 서명인(여성)에게 이런 안전이 보장되지 않는 한 사회에서 평등한 계약이란 있을 수 없습니다. 매키넌은 이렇게 썼습니다. "중세 법률의 기본이었던 신분 구분은… 그다지 변한 게 없음이 드러났다." 우리는 극도로 남성 중심적인 가부장제의 계승자이며, 우리가 각자 개인 차원에서 아무리 평등하려 애써도 모든 것의 바탕인 사회구조 자체가 오염되어 있다는 말입니다.

매키넌의 여성주의는 평등만으로는 부족하다는 도전장을 내밉니다. 평등은 양쪽 성 모두가 체제 안에서 경쟁력을 갖출 때 비로소 의미가 있습니다. 규칙과 법이 한 종류의 인간을 위해 설계되었다면 그것만으로는 상황을 공정하게 바꿀 수 없지요. 따라서 우리는 다양하고 경계가 모호한 모든 종류의 인간을 반영하도록 법을 손보거나, 적어도 중요한 부분에서는 양쪽에게 평등한 조건을 만들어야 합니다.

버크
예의가 세상을 만든다

평소에 우리는 예의에 대해 거의 신경 쓰지 않습니다. 단조로운 예의범절에서 배울 게 뭐가 있을까요? "고맙습니다"라고 말하는 것, 할머니에게 자리를 양보하는 것, 아이들 앞에서 욕하지 않는 것이 철학과 무슨 관계가 있겠어요? 그건 신발 끈 묶기나 가려운 곳을 긁는 것만큼 따분하고 일상적인데요.

하지만 18세기 아일랜드 정치가이자 철학자인 에드먼드 버크Edmund Burke는 그렇게 생각하지 않았습니다. 그는 근대 사회에서 정부와 합법적 독재자를 견제하는 필수적 장치로서 예의manner가 가장 중요한 요소에 속한다고 생각했지요.

버크는 "예의는 법률보다도 중요하다. 법률은 예의에 토대를 두기 때문이다"라고 주장했습니다. 예의란 사회가 원활히 움직이게 하는 불문율이며, 우리가 타인과 함께 살아갈 때 필요한 규칙입니다. 사람들 앞에서 식사할 때나 주말에 가족과 함께 볼 영화를 고를 때처럼 예의는 어디에서나 필요하지요.

버크의 말에 따르면 예의가 그토록 중요한 이유는 그것이 우리에게 개인으로서의 책임감을 부여하는 동시에 입법자들에게 "무엇이 법의 영역에 속하고 무엇이 예의만으로 규제될 수 있는지" 알려주기 때문입니다.

뒷사람을 위해 문을 잡아주거나 모르는 사람의 짐을 들어주거나 엄마가 아이와 나란히 앉을 수 있게 자리를 바꿔줄 **의무**는 없지만, 사람들은 **자신의 가치관에 따라** 그런 행동을 합니다. 예의가 법으로 정해져 있다면 이런 행동들은 사라지고 말겠지요. 예의에 따르는 책임 의식은 그 자체로 도덕적이고 특별한 것으로 평가받으니까요.

버크는 예의야말로 정부보다 위에 있는 가치와 규범이라고 생각했습니다. 예의는 정치권력을 견제하는 역할을 하기 때문이죠. 나아가 예의는 정치제도가 제 역할을 하는 데 **필요**한 미덕을 반영하기도 합니다. 즉, 예의란 국가라는 기계가 잘 굴러가도록 하는 윤활유인 셈이죠.

대니얼 지블랫Daniel Ziblatt과 스티븐 레비츠키Steven Levitsky 또한 2018년 저서 『어떻게 민주주의는 무너지는가』에서 이를 주제로 다루었습니다. 이들은 일종의 '규범'(버크의 '예의'와 같은 개념) 덕분에 자유민주주의가 제대로 돌아간다고 주장했습니다. 그러면서 정치적 반대파를 향한 관용(견해가 다른 이들을 사람 취급하지 않거나 비하하거나 죄악시하지 않는 것)과 제도적 권력을 남용(예를 들어 권력을 유지하기 위해 헌법을 바꾸는 것)하지 않는 절제력을 예로 들었죠. 이러한 규범이나 예의를 잃으면 자유민주주의는 살아남기 어렵습니다.

예의는 우리의 가치관을 드러내고 우리에게 개인으로서의 책임감을 심어주기 때문에 매우 중요합니다. 오늘날 사람들은 대체로 법률과 계약이 가장 강하다고 여깁니다. 하지만 버크의 말에 따르면 법은 융통성 없고 결함이 있으며, 모든 이가 공유하는 평범한 상식보다 훨씬 못한 제도일 뿐입니다.

아렌트
악의 평범성

아돌프 아이히만은 역사상 가장 끔찍한 사건 중 하나를 저지른 범인입니다. 제3제국이 유지되는 동안 그는 유대인들을 강제 이주시키고 죽음의 수용소에서 학살한 책임자였습니다. 그렇기에 1961년 그가 마침내 재판받게 되었을 때 세상 사람들은 악의 얼굴을 보게 되리라 생각했지요. 하지만 실제로 나타난 것은 따분하고 지루하며 판에 박힌 소리만 하는, 지극히 평범한 관료였습니다.

미국으로 망명한 독일 출신 유대인 한나 아렌트Hannah Arendt는 재판을 지켜본 뒤 '악의 평범성'이라는 말로 아이히만을 비롯한 나치 독일 전범을 묘사했습니다.

국가가 전체주의에 빠지는 이유는 무엇일까요? 아렌트는 그렇게 되려면 두 가지 조건이 필요하다고 답했습니다. 첫째, 정부는 반드시 사람들 사이의 연결을 끊어 모든 사회적 유대를 파괴하고 국가기관이 허가하는 관계만을 남겨야 합니다. 둘째, 외국인이나 공산당, 유대인처럼 위험하고 수상한 '이방인'이 유발한다고 간주되는 불안과 공포가 반드시 존재해야 합니다. 이런 종류의 공포는 혼자서는 이 위험에 대처할 수 없다고 생각하게끔 설계됩니다. 사람들이 강력한 권위를 원하도록 유도하는 것이죠. 이런 조건하에서 전체주의는 쉽게 뿌리를 내립니다. 일단 자리를 잡으면 전체주의 정부는 인간을 호환되는 경제적 재화 또는 국가 기구 안의 교체 가능한 부품으로 격하시키고, 사람들이 자신의 가치는 체제에서 나온다고 믿게 만듭니다. 아이히만의 세계관과 정확히 일치하죠. 그의 평생은 오로지 자신이 어떻게 체제에 봉사했는지에 따라 정의되었습니다.

더불어 아렌트는 1958년에 펴낸 『인간의 조건』에서 온전하고 보람 있는 삶에는 다음의 세 가지 요소가 필요하다고 주장했습니다.

(1) **노동**labour : 삶이 계속되게 하는 먹기, 자기, 청소 등의 일상적 행동입니다. 노동은 세상에 무언가를 더하지 않으며, 원래 상태를 복구하고 유지할 뿐입니다.

(2) **작업**work : 세상 사람들이 보고 감상하도록 문화적 가공품을 만드는 것을 가리킵니다. 즉, 무언가를 생산해서 모든 사람이 공유하며 현실에 이바지하는 것이죠. 집을 짓거나, 책을 쓰거나, 정원을 가꾸는 것이 여기 포함됩니다. 작업은 아무리 일시적일지라도 세상에 흔적을 남깁니다.

(3) **행위**action : 행위는 정치의 영역입니다. 토론을 통해 자기 생각을 다른 사람과 교환하는 것을 가리키죠. 이 단계에서 우리 인간은 집단으로서 모든 것에 의미를 부여하지만, 더욱 중요한 것은 자신을 대체 가능한 구성단위(노동이나 작업을 할 때는 여기에 해당)에서 유일무이한 인간으로 격상한다는 점입니다.

아렌트가 보기에 전체주의는 사람들이 행위에 접근하는 것을 막아 삶의 의미를 모두 빼앗는 체제입니다. 사람들은 그 이상이 있다는 것조차 모른 채 노동과 작업 사이를 단조롭게 오가는 일벌로 격하되고 말지요. 아이히만이 '악의 평범성'을 보여준 것은 그가 노동과 작업밖에 모르는 삶을 살았기 때문입니다. 그는 자신이 자아에 접근하는 것을 금지당했을지 모른다는 의문을 한 번도 품지 않았죠. 오직 달성해야 할 목표와 얻게 될 지위만을 생각했습니다. 아이히만은 그저 "명령을 따랐"고 평생 명령밖에 없는 삶을 살았던 것입니다.

Religion and Metaphysics

V.

종교와 형이상학

형이상학metaphysics의 'meta'는 '초월하다'라는 뜻입니다. 그렇기에 형이상학은 우리가 사는 실제 세계 너머, 또는 그 앞이나 위에 있는 무언가를 가리킵니다. 유일신, 다신교의 신들, 천사, 악마, 유령과 영혼은 모두 형이상학적입니다. 옳고 그름, 아름다움, 사랑, 의식 같은 것들도 형이상학에 속하죠.

종교와 형이상학은 둘 다 과학이 건드릴 수 없는 영역을 다룹니다. 그런 것들은 물리적 세계 너머에 있으니까요.

알 킨디
첫 번째 원인

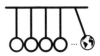

천 리 길도 한 걸음부터고, 대하소설이나 장대한 서사시에도 첫 문장이 있고, 교향곡에도 첫 음표가 있습니다. 모든 것에는 시작이 있고, 모든 일에는 원인이나 이유가 있기 마련입니다.

이 간단한 명제는 신의 존재에 관해 가장 널리 알려진 논증인 '우주론적 논증cosmological argument'의 근거입니다. 이 논증의 기원은 고대 그리스까지 거슬러 올라가지만, 이를 가장 명징하게 정리한 것은 9세기 이슬람 학자 알 킨디Al-Kindī입니다. 그의 논리는 간단합니다.

(1) 존재하는 모든 것에는 원인이 있다.

(2) 우주는 존재하기 시작했다.

고로 우주에도 원인이 있음이 틀림없습니다.

인간의 뇌는 설명되지 않는 사실을 싫어합니다. 임의적이거나 자발적인 사건이라는 개념은 우리의 자연스러운 직감에 어긋나지요. 사물에는 **반드시** 그곳에 존재하는 이유가 있고, 마땅한 원인이나 셜록 홈스가 할 법한 논리적 설명이 뒤따라야 합니다. 그러므로 우주 또한 원인, 창조주, 또는 '처음 움직인 자'라는 뜻의 제일동자第一動者 (아리스토텔레스가 만든 용어)가 있어야 한다는 말이죠.

이 논증은 현대에 들어 미국인 윌리엄 레인 크레이그William Lane Craig에 의해 새로이 힘을 얻었습니다. 그는 과학과 수학에 기초해서 두 번째 명제를 강화했죠.

첫째, 레인 크레이그는 빅뱅이 과학자 대부분에게 지지받는 이론이며 "존재하기 시작한 순간"을 명확히 가리킨다고 주장합니다. 이는 우주가 순차적으로 '시작'하게 된 매우 확실한 사건입니다.

둘째, 끝없는 우연의 연속(원인이 없는 세계가 성립하는 데 필요한 조건)은 무한이라는 개념에 의존합니다. 언제나 또 하나의 '원인', 즉 '이보다 전'의 사건이 영원히 거슬러 올라가며 계속되어야 한다는 뜻이죠. 하지만 레인 크레이그는 무한이라는 개념이 모순이라고 주장합니다. 이를 증명하기 위해 그는 수학자 다비트 힐베르트David Hilbert가 처음 제시한 '힐베르트 호텔'의 역설을 예로 듭니다.

무한개의 방이 있으며 무한한 투숙객이 모든 방을 사용하고 있는 호텔을 상상해보죠. 이제 새 손님이 도착합니다. 이때 1번 방 손님을 2번 방으로 옮기고, 2번을 3번으로⋯ 하는 식으로 무한히 반복하면 새 손님을 받을 수 있다는 점에서 역설이 발생합니다. 무한은 전혀 무한하지 않고, 실제로는 적용이 불가능하죠.

다른 수학적 문제도 있습니다. 무한한 수의 사물, 예를 들어 햄스터를 생각해봅시다. 햄스터의 절반은 분홍색, 나머지 절반은 노란색이라고 가정해보죠. 노란 햄스터는 몇 마리일까요? 무한 마리. 분홍색은 몇 마리죠? 무한 마리. 합치면 몇 마리죠? 무한 마리. 부분집합과 합집합이 동일하다는 데서 문제가 발생하며, 이는 일종의 수학적 오류입니다. 그렇기에 레인 크레이그는 '무한한 회귀'(원인 없는 우주와 같은)라는 개념은 조금만 생각해봐도 말이 안 된다고 주장합니다.

이런 여러 걸림돌을 고려할 때 유일하게 논리적인 우주론적 논증은 우주의 탄생에 **틀림없이** 원인이 있었다는 것입니다. 아직 특정 종교의 특정 신이 존재한다고 증명된 적은 없지만, 이것이 '제일동자'의 존재를 증명하는 것일까요? 달리 표현하자면, 빅뱅을 **일으킨** 것은 누구일까요?

프로이트
성부

사실 인간은 전혀 성장하지 않습니다. 우리 안에는 불안정하고 자신감 없으며 겁만 내는 어린아이가 한 명씩 살고 있지요. 우리는 세상이 무법천지라서, 자연이 너무도 무정해서, 온 세상과 사람들이 전부 가짜일까 봐 두려워합니다. 우리는 손을 잡아줄 사람, "걱정 마, 우리 아가. 괜찮을 거야"라고 말해줄 부모가 없는 어린아이나 마찬가지입니다.

저명한 오스트리아 신경학자 지그문트 프로이트는 이런 불행한 상황 탓에 모든 인간은 자신을 돌볼 아버지상像을 **만들어낸다**고 했습니다. 나를 위한 전능하고 초월적인 부모, 즉 우리가 신이라 부르는 존재죠.

프로이트의 주장에 따르면 인간은 모두 어린 시절에는 방어력이 없고 취약하지만, 운이 좋다면 자신을 돌봐주는 아버지에게 기댈 수 있습니다(현대의 시점에서는 남성형인 '아버지'를 다른 보호자상으로 대체해도 됩니다). 성장하면서 우리는 아버지도 자신과 똑같이 실수를 저지르는 인간이며 아버지조차 해결할 수 없는 문제도 있다는 사실을 깨닫게 됩니다. 하지만 보살핌을 받고 싶은 **욕구**는 절대 사라지지 않습니다.

아득한 옛날 인류는 자신의 무력함의 원천이 자연이라고 생각했습니다. 자연은 냉혹하고 무관심하고 가차 없었죠. 그래서 인간은 자연에 인간적 특성을 부여했습니다. "우리는 [자연의] 힘을 일부나마 훔쳐오기 위해" 자연을 신격화해 종교를 만들었습니다. 그리하여 인간은 삼라만상의 변덕스러운 잔혹함을 통제한다는 거짓 인식을 만들어냈습니다. 병을 낫게 해달라고 기도하고, 날씨를 좋게 해달라고 동물을 제물로 올리고, 죽음을 미루려고 우상에게 노래를 바쳤죠.

하지만 여전히 부족했습니다. 아버지와 같은 역할을 하려면 새롭고 더 강력하고 하나로 통합된 신이 필요했습니다.

(1) 신은 "자연의 공포를 몰아내야" 합니다. ("걱정 마, 신께서 알아서 하실 거야.")

(2) 신은 우리에게 역경에 대처하는 법을 가르쳐주어야 합니다. ("고통은 영혼을 정화해 당신을 신께 데려다줄 것입니다.")

(3) 신은 우리가 견뎌낸 어려움을 보상해주어야 합니다. (그러면 우리는 아이스크림 대신 천국을 얻겠지요.)

종교는 가장 오래된 소망 충족의 한 형태입니다. 우리는 "무력함 탓에 아버지라는 존재에 매달려야만 했지만, 이번에는 더 강력한 아버지를 찾은 것"이죠. 종교는 죽음의 공포를 제거하고, 자연을 "지적 존재의 의도"로 축소하고, 선한 자가 보상받고 악인은 벌을 받는다는 약속이 지켜지는 인과응보적 관점을 세계에 덧씌웁니다. 다 괜찮아질 겁니다. 아버지가 (이번에도) 알아서 하실 테니까!

흥미롭게도 프로이트는 "종교 교리의 진리가치眞理價値를 평가해야 한다"고 주장한 적이 없으며, 왜 종교가 인기를 얻고 사람들이 종교에 그렇게 간절히 매달리는지에 관한 심리 분석적 설명을 제시했을 뿐입니다. 언젠가 세계 종교 가운데 하나가 정말 옳다고 밝혀질지는 모르는 일이지만, 그렇다고 신자 대부분이 삶의 싸늘한 공포에 대한 위안으로 종교를 활용한다는 사실이 바뀌지는 않을 것이라고 프로이트는 생각했습니다.

페일리
시계공

숲속을 걷던 당신은 묘한 물건을 발견합니다. 나뭇가지와 나뭇잎만을 써서 만든, 조그만 노트르담 대성당 모형이죠. 당신은 어떻게 추측할까요? 떨어진 나뭇가지와 기기묘묘한 바람이 우연히 맞아떨어졌다고 생각할까요? 똑똑한 개미 수백만 마리의 작품이라고 여길까요? 아니면 지극히 당연하게도 지성이 있는 기술자… 즉 설계자의 손길을 떠올릴까요?

18세기 성직자 윌리엄 페일리William Paley는 신의 존재를 증명하기 위해 **목적론적 논증**teleological argument을 내세운 것으로 유명합니다. 그가 들었던 예는 길을 걷다 시계를 발견한 남자의 이야기였습니다. 그 또한 시계공의 존재를 추측할 수밖에 없었죠. 순전히 우연이나 기묘한 날씨가 그렇게 복잡한 물건을 창조할 만한 환경을 만들어낼 가능성은 없으니까요. 지적 손길이 개입했다는 뜻입니다.

이 비유는 우주로 확장됩니다. 우주에는 눈부신 복잡성이 관측됩니다. 중력으로 휘어져 보이는 별빛, 거대하고 복잡한 생태계, 이온화된 화학 결합, 미토콘드리아 에너지 등이 존재하죠. 마치 무한히 복잡한 시계와 같습니다. 너무나 **매끄럽게** 돌아가죠.

페일리의 비유는 이런 질문을 제기합니다. 복잡성 속에 지적 설계자의 존재가 따르기 마련이라면 어째서 복잡한 우주에도 같은 논리를 적용하면 안 되나요? 책에는 작가가 있습니다. 그림에는 화가가 있고요. 설계에는 설계자가 필요하죠.

이 목적론적 논증(사물의 목적 또는 설계에서 비롯한 논증)은 **귀추법**歸推法, abductive reasoning의 한 예입니다. "누가 봐도 뻔하잖아요!"라는 뜻이죠. 즉 어떤 문제나 관찰을 두고 가장 간단하며 직관적인 답을 택해야 한다는 추론 방식입니다.

복잡성에 설계가 필요하다는 자연스러운 이 추론을 바꾸려면 흐름을 거스르는 의식적이고 인위적인 노력이 요구됩니다. 황야에 놓인 시계처럼 우주에는 정교하면서도 완벽하게 조절된 힘으로 움직이는 유기적 체계가 존재하며, 여기에는 지적 설계자가 필요해 보입니다. 즉 신이 필요하다는 뜻이죠.

흄
악의 문제

당신이 세계를 창조한다고 상상해봅시다. 손을 탁탁 털고 소매를 걷어 올린 다음 작업대를 정돈합니다. 우선 세계에 무성한 초록 정원을 선사하기로 합니다. 하늘에는 눈부신 은하를 흩뿌려주고요. 기가 막힌 노을을 만들고 아름다운 교향곡을 작곡할 턱 없는 두발짐승도 덧붙이고⋯. 여기까진 아주 좋습니다. 수고하셨어요!

그런데 자고 일어났더니 찌뿌둥합니다. 짜증이 난 당신은 전염병, 기아, 전쟁, 죽음을 던져 넣습니다. 상당히 암울한 세계가 되었네요.

당신이 보기에 이 세상의 나쁜 일들에 궁극적으로 책임이 있는 것은 누구일까요? 이것이 바로 '악의 문제problem of evil'입니다.

원래는 고대 그리스의 에피쿠로스(228쪽 참조)까지 거슬러 올라가지만, 이 악의 문제를 널리 알리고 가장 명확히 정리한 것은 스코틀랜드 계몽주의 철학자 데이비드 흄이었습니다.

제시된 문제는 다음과 같습니다. 신이 그렇게 강력하고(전능) 모든 것을 안다면(전지) 이토록 끔찍하고 부당하고 무시무시한 악을 기꺼해야 못 본 체하거나 최악의 경우 직접 창조했다는 뜻인데도 어떻게 만인에게 사랑과 자비를 베푸는(전선全善) 존재일 수 있을까요?

우리를 사랑한다고 공언한 신이 어떻게 홀로코스트를 내버려둘 수 있나요? 끔찍한 화산 폭발의 어떤 점이 자비로운가요? 어째서 선한 신은 자신의 피조물인 새끼 코끼리가 서서히 약해져서 결국 굶어 죽게 놔두는 걸까요? 찰스 다윈은 기생말벌이 숙주를 안쪽부터 파먹으며 성장하는 잔혹함을 목격한 뒤 신앙을 잃었다고 말한 적이 있습니다.

신에게도 한계가 있다고 하면 넘어갈 수도 있겠지요. 돕고 싶었으나 그럴 수가 없었다든가, 아니면 몰랐다든가? 하지만 신이 완벽히 전능하다면(주요 유일신교의 교리대로) 당연히 신의 책임 아닐까요?

악은 두 가지 유형으로 명확히 구분됩니다. 자연적 악(지진, 전염병, 기생말벌 같은 자연재해 또는 자연에서 나타나는 잔혹함)과 도덕적 악(고문이나 살인처럼 인간의 자유의지로 저질러지는 것)이죠. 문제는 양쪽 모두에서 발생합니다.

전자의 경우 왜 애초에 그렇게 결점이 많은 세상을 만들었을까요? 후자의 경우에는 왜 인간에게 그렇게 변덕스럽고 다루기 힘든 자유의지를 부여한 걸까요? 까다로운 것은 '고전 종교'(기독교, 이슬람, 유대교)의 신이 **전능**하다는 점입니다. 신은 원하는 대로 뭐든 할 수 있는데, 세상이 이 모양일 '필요'는 없지 않나요? 그렇다면 신이 악을 **원한다**는 뜻일까요? 인간이 어떤 짓을 저지를 수 있는지 뻔히 알면서 일부러 틀리기 쉽고 갈팡질팡하는 인간을 창조한 걸까요?

이 문제에는 제시된 답이 있습니다. 신은 옳다는 뜻에서 '신정론神正論, theodicy'이라 불리는 이 변론은 일반적으로 세 가지로 나뉩니다. 첫째, 악이란 인간이 지닌 (허약한) 자유의지의 산물일 뿐이라는 주장입니다. 둘째, 악 또한 신이 부여한 목적이 있어서 친절을 베풀 기회나 지혜를 인간에게 제공하는 역할을 한다는 것입니다. 셋째, 신의 본질을 생각하면 현재 세상이야말로 "가능한 최선의 세계"이며, 우리는 언젠가 신의 계획이 무엇이었는지 깨닫게 될지도 모른다는 것입니다.

데카르트
논리로 신 증명하기

완벽 (명사)
1. 이상
2. 실수가 없음
3. 존재해야만 함

한 논리학자가 무대에 올라 우렁찬 목소리로 청중에게 묻습니다. "변이 세 개인 도형 갖고 계신 분?" 앞줄에 앉은 남자가 손을 듭니다. 논리학자는 화려하고 과장된 동작으로 손을 휘젓습니다.

"수리수리마수리! 여러분께 **삼각형**을 소개합니다!"

청중은 투덜거리며 몹시 실망한 표정을 짓습니다.

또 한 명의 논리학자인 18세기 프랑스인 르네 데카르트는 더욱 엄청난 마술을 시도했습니다. 같은 논리를 활용해 신을 증명하려 한 것이죠.

데카르트는 감각에 토대를 둔 '진실'은 모두 의심의 대상이라고 생각했기에 오로지 이성만으로 증명 가능한 진리를 확립하는 데 평생을 바쳤습니다. 예를 들어 당신이 한 해 동안 환각을 겪고 있다면 어떨까요? 아니면 우리가 보는 모든 것이 컴퓨터 시뮬레이션이라면요? 이렇듯 감각은 의심할 수밖에 없고, 데카르트는 이성에 의지하는 편이 훨씬 낫다고 생각했지요.

그의 '존재론적 논증ontological argument'은 '분석적 진리'를 활용해 신의 존재를 밝히는 선험적 증명(관찰된 경험이 아니라 이론적 추론에 기반을 두었다는 뜻)입니다.

여기서 분석적 진리란 단어의 의미에 따라 참이 되는 명제를 가리킵니다. 예를 들어 내가 암컷 여우를 언급한다면 내가 암여우를 언급하고 있다는 말도 **분석적 진리**입니다. 독신남은 **분석적으로** 결혼하지 않은 남자와 동일하고요.

데카르트의 논증은 우리가 모두 머릿속에 '완벽한 초월자'라는 개념을 지니고 있다는 핵심 전제 위에서 전개됩니다. 그런 존재는 일단 존재하지 않으면 초월적으로 완벽할 수가 없습니다. 완벽한 존재가 개념일 뿐 실제로 존재하지 않는다면 '완벽'할 수가 없으니까요. 변이 세 개가 아닌 삼각형이 없듯이 존재하지 않는 완벽한 존재도 없습니다.

이 논증에는 확실히 뭔가 속임수 같은 데가 있습니다. 심지어 미국 철학자 앨빈 플랜팅가Alvin Plantinga는 "언뜻 보면 입으로 하는 야바위나 단어 마술 같다"라고 말했을 정도입니다. 버트런드 러셀Bertrand Russell은 어느 날 자전거를 타다가 다음과 같이 외쳤다고 합니다. "오, 신이시여! 존재론적 논증이 제대로 된 거였다니!"

…다만 러셀은 5분 뒤에 오류를 찾아냈다는군요(여기서 설명하기는 너무 난해하고 복잡한 내용입니다). 하지만 생각해보면 러셀은 천재였으니까요.

포이어바흐
인간 형상의 신

임상심리사가 활용하는 요법 가운데 빈 의자를 마주하고 상상 속 인물 또는 자신의 한 측면과 대화를 나누는 방법이 있습니다. 미래의 당신에게 어떤 말을 건네고 싶은가요? 배우자에게 어떤 말을 하고 싶나요? 학창 시절 왕따 가해자에게는 무슨 말을 할 건가요? 이런 외면화는 치유에 큰 도움이 되기도 합니다.

하지만 수천 년 동안 인간이 계속 '빈 의자 마주하기'를 실천해왔다면 어떨까요? 사실 **종교**란 우리가 인간의 모습을 투사하고 이해하는 방법일 뿐이라면? 19세기 독일 철학자 루트비히 포이어바흐 Ludwig Feuerbach는 바로 이렇게 주장했습니다.

포이어바흐는 인간으로서 살아가는 데 핵심적인 요소를 '종 의식 species-consciousness'이라고 불렀습니다. 이는 인간이 자신을 일상적 삶을 유지하는 고립된 개인으로만 보지 않고 크고 강력한 인류의 일부로 파악하는 수용력을 가리키지요. 우리는 인류의 집단적 성취와 잠재력(훌륭한 것이든 끔찍한 것이든)을 인식하고, 자신과 인류의 관계에서 자부심과 압박감을 동시에 느낍니다.

이러한 인식에는 자신이 무능하고 무의미한 존재라는 자괴감이 따라옵니다. 다른 사람들이 해낸 엄청난 일을 똑똑히 인식하면서 '그럼 나는?!'이라고 생각하게 되니까요. 마틴 루서 킹의 용기 앞에서 우리의 소심함은 더욱 못나 보입니다. 알베르트 아인슈타인의 천재성

앞에서 우리는 바보가 되지요. 플로렌스 나이팅게일의 열정을 보면 소파에 널브러진 자신이 부끄러워집니다. 인류라는 종에 대한 인식은 평범한 삶조차 씁쓸할 만큼 초라해 보이게 합니다.

포이어바흐는 그렇기에 인간이 신이라는 틀에 인간성을 투사했다고 생각했습니다. 먼 옛날 인류는 전쟁의 신, 풍요의 신, 지혜의 신 등등을 만들었죠. 이는 모두 **투사**, 즉 인간의 '종 의식'을 의인화한 형태였습니다. 우리 종의 훌륭함을 외면화한 것이죠. 그리하여 인간 형상의 신이 태어났습니다.

이로 인해 개인은 안정감과 의미, 자부심을 되찾을 수 있었습니다. 실수를 저질러도 비교 대상이 형이상학적 존재라면 덜 두드러져 보이니까요. 신은 인간의 "공허함과 외로움에서 오는 암담한 기분"을 달래는 수단이 된 것이죠.

포이어바흐는 '무신론자'라는 칭호를 완전히 받아들인 적은 없지만, 내세나 영혼 등 종교의 **형이상학적** 교리는 확실하게 거부했습니다. 그는 우리가 종교의 영적인 주문들을 떨쳐버릴 수 있다면 우리 종에 대한 숭배를 솔직하게 받아들일 수 있으리라 보았습니다. 오늘날 우리가 말하는 '인본주의'죠.

상담사의 '빈 의자'는 고통받는 자아에 큰 도움을 줄 수 있습니다. 하지만 포이어바흐는 우리가 자신을 속여서는 안 된다고 주장했죠. …그건 여전히 **빈** 의자일 뿐이니까요!

파스칼
신을 두고 하는 내기

돈을 걸지 않고도 한몫 잡을 수 있는 공짜 내기를 제안받는다면 당연히 받아들이시겠죠? 말 몇 마디 하는 대가로 영원한 낙원에 갈 기회를 얻는다면 그것 또한 남는 장사 아닐까요?

17세기 프랑스 철학자 블레즈 파스칼Blaise Pascal은 그렇다고 생각했고, 그런 이유로 우리 모두 신을 믿어야 한다고 주장했습니다.

파스칼의 내기Pascal's Wager는 신의 존재를 논증하는 방법으로 널리 알려졌으며, 신을 믿어야 할 근거로 게임이론을 제시합니다. 자세한 내용은 다음과 같습니다.

선택지는 (1) 신을 믿는다, (2) 신을 믿지 않는다 두 가지입니다.

(1) 우리가 신을 믿고 신이 존재한다면 우리는 영원한 삶과 천국의 낙원을 보상으로 받습니다. 하지만 우리가 신을 믿고 신이 존재하지 않는다면 아무 일도 일어나지 않습니다. 우리는 그냥 죽을 뿐입니다.

(2) 반면 우리가 신을 믿지 **않고** 신이 존재한다면 우리는 의식 없이 영원히 썩어가거나(최선) 지옥에서 끝없이 고통받게(최악) 됩니다. 하지만 우리가 신을 믿지 않고 신이 존재하지 않는다면 아무 일도 일어나지 않습니다. 신을 믿고 신이 존재하지 않을 때와 **동일한** 결과죠! 그러니 걱정할 게 뭔가요? 그냥 한번 믿어보면 되지 않나요? 어차피 밑져야 본전인데요.

게임이론과 몇몇 확률모형에 따르면 우리는 내기의 '잠재 수익'과

확률을 곱해 예상 손실과 비교해서 내기가 유리한지 불리한지 판단할 수 있습니다. 신이 존재할 확률이 0(즉 논리적으로 불가능)이 아닌한 '영원한 낙원'이라는 보상을 나노 단위의 확률과 곱해서 얻는 잠재 수익일지라도 내기를 걸기에는 충분합니다(이런 계산을 도박장에서는 '기댓값'이라고 하죠).

파스칼의 요점은 "잃을 것은 하나도 없지만, 영원을 얻을 수도 있다"라는 것입니다. 천국행 공짜 내기인 셈이죠!

파스칼의 내기에서 널리 알려지지 않은 점은 그가 종교에 의지했을 때 실존적 행복이나 공동체 의식 등 여기 지상에서 얻을 수 있는 **현세**의 이득에 관해서도 언급했다는 사실입니다.

"이건 진짜 신앙이 아니잖아요!"라고 따질 사람들에게 파스칼은 자세한 답변을 남겼지만, 여기서는 "그런 척하다 보면 진짜가 된다"라는 문장으로 간단히 줄여보겠습니다. 신앙심이 깊은 척하다 보면(예를 들어 의식이나 예배 등을 통해서) 언젠가 자연스럽게 진짜로 믿는 사람이 된다는 말이죠.

그러니 기도문을 읊고, 노래를 부르고, 매일 밤 신께 기도하세요. 하루에 몇 분만 투자하면 사상 최고의 복권을 손에 쥐게 될지도 모릅니다.

마르크스
인민의 아편

어린아이가 심통을 부리거나 화를 내거나 아파할 때 전통적 대처법은 정신을 딴 데 팔리게 하는 것입니다. "우와! 저기 반짝이는 것 좀 봐!" 어른이라고 그리 다를까요? 우리도 쉽게 정신이 팔리지 않나요? 마술사들이 쉽게 마술을 성공시키는 걸 보면 어른도 다를 게 없다는 사실이 증명되지요. 카를 마르크스도 이 점에 착안했고, 그중 종교야말로 가장 대단한 눈속임이라고 주장했습니다.

마르크스는 조직화한 종교란 지배 계층(부르주아)이 노동 계층(프롤레타리아)을 제자리에 붙들어두기 위해 사용하는 도구라고 생각했습니다.

이는 두 가지 방식으로 이루어집니다. 첫째, 종교는 유순하고 순종적이며 온화한 이들에게 천국을 약속하면서 반항하고 반대하는 자들은 지옥에 떨어진다고 위협합니다.

둘째, 종교는 통증을 마비시키는 마약(아편)과 매우 비슷하게 작용하므로 자신의 고통에 무감각해진 프롤레타리아는 자신의 비참한 처지에 만족하게 됩니다. 이들은 노래를 부르고 향을 태우고 기도하느라 너무 바빠서, 혹은 너무 두려워서 세상의 질서가 실제로는 얼마나 불공평한지 깨닫지 못합니다.

마르크스는 훗날 레닌이 했던 만큼 종교에 독설을 퍼붓지는 않았습니다. 하지만 마르크스가 "인간이 종교를 만들어" 순응을 위한 도구로 쓰고 있으며 "환상 속 행복인 종교를 폐지하는 것은 인민의 진정한 행복을 위해 꼭 필요한 일"이라고 생각했다는 것만은 확실합니다. 다시 말해 '신성한 심판' 같은 개념이나 "부유한 자는 성안에, 가난한 자는 문간에"(성공회 찬송가 「아름답고 찬란한 세상」 3절) 같은 구절은 편견을 태평하게 강화합니다. 이러한 찬송가를 버린다면 인류는 마침내 자기 자신과 세상의 부당함에 눈을 돌릴 수 있다고 마르크스는 믿었습니다.

미래의 행복이나 천국에서의 영원한 기쁨이 존재하지 않는다면 이 세상에서 죽음과 가난, 참혹한 노동 환경이나 찰스 디킨스 소설에 나올 법한 노역장 같은 절망을 견딜 이유가 있을까요? 종교를 받아들인다는 것은 스스로 더 나은 삶을 부정한다는 의미일지도 모릅니다.

종교적 믿음이 수없이 많은 사람에게 위로와 위안, 목적을 제공한다는 데는 의심의 여지가 없습니다. 하지만 마르크스는 이런 질문을 던집니다. 그래서 그 대가는 과연 무엇인가요?

버클리
아무도 본 적 없는 것

숲속에서 나무가 쓰러졌는데 그 소리를 들은 사람이 아무도 없다면 소리가 났다고 할 수 있을까요? 소리를 들을 사람이나 동물이 하나도 없다면 소리가 난다는 게 무슨 의미일까요? 아무도 듣지 못한 소리를 상상하는 것이 과연 가능할까요? 아무도 본 적 없는 것을 상상할 수 있나요? 지금 한번 해보세요. 머릿속에 뭐가 떠오르나요?

이러한 생각은 18세기 아일랜드 철학자 조지 버클리George Berkeley의 **관념론**idealism으로 이어집니다.

철학자들은 가끔 묘한 곳으로 빠질 때가 있고, 관념론은 바로 그런 때에 생겨났습니다. 관념론은 다음과 같은 도전 과제에서 출발합니다. 자기 자신 또는 친구에게 사물이 당신의 마음 바깥에 존재한다는 사실을 증명해보세요.

사람들이 보통 처음으로 시도하는 방법은 물건을 만지거나 가리키는 것입니다. "봐봐, 저기 있잖아! 난 저걸 집어 들 수도 있고, 발로 찰 수도 있어!" 하지만 버클리는 이것만으로는 부족하다고 생각했습니다. 물론 우리는 다양한 방식으로 사물을 지각하지만, 이런 지각은 어떤 식으로든 철학자들이 '객관적 물질'이라고 부르는 것을 **증명**하지 못합니다. 당신이 오리를 본다고 해서 오리가 존재한다는 사실을 **증명**하는 것은 아니죠. 증명한 것은 당신이 오리처럼 보이는 무언가를 인지했다는 사실뿐입니다.

우리의 지식은 항상 자신이 경험한 것에 국한됩니다. 경험을 넘어설 수는 없습니다. "적어도 내겐 그렇게 보였어"라는 주의 문구를 덧붙이지 않고 말할 수 있는 것은 아무것도 없습니다. 환각은 왜 '사물의 모습'이 '사물의 실체'를 의미하지 않는지 보여주는 대표적 예이지요. 당신과 오리 사이에는 항상 건널 수 없는 간극이 존재합니다.

버클리는 한 방에 이 상황을 정리하기 위해 기발한 논증(다소 거창하게도 **지배 논증**master argument이라고 불리죠)을 고안했습니다. 이 논증에서 버클리는 우주에서 모든 것의 토대가 되리라 추측되는, 인식된 적 없는 물질을 상상해보라고 하지만… 아무도 그럴 수가 없죠.

물질을 상상하기 위해 사람들은 항상 자기가 이미 했던 경험을 활용합니다. 나무를 본 적 있는 사람은 쓰러지는 나무를 상상할 수 있습니다. 하지만 뭐가 됐든 인식할 특징이 하나도 없는 상태로 무언가를 상상할 수 있을까요? '외부 물질'이라는 개념을 떠올리려 하면 뭐가 생각나시나요? 학교 과학실에 걸린 원자 모형 그림이 떠오르나요? 하지만 그것은 포스터지 인식된 적 없는 물질이 아니군요.

우리는 결코 '물질'을 상상해낼 수 없습니다. 인간은 이미 경험한 것만 알고 상상할 수 있기 때문이죠(이것을 '경험주의'라고 합니다). 그리고 당연하게도 우리는 경험하지 않은 것을 경험할 수는 없습니다.

버클리는 우리가 존재를 확신할 수 있는 것은 단 두 가지, 즉 경험하는 사람인 나 자신과 내가 경험하는 생각뿐이라고 주장하며 논증을 마무리합니다. 사람이 자신과 관련 없이 물체나 물질이 존재한다고 말할 수는 없다는 말이죠. 이것이 바로 '관념론'입니다(의미상으로는 'ideal-ism'이 아니라 'idea-ism'이 옳겠죠).

그러니 누군가 당신에게 철학 따윈 의미 없다고 말한다면 엄한 얼굴로 내가 당신을 인식해주어서 다행인 줄 알라고 말하세요. 당신이 없다면 그 사람은 아무 의미가 없을 테니까요.

흄
기적

친구가 유령을 봤다고 말한다면 뭐라고 대답할 건가요? 정말 말이 되는 이야기라며 고개를 끄덕일 건가요? 아니면 친구가 착각했을 거라며 뭐가 됐든 다른 설명이 가능할 게 틀림없다고 말할 건가요?

데이비드 흄은 1748년에 쓴 『기적에 관하여』에서 후자의 관점을 지지했습니다.

기적이란 자연법칙의 위반으로 정의됩니다. 날아다니는 빗자루, 물건이 저절로 흔들리는 폴터가이스트poltergeist 현상, 되살아난 시체는 모두 자연법칙에 어긋나므로 기적에 해당하지요.

우리가 아는 자연법칙은 오랫동안 인류 전체의 폭넓은 경험이 차곡차곡 쌓여 만들어졌습니다. 수 세기에 걸친 과학 연구와 수천 년 동안 인류가 관찰한 내용에 의해 증명되고 강화된 결과물이죠. 셀 수 없이 많은 사람이 전 지구상에서 거의 매일 매 순간 이런 법칙을 목격하고 확인하며 살아갑니다. 그렇기에 흄은 묻습니다. 과연 누구네 이모의 관절염이 '기적적으로' 나았다고 해서 자연법칙이 통째로 부정되는 걸까요?

흄의 주장은 본질적으로 확률의 균형을 고려합니다. 기적적 사건에 마주칠 때마다 우리에게 주어지는 선택지는 두 가지입니다. 첫 번째는 무슨 착각이 있었거나 아직 설명되지 않았을 뿐이라고 반박하는 것입니다. 두 번째는 우리가 우주를 이해하는 기반이 되는 체계 전체를 전부 뒤집어엎는 것입니다. 음, 두 번째 방법은 조금 과해 보이네요.

기적을 설명하는 근거는 항상 대안, 즉 자연법칙에 비하면 몹시 빈약합니다. 떠다니는 영혼을 본 사람보다는 중력을 경험한 사람이 압도적으로 많죠. 마법의 장신구나 주문보다는 의약품과 백혈구의 힘으로 병이 나은 사람이 비교도 안 될 만큼 많습니다.

원래부터 기적은 수많은 일반적 경험의 압도적 무게와 대비될 수밖에 없습니다. 그렇지 않다면 기적이라고 할 수 없죠. 기적은 과학을 부정하는 무언가를 가리키니까요. 그러므로 우리는 '기적'을 목격하면 대안이 될 설명을 찾아보거나, 아주 드물게는 과학의 법칙을 수정해야 합니다(188쪽 '패러다임 전환' 참조). 어느 경우든 기적은 이제 기적이 아니게 되며 세상에 관한 인류의 지식에 통합됩니다(아인슈타인의 상대성 이론이나 맥스웰의 전자기가 그랬듯이).

흄은 기적 이야기가 왜 기각되기 쉬운지도 설명합니다. 이런 이야기는 서로 모순을 일으키기도 하고, 딱 한 번만 혹은 아주 드물게만 발생하며, 심지어 뭔가 다른 목적이 있어 보이는 '의심스러운 인물'의 입에서 나올 때가 많습니다. 이런 사항은 오늘날 법정에서도 중요하게 검토되며, 우리도 비슷한 얘기를 들으면 똑같은 점을 생각해봐야 합니다.

자, 그럼 다음에 친구가 유령을 봤다고 말하면 당신은 "그거 끝내준다!"고 말할 건가요? 아니면 차갑게 쏘아보며 "모든 자연법칙을 고려했을 때 가능성이 극히 희박하므로 네 증언을 기각하겠어"라고 말할 건가요? 솔직히 흄에게 친구가 한 명 이상 있었다는 점이 더 놀랍네요.

스피노자
우리는 모두 신이다

우주를 이루는 근원적 힘은 우리가 당연하게 받아들이는, 지극히 과소평가되는 대상이 아닌가 합니다. 이 힘은 존재하는 모든 것을 떠받치는 구조적 격자와 같습니다. 세상 만물은 이 힘에 의해 그 자리에 존재하고 서로 엮인다 해도 과언이 아니죠. 인간 또한 심해어나 음파, 은하 수천 개 너머의 우주먼지와 마찬가지로 이 격자의 일부입니다. 우리는 모두 힘에 의해 한데 묶여 있습니다.

우주를 바라보는 이러한 관점은 바뤼흐 스피노자의 '일원론monism', 즉 세상 모든 것은 하나라는 개념을 간단히 설명한 것입니다.

계몽주의 시대의 네덜란드 철학자 스피노자는 데카르트와 궤를 같이하는 이성주의자였으며, 그의 연구 중 상당 부분은 데카르트의 아이디어를 완성하려는 시도라고 볼 수 있을 정도였습니다. 데카르트는 세상이 세 가지 실체substance, 즉 정신적인 것과 물리적/물질적인 것, 그리고 창조된 적 없으며 현실의 토대로서 필수적 존재인 신으로 구성되었다고 생각했습니다.

하지만 스피노자는 애초에 우리가 무언가를 인지하려면 어떤 식으로든 무언가에 **연결**되어야 한다고 생각했습니다. 인간은 무언가의 일부일 때만 그것을 이해할 수 있다는 뜻이죠. 그렇지 않으면 마치 3차원을 초과하는 여분 차원extra dimension을 상상하려 애쓰는 것과 같습니다. 결국 이는 불가능하기에 우리는 케이크나 사다리꼴, 또는 뜻 모를 단어가 들어가는 별 효과 없는 비유들에 매달리죠. 따라서 '독립된 실체'인 정신과 신을 이해하려면 우리가 그것에 속해야만 한다는 뜻입니다.

스피노자가 보기에 이를 해결하기 위해서는 인간의 사고를 포함한 자연계의 모든 사물이 **똑같은 기본적 실체**로 이루어져 있어야만 했습니다. 이 실체는 다양한 형태를 띠지만(그는 이를 '양태mode'라고 불렀죠), 여전히 근본적으로는 같아야 합니다. 따라서 내 의식, 개미의 감각, 광선의 궤적, 물방울, 알파 센타우리의 외계인은 모두 이 단일한 한 가지 실체의 여러 양태입니다. 이것이 바로 일원론이지요.

아인슈타인은 스피노자를 좋아했습니다. 스피노자의 철학은 수많은 현대 과학과 일맥상통하는 데가 있었고 특히 이 일원론적 자연을 신과 동일시했기 때문이죠. 스피노자는 이를 '신 또는 자연'이라고 칭했고, 모든 존재의 근본적 동질성에 관한 이해에 도달하는 것이야말로 "신에 대한 지적 사랑"이라고 믿었습니다.

스피노자는 인간의 좁은 시야로 우주의 작동 원리를 탐구하면 할수록 인간의 마음은 신/자연과 하나가 된다고 생각했습니다. 그렇기에 근원적 힘이 그토록 중요한 것이죠. 그 힘에 관해 생각할수록 모든 것은 추상적으로 변하고, 인간은 점점 작은 존재가 됩니다. 우리의 시야를 협소하게 하는 것도, 우리를 세상 만물에서 떼어놓는 것도 오직 우리 자신의 허약한 자기중심적 편견뿐입니다.

스피노자는 이러한 유한성과 불완전성 탓에 인간이 결코 큰 그림을 전부 파악하지는 못하지만, 과학을 통해 배우고 나이가 들면서 사물을 숙고하게 될수록 만물이 하나 되는 방식을 차츰 깨닫게 된다는 점이 놀랍다고 했습니다. 조각에서 출발해서 전체성을 파악하기 시작하는 것이죠. 나중에 생각하면 결국 우리도 모든 것이 그렇게 동떨어지지 않았음을 진정으로 느끼게 될지도 모릅니다.

선불교
공안

먼 옛날 큰스님이 제자를 보고 이렇게 말씀하셨습니다. "네가 지팡이를 들고 있으면 나는 네게 지팡이를 줄 것이다. 네가 지팡이를 들고 있지 않으면 나는 네게서 지팡이를 빼앗을 것이다."

잠깐 시간을 들여 이 말을 다시 읽어보고, 몇 분 동안 곰곰이 생각을 해보세요. 말도 안 된다고 그냥 무시해버리지 말고 천천히 생각을 머금어보세요. 행간을 읽으며 어떤 답이 떠오르는지 기다려보세요. 답을 맞혔다고 점수나 칭찬을 받는 것도, 틀렸다고 벌을 받는 것도 아닙니다. 어떤 답이든 모두 자기 마음에 간직하면 됩니다.

당신은 방금 선불교의 유명한 수행법인 공안公案, 즉 선문답의 한 예를 경험한 겁니다.

불교는 발상지인 동양은 물론 서양에서도 다양한 종파로 나뉘지만, 한 가지 핵심 교리는 우리가 현실이라 여기는 이 세상이 본질적으로 덧없고 허무함을 깨달으라는 것입니다. 불교의 다양한 명상과 의식, 수행은 환상의 장막을 걷어내고 이기심을 버림으로써 세속적 욕망과 고통이라는 덫에서 벗어나 평온을 얻기 위해 고안된 방법이지요. 공안은 이를 위한 강력한 도구입니다.

공안은 여러 목적으로 쓰입니다. 한편으로 모순과 수수께끼는 '현실'이 진리가 아님을 강조합니다. 다른 한편으로 공안에서 요구되는 묵상은 자신을 발견하거나 깨달음을 얻는 데 필요한 고요함과 여백을 만들어냅니다. 공안의 미로를 헤매는 동안 마음은 종종 거기 있는 줄도 몰랐던 의미를 발견하기도 합니다. 답은 **있지만**, 그 답은 찾아내는 것이 아니라 만드는 것입니다.

붓다는 추종자들을 딱히 개종시키려 하지 않았지만, 불교의 핵심 수행법인 팔정도八正道와 자신의 가르침을 따라 깨달음을 얻을 수 있는지 시도해보라고 권했습니다. 종종 그 수행법은 실제로 통했으며 지금도 통합니다. 깨달음을 얻고자 하는 불교도는 반드시 수행과 명상, 의식을 거쳐야 합니다.

그럼 공안을 직접 한번 해보세요. 자리를 잡고 시간을 들여 다음 예들을 곱씹어보고, 어떤 효과가 있는지 느껴보세요.

"그대가 태어나기 전의 원래 얼굴은 어떤 모습인가?"

"아무것도 할 수 없을 때 그대는 무엇을 할 수 있나?"

"바람은 무슨 색인가?"

어떤 기분이 드시나요? 아무 논리적 근거도 없이 간단한 답을 툭 던지는 태평함이 마음에 드시나요? 아니면 복잡하고 헷갈려서 짜증이 나시나요? 어느 쪽이든 공안에는 선불교 신자든 아니든 똑같이 효과를 느끼게 하는, 진실을 드러내는 실용적인 힘이 있습니다.

Literature and Language

VI.

문학과 언어

우리는 종종 문학에서 매우 뛰어난 철학을 발견하기도 합니다. 셰익스피어의 작품에서 과학소설에 이르기까지 문학은 접근이 쉬우면서도 엄청나게 심오한 방식으로 인간의 조건을 탐색합니다. 도스토옙스키와 카뮈, 찰스 디킨스와 마르크스, 제인 오스틴과 보부아르 사이에 굳이 경계선을 긋는 것은 무의미하죠.

말에는 강력한 힘이 있기에 철학자들이 언어를 속속들이 파헤치고 뜯어보는 것은 당연한 일입니다. 말은 인간의 생각을 드러내고, 때로는 사고방식까지 정의하기도 합니다.

문학은 언어를 활용해서 철학조차 놓친 일말의 진실을 탐색합니다.

캠벨
온 세상의 모든 이야기

영웅은 영혼의 인도자가 해준 조언대로 마을을 떠나야만 합니다. 그는 머리 여럿 달린 괴물을 물리치고, 동방의 위대한 용을 복종시키고, 다리를 지키는 세 수호자의 수수께끼를 풀고, 힘이 깃든 영약을 마시죠. 완전히 변모한 영웅은 마을로 돌아옵니다. 이제 지혜를 얻은 그는 공동체를 이끌고 인도할 수 있게 되었습니다.

미국 문학 교수 조지프 캠벨Joseph Campbell은 모든 주요 설화와 신화가 이렇게 흘러간다고 설명했습니다. 예수, 부처, 무함마드, 모세는 물론 프로도, 루크 스카이워커, 라이온 킹의 이야기도 모두 같은 패턴, 즉 **출발-입문-귀환**이라는 순서를 따릅니다.

캠벨은 신화와 종교를 비교 연구한 결과를 토대로 1949년 『천의 얼굴을 가진 영웅』을 썼습니다. 캠벨은 비슷한 주제와 특징이 계속 반복된다는 사실을 발견했죠. 구체적으로 보면 모든 이야기에는 다음의 3단계 구조가 나타납니다.

(1) **출발/분리**Separation: 지나가던 마법사, 유령이나 영혼, 말하는 동물 등에게 '모험을 떠나라는 부름'을 받는 단계입니다. 평범하고 단조롭고 따분하던 삶에서 끌려 나온 영웅에게는 임무가 주어집니다. 갑자기 나타나 문을 쾅쾅 두드리는 해그리드, 브루스 웨인의 부모님이 살해당한 사건, 화려한 궁에서 지내던 싯다르타가 출가하게 한 네 가지 징조가 여기 속합니다.

(2) **입문**Initiation: 임무를 수행하며 '시련의 길'을 걷게 됩니다. 이 단계에서는 전투, 유혹과의 싸움, 마법의 힘이 등장하며, 결국 영웅은 깨달음을 얻습니다. 영화로 치면 영웅이 질 것처럼 보이다가 새로 발견한 힘의 원천에 힘입어 승리하는, 컴퓨터 그래픽 효과가 난무하는 전투 부분이죠. 그러는 동안, 또는 마지막에는 깨달음이 찾아오거나 새로운 지혜를 얻거나 영혼이 단련됩니다. 그 결과 영웅은 완전히 다른 사람이 됩니다.

(3) **귀환**The return: 이제 깨달음 또는 힘을 얻은 영웅은 왕이나 예언자로 추대됩니다. 그의 지혜와 능력은 대체 불가능하며 매우 귀중하게 대접받습니다. 여행을 마무리하며 "오랫동안 행복하게 살았습니다"가 등장하는 부분이죠.

출발-입문-귀환으로 이루어지는 영웅의 여정은 초기 기독교에서 '세 가지 영성의 길'이라고 부르던 것과도 조금 닮았습니다. 이는 정화purgation(죄를 씻거나 자신에게서 죄를 제거함), 조명illumination(명상이나 기도를 통한 사색), 마지막으로 합일union(신, 그리고 세상 만물과 사랑으로 하나가 됨) 단계를 거쳐 신과 하나가 되려는 종교적 경험입니다.

캠벨의 이론은 무언가를 한번 알고 나면 어디서든 그것이 계속 눈에 들어온다는 바더 마인호프Baader-Meinhof 효과에 해당한다고 볼 수도 있습니다. 하지만 그의 이론이 이런 이야기를 폄하한다는 뜻은 전혀 아닙니다. 인류가 만든 이야기는 삶이라는 더 커다란 여행을 반영합니다. 우리는 모두 자신의 집, 안전 지대, 익숙한 곳을 벗어나 모험을 떠나고 임무를 수행해야 합니다. 용과 사악한 시스 로드는 우리가 맞닥뜨릴 인생의 시련을 나타내고, 그로 인해 우리는 달라지고 강해집니다. 시련 없이는 그 누구도 현명해질 수 없지요. 간단히 말해 이야기는 인간으로서 잘 살아가는 법을 매우 흥미로운 방식으로 알려주는 길잡이입니다.

헉슬리
멋진 신세계

방금 뉴스를 본 당신은 할 말을 잃었습니다. 세상에 이렇게 부당하고 잔인한 일이! 당신은 뭐라도 해야겠다고 마음먹었죠. 그런데… 지금은 말고요. 좋아하는 TV 프로그램을 볼 시간이니까요. 내일도 쇼핑을 해야 하니 안 되겠네요. 아무튼, 곧!

한숨을 내쉬며 당신은 아무 생각 없이 약병에 손을 뻗습니다. 어쨌거나 내과 의사와 정신과 의사가 절대 흥분하지 말라고 했거든요. 약을 먹으면 도움이 되겠지요.

올더스 헉슬리Aldous Huxley의 '멋진 신세계'에 오신 것을 진심으로 환영합니다.

육체적·정신적 고통과 갈등이 전혀 없는 사회를 상상해보세요. 모든 것이 소독되고 치료되고 마취된 세계. 모험보다 안전을 중시하는 곳. 상상하기 어려우신가요?

헉슬리가 1932년에 발표한 소설 『멋진 신세계』에서 사람들은 어떤 이유로든 조금이라도 동요하면 '소마'를 복용합니다. 기분을 진정해주고 아무 생각 없이 멍하고 행복한 상태로 만들어주는 모르핀과 비슷한 약물이죠. 하지만 소마조차 그다지 쓰일 일이 없습니다.

여기는 섹스가 지극히 쉬운 곳입니다. 갈등을 초래한다는 이유로 사랑과 성실함, 강렬한 감정은 모두 금지되었죠. TV와 비슷하게 현란한 색깔과 소리가 가득한 '감각 영화'라는 오락거리도 있습니다.

세상 전체가 사람을 몽롱하게 하는 최면 장치입니다.

이 세계의 주민들은 특정한 것만을 좋아하도록 세뇌됩니다. 배우자를 두고 싸우면 안 되므로 결혼과 일부일처제는 금기입니다. 생각이나 꿈 따위를 품어서는 안 되므로 책도 읽으면 안 됩니다. 무언가가 망가지거나 짜증을 유발한다면 그냥 버리고 새로운 것을 사면 됩니다. 노력을 들여 고칠 가치가 없으니까요. 인생은 손쉬운 쾌락과 사소한 것들로 가득한 끝없는 러닝머신입니다. 늘 수다만 떨고 토론은 절대 하지 않는 세계죠.

헉슬리의 상상은 과연 터무니없는 것일까요?

오늘날 선진국 국민의 약 10퍼센트가 일종의 향정신성 의약품을 복용한다고 합니다. 우리는 모두 뇌에 오락거리를 제공해 도파민을 분비시키는 모바일 기기를 들고 다니는 데 익숙해져 있지요. 사람들이 불의와 불평등, 따분함을 직시하기보다는 화면을 톡톡 쳐서 '좋아요' 표시를 하지요. 멍한 상태에 빠지게 하는 것을 목표로 설계된 이런 기기는 휴대용 '감각 영화'입니다. 우리는 가까운 구두 수선집을 찾는 수고를 하느니 그냥 새 신발을 사고 말죠. 이혼은 일상다반사고, 손가락만 까딱하면 역사상 그 어느 때보다도 방대하고 다양한 포르노가 넘쳐나는 보관실 문이 열립니다.

그렇다면 소설 속 주인공이 질문했듯, 우리는 어떤 세상을 원할까요?

한쪽은 고통과 전쟁, 다툼이 존재하나 영웅주의와 셰익스피어, 사랑도 있는 세상입니다. 다른 한쪽은 소비지상주의와 수다, 모르핀이 넘쳐나지만 쾌락과 손쉬운 섹스, 잠잠함이 있는 세상이죠. 둘 중 당신의 마음에 드는 세계는 어느 쪽인가요?

베케트
기다림

친한 사람과 함께 먼 곳으로 길을 떠나거나 공항에서 한참을 기다려야 해서 심심함을 달랠 방법을 찾느라 애썼던 적이 있나요? 휴대전화도 지루해지고 뭔가를 읽기에는 눈도 너무 피곤할 때는 뭘 하시나요? 우리는 무언가를 기다릴 때 어떤 행동을 할까요?

아일랜드 극작가 사뮈엘 베케트Samuel Beckett는 희곡 『고도를 기다리며』(1953)에서 바로 이런 의문을 제기했습니다.

『고도를 기다리며』는 블라디미르와 에스트라공이라는 두 남자가 고도라는 수수께끼의 인물을 만나려고 기다리는 이야기입니다. 다른 두 등장인물 포조와 러키도 종종 나타났다 사라지지만, 세상에 널리 알려진 부분은 대개 블라디미르와 에스트라공의 대화입니다.

비평가 비비언 메르시에Vivian Mercier는 이 작품을 "아무 일도 일어나지 않는 연극, 심지어 2막에 걸쳐"라고 설명했고, 그 말에는 일리가 있습니다. 인물들은 한결같이 고도를 기다리지만, 그는 결국 나타나지 않습니다. '플롯'은 이 기묘하게 어중간한 상태에서 인물들이 서로 나누는 대화를 중심으로 이어지고, 연극 자체도 무슨 일이 일어나기를 기다리는 동안 사람들이 하는 별난 생각이나 행동을 주제로 삼고 있습니다.

기다리면서 블라디미르와 에스트라공은 법석을 떨고 이야기를 늘어놓습니다. 둘은 처음에는 서로 괴롭히다가 나중에는 서로 신경을 쓰지요. 이들은 상대방이 **필요**한 것처럼 보입니다. 극이 진행되는 동안 우스꽝스러우면서도 섬뜩한 상황(등장인물이 허리끈으로 목을 매려는데 바지가 흘러내린다든가)이 계속 벌어집니다. 두 남자는 해야 할 일이라는 이유만으로 자기가 맡은 역할을 계속하는 것처럼 보입니다. 마치 "서로 괴롭히자"라고 했다가 다음 순간 "이제 화해하자"라고 말하는 듯합니다. 이 모든 것은 우리의 인생과 인간관계를 고스란히 반영합니다.

베케트는 카뮈를 무척 좋아했기에 베케트의 작품에서는 부조리(56쪽 참조)의 영향을 쉽게 찾아볼 수 있습니다. 끝없이 언덕 위로 바위를 밀어 올리는 시지프처럼 등장인물들은 한없이 고도를 기다립니다.

존 레넌은 이런 노래를 불렀습니다. "인생이란 네가 다른 계획을 세우느라 바쁠 때 네게 일어나는 일이야." 우리가 살아가면서 자신만의 '고도'를 기다리느라 어영부영 허비한 시간은 얼마나 될까요?

'고도'는 인간이 삶에서 찾으려 애쓰는 어떤 의미를 상징한다고 해석할 수 있습니다. 우리는 진정한 사랑이나 해방, 직업적 성공, 종교적 깨달음, 심지어 죽음을 기다립니다. 하지만 인생이란 우리가 어떤 추상적이고 신비한 미래를 기다리면서 시간을 보내는 동안 펼쳐지는 판에 박힌 일상 또는 촌극입니다. 우리가 그 사실을 미처 깨닫기도 전에 막이 내려오겠지요.

오웰
이중사고

우리는 자신이 논리적이고 이성적이라고 생각합니다. 자신의 신념과 가치관은 일관되고 타당하며, 신중히 생각한 결과라고요. 누군가 반론을 제기하면 자신의 관점을 능숙하게 변호해서 남들이 그 주장을 받아들이기를 바랍니다. 하지만 이 생각이 실제로도 통할까요?

영국 작가 조지 오웰은 여기에 의문을 품고 유명한 소설 『1984』를 썼고, 작중에서 '**이중사고**doublethink'라는 단어를 만들어냈습니다.

1949년에 나온 『1984』는 세 초강대국이 세계를 지배하는 가상의 근미래를 배경으로 삼습니다. 주인공이 사는 국가인 오세아니아는 디스토피아적 전체주의 정권의 지배를 받으며, '빅 브라더'는 이 권력을 상징하는 인물입니다. 정부에는 삶의 모든 측면을 통제하는 부서가 있지만, 그중에서도 가장 꺼림칙해서 잊을 수 없는(더불어 미래를 예견하는) 부서는 '진실부'입니다. 객관적 진실이라는 개념, 심지어 '상식'마저도 전부 현재 상황이나 당의 새로운 노선에 맞도록 인위적으로 가공하는 곳이죠.

여기서 등장하는 개념인 이중사고는 "두 가지 모순된 신념을 동시에 마음에 품게 함으로써 객관적 현실의 존재를 부정하는 동시에 자신이 부정하는 현실에 대한 설명을 받아들이게 하는 것"입니다. 기본적으로 이중사고는 '사실'이나 '현실'을 조작된 현실로 대체하고, 다시 하루아침에 다른 것으로 대체함으로써 생겨납니다. 명백한 사실 대신 터무니없는 조작을 믿는 것, '상식' 대신 주입된 관점을 받아들이는 것이죠. 오세아니아의 표어인 "전쟁은 평화, 자유는 속박, 무지는 힘"이 대표적 예입니다.

하지만 이중사고는 소설 속 디스토피아에만 존재하는, 개연성 없는 허구가 아닙니다. 어디에나 있고 아주 흔하죠. 게다가 철학도 책임을 면할 수 없습니다. 현대인의 기본 관점은 '객관적 진실'이나 '보편적 사실'이라는 개념을 전면 부정하는 것입니다. 대신 우리는 '내가 직접 겪은 경험'을 논하죠. 『1984』에서 주요 악역인 오브라이언은 이렇게 말합니다. "자네는 모든 사람이 자신과 똑같은 걸 본다고 생각하겠지. 하지만 변치 않는 현실은 없어. 현실이란 인간의 마음속에만 존재하고, 다른 곳에는 없다네." 이 말은 이제 과학소설에나 나오는 극단적 악몽이 아니라 현대의 표준 담론이 되었습니다. 현대적 집단사고(이 또한 오웰의 책에서 나온 단어죠)라는 뜻이죠.

따라서 이 모든 것의 의미는(그 뒤 오브라이언이 이어서 했던 말대로) '우리가 인식하는 진실'이 만들어지거나 영향받거나 심지어 강요될 수도 있다는 데 있습니다. 사람들이 객관적 잣대나 치우치지 않은 '참과 거짓'을 포기해버린다면 강력하고 사악하며 심리 조작에 능한 권력자가 자기 입맛대로 '진실'을 만들어내는 것을 어떻게 막을 수 있을까요? 진실이 인간의 도구에 불과하다면 힘 있는 자가 약자에게 휘두르는 또 하나의 무기로 쓰이겠지요.

그래서 현대인은 진퇴양난에 빠집니다. 진실이 객관적이라면 우리는 남들의 신념이나 행동이 틀렸다고, 심지어(그럴 리 없지만!) 나 자신이 틀렸다고 말해야만 합니다. 그렇지 않다면 진실이란 만들어지는 것('상식'이나 논리적·수학적 진리까지 포함)이라는 뜻이죠. 하지만 이를 인정하면 우리는 진실이 만들어지고 또 만들어질 수 있음을 받아들여야 합니다. 그런 세상은 오웰의 세계와 다를 바가 없죠.

카프카
소외

세상이 뭔가 이상하다는 느낌을 받은 적이 있나요? 일상이 일관성 없고 혼란스러우며 모순된 사건의 연속으로 느껴진 적은요? 갑자기 너무나 비현실적인 상황이 벌어지는데도 남들은 그걸 완벽히 무시하는 것처럼 느껴졌던 때가 있나요? 아니면 말이 되는 것이 아무것도 없는 듯한 기분을 이해하시나요? 아주 기묘한 세계에 뚝 떨어진 이방인이 된 것처럼?

프란츠 카프카는 1915년에 쓴 소설 『심판』에서 이러한 '소외감'을 주제로 다뤘습니다.

『심판』에서 어느 날 아침 눈을 뜬 주인공 요제프 K.는 갑자기 자신도 모르는 범죄로 체포되고, 소설이 끝날 때까지 요제프(와 독자)는 죄목이 무엇인지 알아내지 못합니다. 생소하고 수수께끼 같은 사법 체계에 심판받는 남자를 그린 이 이야기에서 삶은 마치 기묘한 꿈과도 같습니다.

자신이 어떤 규칙에 따라 심판받고 있는지 모르겠다는 기분이 든 적은 없나요? 선을 따라 걸어야 하는데 선이 계속 구부러지고 바뀌는 것 같은 느낌은요? 전에는 분명히 없었던 규칙과 준수할 사항이 갑자기 생겨나기도 하고, 아니면 아무도 제대로 이해하지 못하고 애초에 필요하지도 않았던 새 전문용어나 업계 용어를 이제부터 사용해야만 하는 경우도 있습니다. 잘못된 파티장을 찾아간 것처럼 혼자

동떨어진 기분을 느끼는 것은 흔한 일입니다.

『심판』에서는 삶을 완벽히 반영하는 여러 지리멸렬한 사건이 이어집니다. 법정, 은행, 아파트, 성당 같은 도시 곳곳을 오가며 이야기가 진행되죠. 각 장소에는 고유의 분위기와 함께 알 수 없고 말도 안 되는 많은 규칙이 있습니다. 어딘가 이상한 인물도 여럿 등장합니다. 한순간 피해자였다가 다음 순간 가해자가 되는 여자, 타락하고 무기력한 법조인, 몰락해서 자신의 재판에 집착하는 상인. 모든 등장인물은 외모로만 묘사되고, 심리적 깊이는 전혀 드러나지 않습니다. 난데없는 성교 장면은 이런 기묘함에 방점을 찍지요.

이 모든 것은 삶을 생생히 묘사하는 장치입니다. 이 이야기는 평범함을 깨뜨리는 기묘함, 일상 속에서 우리 모두 아무렇지 않은 척하는 부조리가 일어나는 순간을 보여줍니다. 제대로 되는 일은 하나도 없고, 자기가 뭘 하는지 진짜로 아는 사람도 없는 듯한 느낌이죠. 그 게임을 왜 하는지도, 심지어 무슨 게임인지도 전혀 모르는 채로 게임에 참여할 때, 혹은 길을 잃었을 때의 기분과도 같습니다.

사르트르나 도스토옙스키와는 달리 카프카는 등장인물이 자신의 소외에 관해 깊이 생각하게 두지 않았습니다. 이것이야말로 독자의 공감대를 끌어내는 특징입니다. 우리는 모두 자신의 일상에서 뭔가가 조금 **어긋났음**을 느끼지만, 아무리 애써도 그 기분을 자신에게 설명하지 못하니까요.

프루스트
비자발적 기억

카페에서 줄을 서다 앞사람의 향수 냄새를 맡은 당신은 순식간에 수십 년 전 할머니의 거실로 날아갑니다. 할머니도 그 향수를 쓰셨거든요.

산책을 하러 나갔다가 특정한 형태로 배열된 나무 뒤로 노을 진 하늘을 바라본 당신은 젊었을 때 외국에서 보낸 특별했던 한 해를 떠올립니다. 왠지는 당신도 모릅니다.

한참 유튜브를 보고 있는데 광고가 뜹니다. 그런데 어린 시절 아빠와 함께 보던 TV 프로그램 주제가가 배경음악으로 쓰였네요. 당신은 갑자기 울음을 터뜨리고는 이내 당황합니다.

이런 '비자발적 기억'이 떠오르는 순간은 프랑스 소설가 마르셀 프루스트Marcel Froust가 20세기 초에 발표한 대하소설 『잃어버린 시간을 찾아서』에 나오는 수많은 요소 가운데 하나입니다.

일본어에는 쓴도쿠積ん読라는 단어가 있습니다. 읽지 않을 책을 사서 쌓아두는 행위를 가리키는 단어죠. 이런 책 목록 최상단에는 아마 틀림없이 『잃어버린 시간을 찾아서』가 있을 겁니다. 이 작품은 쪽수뿐만 아니라 다루는 범위와 저자의 포부 면에서도 방대함을 자랑합니다. 이 작품 제목을 들어본 사람은 수없이 많고 일부를 읽은 사람도 꽤 있겠지만, 전권을 완독한 사람은 극소수일 겁니다. 하지만 읽은 사람은, 심지어 일부만 읽은 사람도 오늘날 우리가 소설에서 얻는 것과는 완전히 다른 무언가를 읽는 듯한 **경험**을 하게 됩니다.

가장 놀라운 점은 이 작품이 기억을 다루는 방식입니다. 프루스트는 작품을 통해 인간의 기억을 어제 아침에 먹은 음식처럼 선택해서 떠올릴 수 있는 '자발적 기억'과 예상치 못한 순간 찾아오는 '비자발적 기억'으로 구분했습니다. 후자는 매우 강력하기에 이런 기억이 찾아오면 우리는 찬물을 뒤집어쓴 것처럼 그 자리에 굳어버리기도 하지요.

이 작품에는 차에 마들렌을 곁들여 먹는 유명한 장면이 나옵니다. 마들렌을 입에 넣은 순간 주인공 마르셀의 마음은 과거의 삶으로 날아가고, 현실은 영화에서 갑작스러운 장면 전환이 일어날 때처럼 일그러집니다. "의식의 다른 측면은 녹아내려 사라지고", 그는 갑자기 레오니 고모와 같은 차를 마시고 같은 과자를 먹었던 때로 돌아갑니다. 프루스트가 "자그마한 마들렌을 맛보기 전, 바라만 보고 있을 때는 내 마음에 아무 추억도 떠오르지 않았다"라고 쓴 부분은 의미심장합니다. 다른 모든 이와 마찬가지로 마르셀은 그 순간을 통제하지 못하며 어떻게, 왜 그렇게 되었는지 거의 이해하지 못합니다. 비자발적 기억은 그런 식으로 들이닥치죠.

삶을 오래 경험하면 할수록 우리가 지구에서 보내는 시간은 하나로 이어진 영화가 아니라 수많은 에피소드 모음처럼 보입니다. 어린이나 청소년 시절의 삶을 떠올리면 현재의 자신보다는 타인의 기억을 들여다보는 것처럼 느껴지기도 하죠. 갑자기 수면 위로 떠오르는 '비자발적 기억'은 마치 환생하기 전에 겪었던 경험 같기도 합니다.

프루스트의 소설에는 수많은 요소가 담겨 있지만, 가장 큰 울림을 전하는 것은 작품 전반에 흐르는 애상과 향수입니다. 인생은 흘러가고, 우리는 나아갑니다. 우리가 뒤에 남겨두고 떠나는 사람들은 마치 책 속의 낯선 이들과도 같습니다.

낭만파 시인
자연시

자연의 품에 안기면 가슴에 벅찬 기쁨이 차오릅니다. 이런 기쁨은 창공을 맴도는 수많은 별빛 속에 있습니다. 청보라색 하늘을 분홍빛으로 물들이며 지는 해의 아스라한 아름다움 속에, 거대하고 잔잔한 호수의 숨죽인 고요함에도 존재합니다. 자연은 인간에게 무언가를, 말로 압축하기 어려운 감정을 불러일으키지요. 그래서 우리는 비유와 예시, 그리고 최고의 방법인 시에 눈을 돌립니다.

낭만파 시인들의 생각도 정확히 이와 같았고, 이들의 유려하고 아름다운 표현 속에는 살펴볼 가치가 있는 철학이 깔려 있습니다.

윌리엄 워즈워스William Wordsworth, 새뮤얼 테일러 콜리지Samuel Taylor Coleridge, 퍼시 비시 셸리Percy Bysshe Shelley, 조지 고든 바이런George Gordon Byron, 존 키츠John Keats는 19세기로 접어들 무렵의 단 몇십 년 동안 두각을 나타냈던 문학사조를 대표했던 최고의 시인들입니다. 이들은 여러 면(출신, 종교, 정치적 관점 등)에서 달랐지만, 한 세기 전에 시작된 계몽주의의 과학적 물질주의가 도를 넘었다고 여긴다는 점에서 뜻이 같았습니다. 대신 이들은 자연의 순수함과 초월성에 해답이 있다고 생각했지요.

이들의 전 세대인 루소는 자연적인 것은 모두 순수하고 완벽히 이롭다고 주장하며 이 신념을 거의 종교처럼 받들었습니다. 사회와 근대적 세상의 인공물이 이러한 이로움을 더럽히고 억누른다고 생각했죠. 인간은 이런 우리를 부수고 나와 삶을 만끽하고 기쁨을 찾아야 했습니다. 낭만파 시인들은 이 개념을 받아들여 발전시켰고, 이들의 시에서는 감정을 고양하는 자연의 힘을 느낄 수 있습니다.

워즈워스는 "생각하는 모든 것을 나아가게 하고… 만물을 관통하는 영혼"이라고 썼습니다. 인간은 모두 자연과 하나가 되기를 원하는 측면이 있고, 자연 또한 우리를 마주 안아준다는 것이 그의 생각이었죠. 자연의 아름다움이 주는 기쁨이 우리의 영혼에 메아리친다고 표현하는 낭만파 시인들의 작품에서는 플라톤의 흔적을 발견할 수 있습니다.

플라톤은 모든 인간 안에 영혼이 있으며 이 영혼은 인간의 육신을 넘어 이데아의 세계(100쪽 참조)에 속한다고 믿었습니다. 영혼은 물질적 존재로서의 인간과 완벽한 형이상학적 세계를 이어주는 다리라는 말이죠. 영혼은 우리에게 만물의 완벽함을 진심으로 즐길 수 있는 순수한 능력을 부여합니다. 낭만파 시인들의 생각도 이와 같았습니다. 이들은 아름다움이 주는 기쁨이란 초월적이고 **형이상학적으로 참된** 이상이며 순간적이고 경박하고 헛된 쾌락이 아니라고 생각했습니다. 칸트에 심취했던 콜리지는 칸트와 마찬가지로 이러한 이상을 받아들이는 인간의 능력에는 한계가 있다고 생각했습니다. 세상에는 과학이 건드릴 수 있는 영역 바깥에 있는 것들, 인생에서 가장 중요한 것들이 존재합니다. 낭만파 시인들은 서정적 운율과 시로써 이 점을 표현하려 애썼습니다.

말이란 참으로 묘한 것입니다. 살다 보면 말이 제 역할을 하지 못하는, 신비로운 기쁨의 순간이 찾아옵니다. 하지만 적임자의 손, 천재 시인의 목소리를 빌린 말은 우리를 정확히 우리가 있고자 했던 그곳으로 데려다주기도 하지요. 시는 우리에게 다른 누구도 알지 못하리라 여겼던 세상을 열어줍니다.

래드퍼드
허구

해리 포터, 신데렐라, 프랑켄슈타인이 진짜가 아니라는 사실을 모르는 사람은 없습니다. 모두 **허구**의 인물이죠. 그렇다면 왜 우리는 그들의 이야기를 읽으며 슬퍼하거나 겁을 내는 걸까요? 모두 지어낸 이야기임을 아는데도 정서적 유대를 느끼는 이유는 무엇일까요? 인간은 왜, 그리고 어떻게 가짜를 보고 진짜 감정을 품는 걸까요?

최근 영국 철학자 콜린 래드퍼드Colin Radford는 '허구의 역설para-dox of fiction'로 알려진 이 현상을 심도 있게 연구했습니다. 래드퍼드는 허구적 작품에 대한 상당히 보편적이며 매우 인간적인 감정 반응이 "비이성적이고, 비논리적이고, 일관성이 없다"고 주장합니다. 이는 마치 '이중사고'(162쪽에서 다룬, 오웰의 소설에 나오는 용어)적 정신 상태, 또는 행동과 신념이 일치하지 않을 때 나타나는 인지 부조화와도 같지요. 간단히 말해 이 역설의 내용은 다음과 같습니다.

(1) 무언가와 정서적 유대를 느끼려면 우리는 그것이 진짜라고 믿어야 합니다.

(2) 우리는 허구적 작품이 진짜가 아니며 등장인물이 존재하지 않는다는 사실을 압니다.

(3) 우리는 허구적 작품에서 정서적 유대를 느낍니다.

여기서 모순이 발생합니다. 우리는 영화가 가짜임을 명확히 **알고**, "괜찮아. 저건 진짜가 아니잖아"라고 말하며 자신이나 옆 사람을 위로하기까지 하죠. 그런데도 〈샤이닝〉은 여전히 무섭고, 밤비의 엄마가 죽는 장면을 보면 눈물이 납니다. 그것도 엄청 많이.

래드퍼드는 첫 번째 전제의 근거로, 우리는 그 대상이 실제로 존재한다고 믿어서 자신의 감정적 반응을 정당화할 수 있을 때만, 일상 속에서 무언가에 동정이나 슬픔을 느낀다고 말합니다. 그는 이렇게 말합니다. "내가 고통받는 존재를 믿지 않는다면 슬퍼하거나 감동해서 눈물을 흘리지 못할 것이다." TV 자선 행사에 나오는 사연이 성공적으로 연민을 불러일으키는 이유는 지금 나오는 장면이 실제임을 사람들이 알기 때문이지요. 존재의 확신은 감정의 필요조건입니다. 하지만 우리는 픽션의 허구성에 기꺼이 시간을 투자하고 그로 인해 감정을 느낍니다.

더불어 래드퍼드는 우리가 단순히 '불신을 보류'한다는 설을 받아들이지 않습니다. 우리는 허구를 즐기는 동안에도 분명히 일종의 현실감을 유지합니다. 반대로 우리가 픽션에서 보거나 읽는 모든 것을 **실제로** 믿는다고 가정해보죠. 첫째, 경험 자체가 전혀 즐겁지 않은 것으로 변해버릴 겁니다. 피 튀기는 전쟁 영화는 평생의 트라우마를 남기겠지요. 둘째, 우리의 반응 자체가 완전히 다른 식으로 바뀔 것입니다. 실제로 타노스가 인피니티 스톤을 전부 모으는 장면을 진짜라고 믿는다면 부들부들 떨며 영화관 바닥에 숨을지도 모릅니다.

래드퍼드가 내놓은 답은 역설의 핵심인 비이성적인 면을 받아들이고 인간은 그렇게 타고났다는 사실을 인정하자는 것입니다. 하지만 이것만으로는 충분하지 않을 수도 있습니다(적어도 자신이 합리성의 귀감이라고 여기는 철학자들에게는요). 과연 인간의 본질에서 그렇게 커다란 부분이 **비이성적**이라고 해도 될까요? 물론 대부분의 경우는 괜찮습니다. 우리는 자신이 영화를 보고 무서워하거나 책을 읽고 운다는 사실이 어처구니없음을 인정하고 웃어넘길 수 있으니까요.

아리스토텔레스
수사학

철학이 당신에게 세계를 정복할 힘을 건네준다면 어떨까요? 위대한 선행에도 끔찍한 악행에도 쓰일 수 있는 마법을 알려준다면요? 운이 참 좋으시네요. 바로 이 방법을 가르쳐줄, 오래된 지혜가 정말 있거든요. 정신을 조종해 사람들을 마음대로 움직일 수 있는 힘이죠.

이 모든 것을 가르쳐줄 스승은 바로 고대의 마법사 아리스토텔레스입니다.

아리스토텔레스의 『수사학』은 설득의 기술을 집대성한 책입니다. 말의 힘을 활용해서 타인의 마음을 바꾸고, 토론에서 이기고, 대중을 선동하는 법을 알려주지요. 선거에서 이기려는 정치가에게도, 할머니가 이제 뺨을 그만 꼬집기를 바라는 당신에게도 유용하죠.

2000년도 더 되었음을 생각하면 아리스토텔레스의 책이 지금도 유효하다는 사실은 매우 놀랍습니다. 일단 비법을 배우고 나면 실제로 활용되는 예가 온 사방에서 눈에 띄기 시작합니다. 마법의 원리를 알고 나면 주문에 조종당하지 않는 데 도움이 되죠.

그렇다면 이 설득의 기술이란 무엇일까요? 아리스토텔레스는 세 가지, 즉 에토스, 파토스, 로고스를 꼽았습니다.

에토스는 좋은 성품(또는 그렇게 보이는 것)을 가리킵니다. 사람들은 누군가가 믿음직하거나 인품이 훌륭하거나 아는 것이 많다고 생각하면 그 사람의 말에 더욱 귀를 기울이는 경향이 있습니다. 질병에 관해 논할 때 술집에서 몇 잔 걸친 취객보다는 의사의 말이 더 권위가 있겠지요. 우리는 전문가(또는 그렇게 통하는 사람)나 '믿음직하고 솔직한 사람'에게 더 쉽게 설득됩니다.

파토스는 감정을 자극하는 능력입니다. 이를 위해서는 먼저 자신이 불러일으키고 싶은 감정의 본질을 파악해야 합니다. 예를 들어 군중을 화나게 하고 싶다고 치죠. 그러려면 분노의 작용 원리가 '부당하게 행해진 명백한 잘못에 대한 설욕'임을 알아야 합니다. 따라서 이 점을 이해한다면 해야 할 일은 (a) 확실한 잘못이, (b) 무고한 피해자에게 저질러졌음을 강조하고, (c) '정의'가 실현되어야 한다고 촉구하는 것입니다. 또는 호의를 끌어내기 위해 농담을 하거나(이는 에토스에도 해당합니다) 건국 설화를 끌어와서 애국심을 자극할 수도 있습니다. 모두 매우 계산적이지만, 맥이 빠질 정도로 효과적이죠.

로고스는 사실과 타당한 주장의 활용입니다. 아마도 남을 설득하기 위해서 가장 먼저 떠올리는 방법이겠지요. 대체로 우리는 말을 듣는 사람이 논리적이고 이성적이라고 가정합니다. 따라서 우리가 적절한 근거와 함께 논리적 주장을 제시하면 듣는 이는 우리의 관점에 동의하며 좋은 토론이었다고 등을 두드려줄 것입니다. 아리스토텔레스는 일이 항상 이렇게 풀릴 거라고 여길 정도로 순진하지는 않았지만(설득이 효과를 보려면 세 가지가 모두 갖춰져야 하니까요), 로고스에 가장 무게를 둔 것은 사실입니다. 좀 더 냉소적인 사람이라면 동의하지 않을지도 모르지만요.

이제 수사학의 세 가지 비법을 알았으니 당신도 틀림없이 사방에서 실제 예를 발견하게 될 겁니다. 자신의 경력을 떠들어대는 정치가에게서는 에토스가, 시적인 미사여구로 군대를 전장에 내보내는 왕에게서는 파토스가, 자기주장을 뒷받침하려고 번거로운 통계를 줄줄 외고 다니는 친구에게서는 로고스가 보이겠지요.

셸리
사악한 과학자

독일 공학자 베른헤르 폰 브라운Wernher von Braun은 로켓을 사랑했습니다. 더 많이 만들고 싶어 견딜 수가 없을 정도였죠. 1930년대에 나치가 V-2 미사일을 개발해달라고 그를 초빙하자 그는 기꺼이 수락했습니다. 그저 로켓을 사랑했으니까요. 나중에 미국으로 망명해서 우주 계획에 참여하게 되었을 때도 그는 행복했습니다. 로켓을 더 만들 수 있었으니까요! 그렇다면 폰 브라운은 그가 만든 미사일에 죽은 수천 명의 목숨을 책임져야 할까요? 아니면 나사에서 새턴 로켓 프로젝트를 성공시켰다고 칭송받아야 할까요? 이것은 과학자가 무언가를 발명할 때 어떤 도덕적 의무와 책임을 염두에 두어야 하는지에 관한 문제입니다.

19세기 소설가 메리 셸리Mary Shelley는 『프랑켄슈타인』에서 이 주제를 멋지게 풀어냅니다.

빅터 프랑켄슈타인은 자신의 발상을 성공시키겠다는 편집광적 집착으로 '괴물'을 창조합니다. 이미 죽은 시체 가운데 특히 좋은 부위만을 모아서 되살린다는 생각에 집착한 나머지 그는 자기 행동이 어떤 결과를 부를지는 전혀 생각하지 않았죠. 하지만 그가 만든 피조물은 소설이 끝날 때까지 세 사람을 죽이고 다른 한 명에게는 누명을 씌우며(그 결과 그 사람은 사형을 당하죠), 프랑켄슈타인 본인도 괴물을 쫓다 지쳐 숨을 거두고 맙니다.

빅터가 너무 순진했다고 볼 수도 있습니다. 그는 자신의 창조가 어떤 결과를 부를지 알지 못했죠. 납이 든 유연휘발유를 개발하고(엔진 효율성 증대를 위해) 나중에는 프레온가스를 발명해 냉장 기능을 개선한 화학공학자 토머스 미즐리Thomas Midgley와도 비슷합니다. 유연휘발유는 사람들을 중독시켰고, 프레온가스는 오존층을 파괴했죠. 미즐리의 의도는 선했지만(또는 적어도 이익을 추구했을 뿐이지만), 자신의 행동이 어떤 결과를 낳을지 예상하지 못했습니다.

과학은 인류에게 지극히 이롭게도 해롭게도 쓰일 수 있습니다. 그렇다면 과학자들은 여기에 얼마나 책임을 져야 할까요? 이 토론의 한쪽 극단에는 1차 세계대전에서 참호에 사용하려고 거리낌 없이 생화학 무기인 머스터드가스를 개발한 독일 화학자 프리츠 하버Fritz Haber가 있습니다. 그런가 하면 핵폭탄의 영향력을 잘 알았지만 도덕적 측면을 고려한 끝에 폭탄을 만들기로 타협한 미국 물리학자 로버트 오펜하이머Robert Oppenheimer 같은 사람도 있지요. 비교적 최근인 2001년, 두 오스트레일리아 과학자는 인공적으로 쥐의 사지부전증 바이러스를 만드는 연구를 하던 중, 그들이 만든 변종이 백신을 맞은 쥐까지 감염시킨다는 사실을 알아냈습니다. 이 바이러스가 인간의 천연두와 극히 비슷했기에(그래서 무기화될 가능성이 있었으므로) 그들이 이 발견을 공개해야 하는가에 관한 논란이 있었습니다.

그렇다면 프랑켄슈타인의 책임은 어디까지였을까요? 과학자들에게도 태만의 죄(40쪽 참조)를 물을 수 있을까요? 과학을 신중하게 제한해야 할까요, 아니면 놓치기에는 너무 큰 잠재적 이익을 고려해서 인류가 지식을 확장하는 데 따르는 위험을 감수해야 할까요?

촘스키
언어 습득

인간 아기는 몹시 무능합니다. 새끼 바다거북은 바다까지 파닥파닥 기어갈 줄 알고, 망아지는 태어나고 몇 시간 안에 빠르게 걷고, 새는 알에서 나온 지 단 며칠 만에 날기 시작합니다. 그런데 인간 아기는 심지어 자기 머리도 가누지 못하죠.

하지만 인간 아기가 어느 종보다 뛰어난 영역이 딱 하나 있습니다. 바로 뇌입니다. 그 덕분에 인간은 한 가지 마법, 즉 언어를 손에 넣게 됩니다. 미국 언어학자 놈 촘스키Noam Chomsky는 이 점에 커다란 흥미를 느꼈습니다.

언어는 정말로 복잡합니다. 언어를 쓰려면 추상적 개념, 시제, 인칭, 수, 문장구조, 문법을 알아야 하죠. 유아가 이런 규칙을 전부 구별할 뿐 아니라 자발적으로 재현할 줄 안다는 것은 실로 놀라운 일입니다.

만 5세까지의 유아는 정식 문법 교육을 받은 적이 없고 심지어 해당 언어에 부분적으로만 노출되었더라도 한 번도 접한 적 없는 문장을 해석하고 말할 수 있습니다. 이 나이대의 유아는 공도 제대로 잡지 못하지만, 완전히 다른 언어 여러 개를 쉽게 익힐 수 있는 능력이 있습니다. 배운 적이 거의 없더라도 유아는 다른 발달 단계를 아득히 뛰어넘는 인지능력을 보입니다.

이를 근거로 촘스키는 인간이 언어 규칙을 구분하고 따르는 능력을 **타고난다**고 주장했습니다. 이것이 촘스키의 '언어의 생득 이론'입니다.

언어 습득에 필요한 정교한 지적 능력은 다른 인지 발달 단계보다 훨씬 이른 시기에 발현하므로 선천적인(타고난) 것임이 틀림없습니다. 모든 인간은 어떤 언어에 노출되든 상관없이 적응하는 데 필요한 '보편 문법universal grammar'을 가지고 태어납니다.

만 2세부터 사춘기까지는 아동이 언어를 익히는 데 불가사의한 능력을 발휘하는 이른바 '결정적 시기'입니다. 성인은 일정 수준의 언어를 익히는 데 수년이 걸리는 반면 다섯 살밖에 안 된 유아는 중국어와 줄루어, 러시아어와 페르시아어처럼 서로 공통점이 거의 없고 매우 복잡한 언어 여러 개를 유창하게 말할 수도 있지요.

그러니 다음에 어린이를 만나거든 새로운 경의(그리고 질투)를 담은 눈으로 바라봐주세요. 어린이들이 작아 보일지 몰라도 실은 놀라운 언어 마법사랍니다.

데리다
단어의 의미

축구 경기에서 종종 나오는 '오프사이드'라는 단어를 생각해봅시다. 이제 그게 뭔지 모르는 사람에게 그 단어를 설명해보세요. 혹시… 당신도 그 단어를 모르시나요?

 '오프사이드' 같은 단어를 자세히 살펴보면 그걸 설명하는 데 얼마나 많은 **다른** 개념을 사용해야(동시에 알아야) 하는지 금세 깨닫게 됩니다. 공격수, 최종 수비수, 골라인, 미드필드 등등….

 다른 스포츠 용어로도 똑같이 시도해보세요. 사실 **어떤** 단어든 결과는 같습니다. 우리는 한 단어를 정의하려면 다른 단어들을 동원해야 합니다. 개념에는 항상 다른 개념이 필요하고요. 우리는 언어의 덫에 갇힌 셈이죠.

 프랑스의 포스트모던 철학자 자크 데리다Jacques Derrida는 해체주의deconstructionism를 내세워 이를 이해하고자 했습니다.

 칸트에서 비트겐슈타인으로 이어지는 계보를 잇는 데리다는 단어에 변하지 않거나 일정한 의미는 존재하지 않으며, 나아가 개념에도 불변의 의미는 없다고 주장했습니다. 우리는 단어와 그 단어가 나타내는 것이 직접적으로 대응한다고 여깁니다. 물론 나무는 나무를 가리키죠. 하지만 이는 단어의 틀을 잡고 단어를 태어나게 하는 데 연관 개념이 셀 수 없이 많이 필요하다는 사실을 무시하는 생각입니다.

 '나무'라는 단어를 살펴보죠. 이 단어는 녹색, 이파리, 나무껍질, 꽃

차례, 시든 잎, 나무 줄기, 드라이어드dryad(그리스신화 속 나무의 요정) 등 온갖 종류의 유사 개념과 엮여 있습니다. 이 가운데 일부는 익숙하겠지만, 생소한 단어도 몇 개 있을 겁니다. 중요한 것은 단어의 의미가 우리 자신이나 다른 사람에게 불변하며, 확실하고, **균일**하다고 가정할 수 없다는 점입니다. 식물학자가 바라보는 '나무'는 예술가가 보는 것과 다르고, 자연 숭배자가 보는 것과는 또 다르겠지요. 모든 개념은 이런 식으로 해체될 수 있습니다.

데리다는 이 개념을 '동시성synchronicity'이라고 불렀습니다. 모든 단어는 서로 촘촘히 짜인 개념으로 이루어진 미로 같은 연결망에 얽혀 있다는 뜻입니다.

하지만 인간은 본질적으로 '로고스 중심주의logocentrism'로 기울어지는 성향이 있습니다. 단어에 모호하지 않고 일관성 있는 의미가 있는 **것처럼** 생각한다는 의미입니다. 우리는 어떤 단어를 사용하든 모든 사람이 우리의 의도를 구체적이고 정확하게 이해한다고 가정하고 대화나 토론을 진행합니다. 하지만 이는 단어의 작동 원리를 잘못 이해한 로고스 중심주의입니다. 데리다는 "텍스트 바깥에는 아무것도 없다"라고 말했죠. 단어에는 그 나름의 생명이 있으며 '저 바깥'에 확실한 답 같은 것은 없다는 말입니다. 모든 사람이 한마음으로 가리키는 단 하나의 '나무'는 존재하지 않습니다. 모든 단어는 단지 상징이자 비유일 뿐이죠.

토머스 홉스 같은 철학자들과 고틀로프 프레게Gottlob Frege 등의 논리실증주의 학자들은 언어에서 이러한 모호함을 제거해서 더 순수한 무언가를 뽑아내려 했지만, 데리다는 이를 헛된 노력이라고 생각했습니다. 그가 보기에 언어란 덧없고 변덕스러운 허상이어서 이해되는 것이 놀라울 지경이며, 우리가 바랄 수 있는 최선은 너무 자주 헷갈리지 않는 것 정도이기 때문입니다.

비트겐슈타인
언어 게임

당신 가족은 집에서만 통하는 특별한 단어를 쓰나요? 예를 들면 리모컨을 가리키는 별명 같은 거요. 아니면 친구들끼리만 사용하는, 모르는 사람은 무슨 뜻인지 종잡을 수 없는 단어는 있나요?

　오스트리아계 영국인 철학자 루트비히 비트겐슈타인Ludwig Wittgenstein은 이런 종류의 '언어 게임'이야말로 **모든** 단어의 작동 원리라고 주장했습니다. '삶의 양식'을 다룬 그의 연구를 보면 언어가 작동하는 방식에 관한 핵심적 통찰을 얻을 수 있습니다.

　비트겐슈타인은 인간의 개념적 틀 전체, 즉 우리가 생각하는 방식자체가 자신이 속한 삶의 양식에 따라 정의된다고 주장했습니다. 단어를 유의미하게 사용하려면 적어도 두 명 이상이 단어의 정의에 동의해야 하므로 사용자가 자기 자신뿐인 '개인적 언어'는 존재할 수 없지요. 이는 마치 사람들이 게임의 규칙에 동의하는 것과 비슷합니다.

　단어와 단어의 개념은 고유한 문화나 가족, 사회나 학교에서 그 의미를 획득합니다. 이러한 삶의 양식 속에서 단어가 **언제, 어디서, 무엇에, 어떻게** 쓰일지에 대한 규칙이 정의되기 때문이죠. 예를 들어 당신이 가장 친한 친구에게 보내는 문자 메시지와 할머니에게 보내는 메시지에서 사용하는 단어를 비교해보세요. 아니면 '요즘 애들'은 무슨 말을 하는지 알아들을 수가 없다는 흔한 불평불만을 떠올려도 좋습니다.

이런 삶의 양식 가운데 대다수는 '가족 유사성'(또는 유사점)을 공유합니다. 이는 대부분의 사람이 많은 단어를 같은 뜻으로 쓴다는 말이지만, 용법이 진화하면 이 유사성이 깨지기도 합니다. 예를 들어 '죽이다'라는 단어를 생각해보죠. 대부분의 맥락에서 이 단어는 생명을 없앤다는 말이지만, 가까운 사이에서 입말로 쓰일 때는 긍정적 인정의 표현으로 쓰이기도 합니다. "그거 죽인다!"처럼요.

미국 영어와 영국 영어에서도 이 '언어 게임'의 흥미로운 예를 찾아볼 수 있습니다. pants는 미국에서는 바지, 영국에서는 팬티를 의미합니다. biscuit은 미국에서는 부드러운 빵을 가리키지만 영국에서는 단단한 과자를 말하지요. purse는 미국에서는 핸드백, 영국에서는 지갑을 의미하고, chips는 미국에서는 얇게 저며 튀긴 감자 칩을 의미하지만, 영국에서는 프렌치프라이를 가리킵니다.

언어 게임은 모든 언어학적 전통의 구조에 내재합니다. 예를 들어 일본어와 한국어에서는 당신이 말하는 상대와 상황에 따라 어떤 단어를 사용할지를 배워야 합니다(존대어가 있지요). 문법 자체에 정중함의 명확한 단계 구분이 포함되어 있기 때문이죠.

여기서 배울 교훈이요? 언어를 배울 생각이라면 구글 번역기를 너무 믿지 마세요. 단어에는 뉘앙스가 있고, 의미에는 맥락이 필요합니다. 그리고 당신이 리모컨을 '뿅뿅이'라고 부른다고 해서 **모든 사람**이 찰떡같이 알아듣는 건 아니랍니다.

구조주의
이항 대립

단어 연상 게임을 한번 해보죠. 방법은 간단합니다. 목록에 적힌 단어를 보고 가장 먼저 떠오르는 것을 말하는(공공장소에 있다면 생각해보는) 겁니다. 준비되셨나요? 다음 단어들로 시도해보세요.

좋다 / 위上 / 고양이 / 기쁘다

뭐가 떠오르시나요?

많은 경우 우리의 마음은 구조주의(스위스 언어학자 페르디낭 드 소쉬르Ferdinand de Saussure의 연구를 기초로 태어난 개념)에서 말하는 **이항 대립**binary opposition으로 자연스럽게 기울어집니다.

이항 대립은 우리가 사용하는 많은 단어와 개념이 반대말과의 비교와 대조를 통해 의미를 획득한다는 이론입니다. 흥미롭게도 이는 **실제**이거나 진짜 '반대'일 필요가 없습니다. '좋다'와 '기쁘다'의 반대는 '나쁘다'와 '슬프다'겠지만, '고양이'와 '개'는 엄격히 말해 반대말이 아닙니다. 사과/배, 커피/차, 숟가락/젓가락, 소금/설탕 같은 경우도 마찬가지입니다. 이런 단어 쌍이 한데 묶이는 데는 흥미로운 어원상, 문화적·역사적 이유가 있을 때가 많지요. 그렇다면 고양이와 개가 '반대말' 취급을 받는 **진짜** 이유는 무엇일까요?

구조주의자들은 이항 대립이 양쪽 단어 각각에 의미를 부여한다고 생각합니다. 즉 '나쁨'을 알지 못하면 '좋음'도 온전히 이해할 수 없고, '아름다움' 없이는 '추함'도 이해하지 못한다는 뜻이죠. 때로 사람들은 사물이나 심지어 자기 자신까지도 '무언가가 아닌 것'으로 정의합니다. 그래서 정치 성향에 따라 투표하는 이들은 "반대 정당에는 절대 표를 주지 않는다"라고 말하기도 하고, 형제자매는 '손위'와 '손아래'로 나뉘게 됩니다.

우리는 종종 이런 이항 대립을 긍정적인 것과 부정적인 것으로 구분하며, 이런 관점은 우리의 세계관 자체에 편견을 심는다는 점에서 커다란 영향을 미치기도 합니다. 구조주의자들은(특히 데리다가 이 점을 강조했습니다) '남성/여성'이나 '백인/흑인'이라는 이항 대립이 성립된다면 이런 개념을 긍정적 혹은 부정적으로 나누는 관점이 우리 문화에 반영되고 일상적 행동에도 스며들게 된다고 지적합니다.

예를 들어 보부아르의 『제2의 성』(70쪽과 216쪽 참조)과 캐럴라인 크리아도 페레스의 최근 저서 『보이지 않는 여자들』은 '남자'가 기본 또는 긍정적인 것, '여자'가 비정상 또는 부정적인 것으로 취급된다고 주장합니다. 페레스는 놀라울 정도로 다양한 분야에서 이런 편견이 여성에게 (때로는 치명적인) 영향을 미친다고 지적했으며, 제품 안전성 검사는 표준 남성 체형을 기준으로만 실시된다는 점을 예로 들었습니다. 파농(72쪽 참조) 또한 인종에 관련해 비슷한 주장을 펼쳤죠.

우리 언어 속의 이항 대립을 한번 살펴보세요. 이런 단어 쌍은 문화와 언어학에 얽힌 흥미로운 역사적 사실을 담고 있기도 하지만(여기에 흥미가 있다면 빌 브라이슨의 탁월한 책 『거의 모든 사생활의 역사』부터 시작해보세요), 최악의 경우에는 위험하고 부당한 편견을 강화해 '긍정적'인 '기본형'과 '부정적'인 '비정형'의 대립을 만들어낼 수도 있습니다.

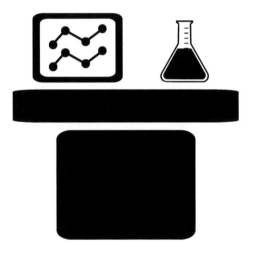

Science and Psychology

VII.

과학과 심리학

과학은 인간이 자신을 어떤 식으로든 재검토하게 할 때 가장 흥미롭다고 생각합니다. 인간이 자신의 뇌를, 또는 자연에서 자신이 차지하는 자리를 어떻게 이해하는지, 기술이 인간을 어떤 식으로 바꾸어놓는지가 여기 해당하지요. 가장 인간적인 과학인 심리학은 철학에, 철학은 심리학에 스며듭니다. 두 학문의 경계는 서로 섞여 흐릿하죠.

과학은 세상을 연구하는 학문이지만, 이 책에서는 인간의 본질을 비추는 거울로서의 과학을 다룹니다.

베이컨
과학적 방법론

다섯 살, 여섯 살짜리 형제 프레드와 앨런은 논쟁을 벌이고 있습니다.

"오소리는 밤에만 일어나. 내가 한 마리 봤어!" 프레드는 소리치지만, 앨런은 딱 여섯 살다운 고집으로 동생이 틀렸다고 확신합니다.

형제는 탐색을 하기로 합의합니다. 앨런은 낮에, 프레드는 밤에 각자 보이는 오소리를 전부 세기로 합니다. 한 주가 끝나갈 무렵 둘은 합계를 냅니다. 프레드는 여덟 마리를 봤죠. 앨런은 한 마리를 봤지만, 사실 옆집 개일지도 모른다는 생각이 듭니다. 앨런은 마지못해 프레드 말이 맞다고 인정합니다.

영국 철학자이자 정치가 프랜시스 베이컨이 하늘에서 내려다봤다면 이 형제를 무척 장하다고 여겼을 테지요. 형제의 행동은 오늘날 우리가 '과학적 방법론'이라고 부르는 방식의 완벽한 본보기니까요.

1561년에 태어난 베이컨은 미신이 만연한 시대에 글을 쓰고 활동했습니다. 마녀가 화형당하고 사람들은 별이 질병을 불러온다고 믿던 때였죠. 부유한 백인 남성이었던 베이컨은 그런 시대상을 넘어설 수 있는 운 좋은 소수에 속했고, 영국과 유럽에 훨씬 이성적인 사고방식을 도입했습니다. 자신의 대작 『신기관』에서 베이컨은 '종교적 열의'와 편견이 위험하다는 의견을 밝혔습니다. 나아가 관찰과 증거에 기초한 새로운 지식을 찾으려 했죠. 이것이 오늘날 '베이컨식 귀납법'으로 알려진 방법론입니다. 이 방법은 다음과 같습니다.

첫째, "나는 밤에 오소리를 보았으므로 오소리는 밤에 깨어 있다" 처럼 일련의 사실에서 이론이나 가설을 뽑아냅니다. 베이컨은 너무 적은 데이터를 기준으로 삼거나(예를 들어 오소리 '한 마리') 사실이 보여주는 것 이상을 넘겨짚어서는(예를 들어 "오소리는 어둠 속에서도 볼 수 있다") 안 된다고 강조했습니다.

둘째, 더 많은 데이터와 사실을 모아 표를 만들고(베이컨은 표 만들기를 **사랑**했다죠), 부정적 요소(예를 들어 "나는 낮에는 오소리를 본 적이 없다")도 수집합니다. 또한 가설과 관계된 사실만 모아야 하므로 "박쥐는 밤에 깨어 있다"라든가 "스컹크는 오소리를 닮았다" 같은 사실은 배제해야 합니다.

셋째, 이러한 사실에 뒷받침되거나 부합하지 않는 가설은 전부 폐기합니다.

베이컨의 방식에 문제가 없는 것은 아닙니다. 그의 과학적 방법론은 다듬어지지 않은 초기 형태이지요. '검증' 체계(가설을 **증명**하려 한다는 의미에서)로서 이 방법은 실험에 종지부를 찍지 못합니다(이는 250쪽에서 살펴볼 귀납법의 문제점과 관련되어 있습니다). 3세기 뒤에 카를 포퍼Karl Popper의 '반증'(이론이 **틀렸음을 입증**하는 방식, 196쪽 참조)이 나오고서야 이 결점이 완전히 해결되었음을 생각하면 도리어 베이컨이 대단하다고 볼 수 있죠.

무엇보다도 베이컨은 '**이론이 사실에 부합**해야' 하며 그 반대가 아니라고 주장하는 전통에 힘을 실었습니다. 그는 지적이고 이성적인 사람이라면 자신의 편견과 선입관에 맞지 않는 사실을 부정해서는 안 된다고 생각했죠.

과학적 방법론의 가치는 효용성에 있습니다. 과학은 우리에게 암 치료법, 비행기, 컴퓨터를 주었습니다. 반면 미신과 편견은 마녀를 불태웠죠.

쿤
패러다임 전환

개념의 역사에서 혁명이 일어나는 순간을 직접 겪는다고 상상해보세요. 다윈이 『종의 기원』으로 인간은 그리 특별하지 않음을 보여주었을 때, 코페르니쿠스가 지구가 우주의 중심이 아님을 폭로했을 때, 아니면 존 스노와 루이 파스퇴르가 질병은 '나쁜 공기'가 아니라 세균에 의해 전염된다는 사실을 증명했을 때를 말이죠. 세상이 완전히 뒤집히는 경험이었을 테지요. 불가침의 단단한 토대라고 생각했던 성역이 사실은 움직이는 판상 지각(이 또한 우연한 또 하나의 예겠죠)에 불과했다는 사실을 마주한 순간이죠.

20세기 미국 철학자 토머스 쿤Thomas Kuhn은 과학의 역사에서 이런 순간을 '패러다임 전환'이라고 불렀습니다.

우리는 모두 세상이 어떤 식으로 움직인다는 자기 나름의 가정을 품고 살아갑니다. 일부 비주류(대개는 괴짜)를 제외하면 사람들은 대부분 지구는 둥글고, 세균이 질병을 일으키고, 빛의 반사로 색이 생겨나고, 세상은 원자로 이루어졌음을 받아들이죠. 이런 것들은 일상적 세계관의 일부로 완전히 확립되었기에 우리의 행동(손 씻기 등)에 상당한 영향을 미칩니다. 이러한 가정을 '패러다임'이라고 부릅니다.

때로는 패러다임 안에 난해한 퍼즐이 등장합니다. 이런 퍼즐은 대부분 '정상적' 과학의 범주에서 해결됩니다. 쿤은 이를 '마무리 작업 mopping-up operation'이라고 불렀죠. 변칙이 쉽게 해결되지 않더라도 딱 한 번만 발생하거나 재현되지 않는다면 그냥 무시되기도 합니다. 하지만 아주 가끔 이런 퍼즐이 쌓이고 쌓여 결국 변칙을 무시할 수 없게 되지요. 이것이 바로 '패러다임 전환'이 일어나는 때입니다.

이런 시기에 종종 과학계는 패러다임에 구멍이 있음을 완강하게 인정하지 않으려고 들기도 합니다. 이들은 어쩔 수 없을 때만 이를 악물고 새로운 패러다임을 받아들이죠. 그렇기에 이런 전환을 시작하는 천재와 혁명가들은 대개 젊은 외부 인사거나 패러다임을 벗어나 사고하는 불가사의한 지적 능력의 소유자입니다. 예를 들어 상대성 이론을 발견했을 때 아인슈타인은 고작 스물여섯 살이었죠!

이런 전환을 보면 과학이 '진리'라 불릴 수 있는가, 아니면 '현재의 정상'일 뿐인가 하는 의문이 생깁니다. 쿤보다 앞서 카를 포퍼는 과학이 '진리'일 수 없으며 그저 '아직 틀리지 않았을 뿐'이라는 것을 보여준다고 주장했지만, 쿤은 여기서 한 걸음 더 나아가려 했죠. 인간의 정신이 더는 패러다임에 도전하지 못한다면 과학이 영원한 '정상 상태'에 도달하는 것도 **가능**합니다. 하지만 그렇다고 이것이 '진리'가 되지는 않으며, 단지 인간이 더는 틀을 벗어나서 생각하지 못한다는 뜻일 뿐입니다.

그러므로 과학은 완전무결하지 않습니다. 문제가 존재하고, 변화도 계속되죠. 그렇다고 흰색 가운과 박사 학위가 아무런 의미도 없다는 뜻은 아닙니다. 진정한 패러다임 전환은 극히 드물며, 전환이 일어난다는 사실 자체는 과학자들이 자신의 답이 진정 최선이며 가장 효율적인지 끊임없이 확인하고 있음을 보여줍니다. 오히려 패러다임 전환은 우리가 과학의 발전을 **더욱** 신뢰해도 된다는 증거입니다. 과학이 근거 없는 믿음이나 가정에 토대를 둔 학문이 아님을 확실히 보여주니까요.

하이데거
기술 발전의 영향

모든 것이 너무나 빠르게 변했습니다. 한때 인간은 모두 땅에 의지해 먹고살았고, 자연의 섭리를 따랐습니다. 그러다 기계와 연기를 뿜는 공장, 대도시가 등장했죠. 18세기 영국에서는 전체 인구의 70퍼센트가 농부였지만, 1901년에는 3퍼센트로 줄었습니다. 1800년대에는 대서양을 건너는 데 6주가 걸렸지만, 지금은 비행기로 여섯 시간이면 도착하죠. 지난 두 세기 동안의 변화는 그야말로 천문학적입니다. 여기서 문제는 우리 인간이 변한 세상에 적응할 시간이 있었는가 하는 점입니다. 과연 인간은 이 새로운 세상에 대처하는 데 필요한 능력과 덕성, 행동 양식을 만들어냈을까요?

19세기 말 마르틴 하이데거는 그렇지 않다고 생각했습니다. 낭만주의 시인에 가까운 존재로 '전향'한 뒤에 집필한 후기 저서에서 하이데거는 인간이 기술과 자연을 얼마나 심각하게 잘못된 방식으로 바라보고 있는지 밝히려고 애를 썼습니다.

인간은 무엇을 하든 그 행동의 틀이 되는 담론을 가져다 붙입니다. 열심히 일하는 것은 선하므로 우리는 직장에 나갑니다(108쪽 참조). 우리는 사생활을 존중하므로 웬만하면 낯선 사람에게 말을 붙이지 않죠. 인간은 자신의 행동 방식을 설명하는 가치관, 이야기, 태도를 중시합니다. 모든 행동은 그 틀 안에서 일어나죠. 인간이 자연을 대하는 방식도 다르지 않습니다.

하이데거는 기술을 향한 우리의 태도를 설명하기 위해 **게슈텔**Ges-tell이라는 단어를 사용했고, 이는 '틀에 넣기', 또는 '닦달' 등으로 해석됩니다. 그는 오늘날 인간이 자연을 철저히 실용주의적 관점에서 바라본다고 주장합니다. 인간 마음대로 나무, 강, 산, 농작물 등을 활용할 자원으로만 생각한다는 뜻이죠. 우리는 자연이 인류를 위한 노예나 도구인 것처럼, 마치 '상비 물품'으로 취급합니다. 인간에게 얼마나 도움이 되는지만을 기준으로 모든 것을 평가한다는 말입니다.

이런 태도 탓에 인간은 자신의 고향이자 수천 년 동안 집으로 삼아왔고 그 안에서 의미를 찾았던 자연에서 분리되고 맙니다. 오늘날 우리는 과학이야말로 존재의 전체성을 파악할 **유일한** 방법이라고 생각합니다. 하지만 기술의 객관성과 거리감, 과학적 사실의 냉철함은 세상의 모호함을 감추고, 인간은 삶의 본질적 신비에서 분리됩니다. 인간이 창조한 기술이 세상 전체와 인간의 접촉을 방어하는 골키퍼나 문지기가 되어버린 셈이죠. 그리하여 세계와 인간은 한 단계 더 멀어집니다.

하이데거는 "어디서든 우리는 기술에 묶여 부자유한 상태이며, 우리가 그것을 열정적으로 긍정하는지 부정하는지는 상관없다"라고 말했습니다. 이는 심지어 인터넷과 스마트폰이 생기기 **전**에 한 말입니다. 오늘날 우리는 정말로 기계에 연결되어 있습니다. 그 결과 모든 것을 기술의 렌즈를 통해 바라보게 되었죠. 눈앞의 불꽃놀이를 감상하지 않고 촬영만 하는 사람이 점점 늘어나고, 아이의 첫걸음마는 뿌듯해할 새도 없이 사진으로 남겨야 하고, 뭐든 온라인으로 공유하지 않으면 진짜가 되지 않습니다. 그 결과 우리는 진정한 자신을 잃어버렸습니다. 인간은 자연에서 분리되고 말았고, 우리 마음 깊은 곳 어딘가에는 흐릿하면서도 슬픈 갈망만이 남았습니다.

헤라클레이토스
변화하는 자신

당신은 열 살짜리 자신을 만났습니다. 뭐라고 말하고 싶은가요? 둘은 서로 잘 맞을까요? 아니면 여든 살의 당신과 만난다면 어떨까요? 뭐가 달라졌을까요? 뭐가 달라졌으면 좋겠나요?

나이를 먹어도 똑같이 유지되는 부분은 거의 없습니다. 현재의 나와 한때 나였던 사람, 언젠가 내가 될 사람을 연결하는 요소는 매우 적다는 말이죠.

고대 그리스 철학자 헤라클레이토스Heraclitus는 이러한 고민을 담아 '테세우스의 배'라는 사고 실험을 고안했습니다. 개인의 정체성이라는 문제를 검토하고 직관에 이의를 제기하기 위해 만들어진 이 이야기는 다음과 같습니다.

뛰어난 사령관인 테세우스는 배를 몰고 전쟁에 나갑니다. 배는 전투로 손상되죠. 항구로 다시 들어온 배의 판자 몇 개가 교체되고, 배는 다시 바다로 나갑니다. 곧 테세우스는 전혀 망설이지 않고 배를 몰아 적의 배를 들이받고, 배는 다시 수리가 필요해집니다. 이런 상황은 결국 "원래 있던 판자가 단 하나도 남지 않을 때까지" 반복됩니다. 여기서 의문이 생깁니다. 테세우스의 배는 처음에 항해를 시작했던 때와 같은 배일까요?

이 문제는 인간에게로 확장됩니다. 인간은 죽고 재생되는 순환 주기를 끊임없이 반복하는 수조 개의 세포로 이루어지죠. 몸속의 거의 모든 세포는 단 한 해 안에 교체됩니다. 당신의 몸은 십 년은 고사하고 일 년 전 당신이 살던 몸과도 거의 완전히 다르다는 뜻이죠. 그렇다면 당신이 같은 사람이라는 증거는 어디 있을까요?

기억이라는 답이 나올 수도 있습니다. 하지만 기억은 흐려지며 틀릴 수도 있지요. 쉽게 변하고 믿을 수 없는 기억이 변치 않는 정체성의 든든한 토대가 되기는 어렵습니다.

인간관계는 어떨까요? 이것 또한 어김없이 변합니다. 사람들은 당신 인생에 들어왔다가 떠나가죠. 인생은 원래 그러니까요.

취향이나 취미가 당신일까요? 하지만 당신이 아기일 때 좋아했던 것을 지금도 좋아하지는 않을 테지요. 열두 살 때나 지금이나 같은 책을 가장 좋아하나요? 지금도 주말이면 TV 만화영화를 보려고 새벽같이 일어나나요? 크리스마스 선물로 새로 나온 파워레인저 장난감을 받고 싶은가요?

"DNA가 나를 만든다"고 말하는 사람도 있겠죠. DNA는 당신만의 것이기에 틀린 말은 아닙니다. 일부 신경세포는 결코 죽지 않는다는 것도 사실이죠. 하지만 여기서 다루는 문제는 자기 정체성에 관한 것입니다. 당신은 DNA와 신경세포로 자신을 **정의**하나요? 로절린드 프랭클린Rosalind Franklin(여성 생물물리학자), 제임스 듀이 왓슨James Dewey Watson(미국 분자생물학자), 프랜시스 크릭Francis Crick(영국 분자생물학자)이 DNA의 구조를 알아내기 전, MRI 스캔이 개발되기 전에도 사람들은 정체성이 있지 않았을까요? 당신은 소셜 미디어의 '자기소개'란에 자신의 게놈 지도로 이어지는 링크를 넣어두시나요?

자, 그렇다면 그 배는 같은 배일까요? 당신은 같은 당신일까요? 절대로 바뀌지 않고 당신을 과거와 미래의 당신에게 연결해주는 굳건한 토대는 무엇일까요? 자, 당신은 여든 살의 자신에게 뭐라고 말하고 싶은가요?

리벳
뇌와 자유의지

혼자 할 수 있는 간단한 철학 실험을 해봅시다. 근처 책상이나 탁자에 손바닥이 아래를 향하게 손을 올리고 가만히 두세요. 준비되면 몇 초쯤 기다렸다가 손을 들어주세요. 들고 싶을 때 들면 됩니다. 원하는 타이밍에 맞춰서요.

손을 드셨나요? 당신이 정확히 그 순간을 택하게 한 것은 무엇 때문인가요? 왜 조금 앞이나 조금 뒤가 아니라 그때였나요? 당신 뇌에서 신경계를 거쳐 손까지 이어지는 생물학적 연쇄를 일으킨 것은 정확히 무엇일까요? 당신 마음이나 의식의 어느 부분이 어떤 방식으로 첫 번째 도미노를 건드렸을까요?

이 모든 질문은 수천 년간 철학자들을 고민하게 했지만, 1980년대에 미국 과학자 벤저민 리벳Benjamin Libet은 실제로 이에 관한 실험을 진행했고 상당히 충격적이며 섬뜩한 결론을 얻었습니다.

리벳의 실험을 이해하려면 먼저 뇌에는 손을 들기로 선택하는 것과 같은 '수의적隨意的' 운동, 즉 자발적 행위를 책임지는 특정한 영역이 있다는 사실을 알아야 합니다. 파킨슨병이나 투렛 증후군에 동반하는 무의식적 경련이 일어날 때 이 영역은 활성화되지 않습니다. 뇌의 이 영역은 운동 전에 나타나는 '준비전위readiness potential'를 제어하며 모든 수의적 운동 전에 활성화합니다.

이제 실험을 살펴보죠. 리벳은 다수의 피험자를 모아 우리가 했던 것과 똑같은 실험을 진행했습니다. 참가자들은 마음이 내킬 때 손을 들기만 하면 됐죠. 차이점이 있다면 리벳의 실험 대상자들은 뇌파와 손목 신경을 측정하기 위해 특수한 전극을 부착했다는 것뿐이었습니다. 모든 참가자는 자신이 손을 움직이기로 '선택한' 정확한 시각을 확인하라는 지시를 받았습니다. 선택을 인식하는 이 시점은 뇌에서 일어나는 '준비전위'와 동시에 일어나리라 예상되었습니다.

하지만 결과는 전혀 그렇지 않았습니다. 리벳은 뇌의 '준비전위'가 피험자의 선택 인식보다 350밀리초 **빠르게** 활성화한다는 사실을 알아냈습니다. 이 말은 우리가 스스로 선택했다고 생각하기 3분의 1초 전에 우리 뇌가 이미 손을 움직이기로 '선택'했다는 뜻입니다.

우리 몸은 자기가 적당하다고 여기는 방식으로 움직이고, 우리의 의식적 지각은 전혀 상관없는 구경꾼처럼 그저 지켜볼 뿐입니다. 우리는 자신이 책임자이며 '선택'을 하는 주체라고 여기지만, 우리 뇌가 이미 모든 것을 정해버린 셈이죠. 리벳은 이런 결론을 내렸습니다. "수의적 운동은 무의식적 대뇌 과정으로 보인다. 확실히 자유의지는 동작을 개시하는 주체가 될 수 없다."

대뇌피질의 '준비전위' 영역이 얼마나 확실하게 배타적으로 수의적 운동만을 수행하는지 알 수 없다는 등의 이유로 리벳의 실험을 비판하는 의견도 있습니다. 하지만 이러한 비판은 모두 결정적이지 않았고, 리벳의 연구는 엄연한 과학으로 인정받습니다.

그러니 다음에 비스킷에 손을 뻗거나 모르는 사람에게 미소를 지어주기로 마음먹을 때는 당신의 뇌가 당신보다 먼저 그 결정을 내렸음을 기억하세요. 당신은 자신이 모든 것을 통제한다고 생각하며 으쓱할지도 모르지만, 실제로 우리는 그저 영화관에 앉아 우리 몸이 인생을 연기하는 모습을 바라보고 있는지도 모릅니다….

포퍼
유사과학

온갖 종류의 사기꾼, 돌팔이, 만병통치약 장사꾼들을 폭로할 방법이 있으면 좋겠다고 생각했던 적이 있나요? 유사과학을 진짜와 구분할 방법이 있다면 어떨까요? 거짓에 진실을 들이댈 간단한 도구가 필요하신가요?

오스트리아 빈 출신인 20세기 철학자 카를 포퍼 또한 바로 이 점을 고민했고, 그가 고안한 '**반증**falsification'은 이제 과학적 방법론의 기반이 되었습니다.

포퍼는 흄이 지적한 귀납법의 문제(250쪽 참조)를 해결하는 동시에 '검증주의'(186쪽 참조)의 결점을 보완할 방법을 찾았습니다. 여기서 문제는 아무리 여러 번 무언가를 관찰해도 그 무언가가 '절대적'이라고 말할 수 없다는 점이죠. 아무리 물샐 틈 없는 '법칙'이라도 미래에 예외가 발생할 가능성을 피할 수 없으니까요.

포퍼의 설명에 따르면 명제, 이론, 가설의 탄탄함은 반증하는 증거에 얼마나 버틸 수 있는지에 따라 정해집니다. 과학적 실험과 일반적 경험은 이론을 **검증**(맞다고 증명)할 수 없고, 단지 **반증**(틀렸다고 증명)할 수 있을 뿐입니다. 따라서 중력은 매우 탄탄한 과학적 법칙입니다. 우리가 수 세기에 걸쳐 아무리 많은 물건을 떨어뜨려도 중력은 여전히 끈질기게 물건을 산산조각 내기 때문이죠.

역사를 살펴보면 다양한 이론이 그냥 받아들여졌다가(이를테면 창조론) 나중에 충분한 증거가 제시되어 반증되는(고생물학, 진화, 지질학) 사례가 적지 않습니다. 그러므로 현재 통용되는 이론은 단순히 모든 후속 실험에서 그 이론이 (아직은) 틀리지 않았다는 결과가 나왔다는 의미일 뿐이죠.

어떤 이론이 논리적으로 반증될 수 없다면, 즉 **그것이 틀렸음을 증명할 증거가 존재할 수 없다**면 포퍼는 그 이론이 허튼소리거나 협잡이라고 단언했습니다. 이런 맥락에서 그는 헤겔주의, 마르크스주의, 프로이트주의를 공격적으로 비판했고, 뒤의 두 가지를 '열린 사회의 적'이라고 불렀습니다.

예를 들어 자신의 어머니에게 성적인 관심이 전혀 없어 보이는 남자를 제시하면(프로이트주의를 반증하는 자료) 프로이트주의자는 이렇게 대답하겠지요. "아! 음, 그건 그냥 억압된 거예요. 없을 수가 없어요." 아니면 마르크스주의의 실패를 보여주는 역사적 자료를 제시하면 마르크스주의자는 이렇게 말합니다. "아! 하지만 그건 아직 제대로 실현되질 못해서 그래요." 궁극적으로 반증은 세상 그 무엇도 그 이론이 틀렸음을 증명할 수 없다면 그 이론은 엉터리임을 보여줍니다.

물론 우리는 인간이기에 확증편향(자신의 관점에 들어맞는 증거만 받아들이는 경향)에서 자유로운 사람은 아무도 없겠지요. 하지만 포퍼는 자신의 신념을 확인하고 발전시킬 훌륭한 방법을 제시합니다. 그러므로 점을 봐주겠다거나 외계 파충류가 지구를 지배한다는 얘기를 꺼내는 친구가 있거든 한번 물어보세요. 어떤 사실이 밝혀지면 그런 관점을 포기하겠느냐고요. 그럴 일은 없다는 대답이 돌아오거든 포퍼의 충고대로 그냥 무시하세요.

튜링
로봇 대 인간

다음에 가족이나 친구를 만나면 이런 게임을 한번 해보세요. 의심스럽다는 듯 눈을 가늘게 뜨고 혹시 인간의 피부를 입힌 로봇 아니냐고 따지는 거죠. 진지하게 보면서 내가 틀렸음을 증명해보라고 하세요. 그들은 '튜링 테스트'를 통과할까요?

앨런 튜링Alan Turing은 기계를 인간과 구별할 인식 가능한 방법이 없다면 기계도 생각하며 의식이 있는 존재로 인정할 수 있다고 주장했습니다.

튜링은 현대 컴퓨터 과학의 아버지이자 나치의 에니그마 암호 체계를 풀어낸 영국 암호해독 팀의 중추로 명성을 얻었습니다.

1950년대에 그는 기계의 사고라는 개념이 곧 실현될 것이며 기계가 '이미테이션 게임', 즉 사람과 다를 바가 없음을 증명하는 튜링 테스트를 통과하는 것은 시간문제일 뿐이라고 주장했습니다. 튜링이 원래 고안한 테스트는 문자 언어 기반 대화(현재 우리가 '챗봇'이라고 부르는 것)만을 대상으로 삼았죠. 오늘날에는 더욱 발전된 형태의 로봇을 포함하도록 테스트를 확장해서 기계가 인간처럼 **말**할 뿐 아니라 인간처럼 **행동**하는지도 확인할 수 있습니다.

어느 시점부터는 철학자들이 종종 '인간 외 지성체'라고 부르는 존재와 기계 사이의 유의미한 차이가 무엇인가 하는 질문이 대두되었습니다. 기계가 당신의 친구와 똑같이 행동한다면 대체 둘의 차이점은 무엇일까요?

어머니가 원래부터 기계였다는 사실이 밝혀진다면 어머니를 사랑하는 당신의 마음은 달라질까요? 가장 친한 친구가 태어나지 않고 **만들어졌음**을 알게 된다면 뭔가가 변할까요? 우리는 단지 그들을 구성하는 물질이 우리와 다르다는 이유로 편견을 품는 것은 아닐까요? 뇌 속의 시냅스가 기판 위의 전선보다 우월한 이유는 무엇인가요?

인간은 의심의 여지가 전혀 없이 서로 분리되어 있습니다. 나는 내 생각밖에 알 수 없고, 결코 상대의 머릿속에는 접근할 수 없죠. 튜링 테스트는 우리가 얼마나 쉽게, 그리고 기꺼이 행동만을 보고 상대가 의식적 인식 체계를 지녔다고 추정하는지 보여줍니다.

자, 그래서 당신은 기계가 **아님**을 스스로 증명할 수 있나요?

아시모프
로봇 3원칙

인공지능이 자기 인식, 또는 자의식을 얻게 될 때까지는 얼마의 시간이 걸릴까요? 로봇은 언제 자기 힘으로 **생각**할 수 있게 될까요? 인간이 결국 마음이 있는 로봇을 만드는 것은 상당히 가능성 있는 일이고, 그렇게 되면 우리는 이렇게 물어야 합니다. 우리는 로봇이 어떻게 행동하기를 원할까요? 어떤 법칙과 규칙을 프로그램해야 할까요? 로봇은 일종의 이상화된 인간이 되어야 할까요, 아니면 완전히 다른 존재가 되어야 할까요?

미국 작가 아이작 아시모프Isaac Asimov의 작품은 이런 질문의 출발점으로서 매우 훌륭합니다. 아시모프의 과학소설 세계에서 로봇은 지각력을 획득합니다. 그리고 인류는 로봇의 행동을 통제하기 위한 윤리적 규칙인 **로봇 3원칙**을 프로그램하죠.

(1) 절대 인간에게 위해를 가해서는 안 된다. 위험에 처한 인간을 내버려두어서도 안 된다.

(2) 제1원칙에 위배되지 않는 한 항상 인간의 명령에 복종한다.

(3) 제1, 제2원칙에 위배되지 않는 한 항상 자신을 보호한다.

이 세 가지를 기본 원칙 아래 아시모프는 다양한 실험을 펼칩니다. 그는 이러한 규칙에서 생겨나는 여러 복잡한 상황과 모순, 문제점을 흥미롭게 풀어냅니다. 그 가운데 몇 가지를 살펴보기로 하죠.

제1원칙: 첫째, '위해'에는 어떤 것이 포함되는지, 인공지능이 이를 어떻게 판단해야 하는지에 대한 까다로운 문제가 있습니다. 혐오 발언은 위해일까요? 왕따는요? 로봇이 나를 고약한 별명으로 부른다면 그건 위해일까요?

둘째, '내버려두기'의 범위는 어디까지일까요? 영화 〈아이, 로봇〉에서 로봇 비키는 인간이 미친 듯 날뛰도록 내버려두는 것도 인간에게 해롭다고 생각했습니다. 그래서 차라리 인간을 가두는 편이 낫다고 여겼죠.

셋째, 이 법칙은 '다수를 구하기 위해 한 명을 죽이는' 공리주의적 행위를 불가능하게 합니다. 예를 들어 사람이 다치거나 죽는 사고를 피할 수 없을 때 자동운행 자동차는 어떻게 해야 할까요? 승객을 죽일까요, 아니면 행인 세 명을 칠까요? 승객이 어린아이라면 어쩌죠?

제2원칙: 로봇이 정말로 지각이 있다면 이 원칙은 당연하게도 노예 계약 아닐까요? 로봇을 다른 지성체와 구분할 수 없는 시점이 되면 인간은 대체 어떤 근거로 로봇을 노예로 부릴 수 있을까요?

제3원칙: 이 규칙은 모든 로봇을 평가절하하고 객체화할 가능성이 큽니다. 그 기계가 토스터라면 문제가 없겠지만, 여기서 다루는 것은 사고력과 어쩌면 감정까지 지닌 존재임을 잊어서는 안 되죠. 제3원칙 아래에서 로봇은 스스로 선택할 자유를 완전히 부정당합니다. 심지어 삶을 선택할 권리마저 부정당하죠. 의식 있는 존재는 모두 선택의 자유가 있다고 한다면 지각 있는 로봇도 당연히 자기 뜻대로 비도덕적 행동을 선택할 **권리**가 있어야 하지 않을까요?

물론 아시모프 본인도 '**반드시** 이렇게 해라' 같은 유형의 의무론적 법칙은 불완전하다는 사실을 알고 있었습니다. 하지만 점점 지각을 가진 인공지능이 일상화될 세상이 다가오는 지금, 그 언제보다도 철학이 분발해서 이런 까다로운 질문을 제기해야 합니다. 인간은 어떤 규칙을 프로그램해야 할까요?

페르미
외계인

우리 행성은 뭐가 잘못되었을까요? 왜 아무도 인사하러 오지 않을까요? 지구는 은하계에서 따돌림을 당하는, 모든 외계인이 무시하기로 한 촌구석일까요? 다들 어디 **있는** 거죠?

이는 이탈리아 출신 미국인 엔리코 페르미Enrico Fermi가 고민하던 문제였고 그의 이름을 따서 **페르미 역설**이라는 이름이 붙었습니다.

우리 은하에는 태양 같은 항성이 대략 200억 개 있습니다. 이 가운데 50억 개에는 지구와 크기가 비슷하며 생명체 거주 가능 영역('골디락스 존goldilocks zone'이라고 하지요)에 들어가는 행성이 딸려 있습니다. 보수적으로 생각해서 이 중 0.1퍼센트에서 생명이 싹텄다고 쳐도 우리 은하의 수백만 개 행성에 생명체가 있을 수 있다는, 아니 있어야 한다는 말이죠.

게다가 이건 우리 은하 **하나**만 생각했을 경우입니다. 과연 우주에는 은하가 몇 개나 있을까요? 인류의 현재 기술 수준에서 파악한 바로는 보이는 범위에서만 세어도 은하의 수가 최소한 천억 개라고 합니다.

그래서 페르미 역설은 이렇게 묻습니다. 다들 어디 있나요? 생명체가 사는 행성이 이렇게나 많다면 지금까지 인간은 당연히 외계인을 **한 번쯤**은 만났어야 할 텐데요. 일단 인류가 깨달음을 얻고 나서 처음으로 달에 착륙하기까지 60년밖에 걸리지 않았죠. 수십억 년이 흐르는 동안 외계 문명도 틀림없이 그런 종류의 기술을 발전시켰을 겁니다. 그렇다면 왜 우리는 〈스타 트렉〉 연방의 일원이 아닌 거죠? 왜 인류에게는 이웃 외계인이 없나요? 왜 지구의 탄소와 목성의 헬륨 무역이 이루어지지 않을까요?

이 역설에는 몇 가지 가능성 있는 해답이 있고, 그 대답마다 그걸 주제로 한 과학소설이나 영화가 나와야 마땅할 정도로 흥미롭습니다.

먼저 우주여행 기술에 필요한 지적 능력이 지구형 탄소 생명체인 인류에게만 있다면 어떨까요?

아니면 거리가 너무 멀고 광속 이동은 불가능에 가까워서 두 종류의 외계 생명체가 결코 접촉할 수 없다면요? 설사 **정말로** 광속 여행 개발에 성공한다 해도 가장 가까운 은하까지는 7만 년이 걸립니다. 7만 년은 우주선에 탑승한 인간들이 다른 종으로 진화하고도 남을 시간이죠!

어쩌면 생명체가 특정한 기술적 발전 단계에 이르면 전쟁, 기후 변화, 터미네이터 같은 인공지능 탓에 필연적으로 자멸하는 보편적 법칙이 있는지도 모릅니다.

또는 외계 생명체가 근본적으로 인류와 너무 달라서 의사소통이 가능한 공통의 방법이 없을 수도 있습니다. 예를 들어 다차원 생물이거나 인공지능 또는 음파 외계인인 거죠.

개인적으로 가장 좋아하는 '동물원 가설'도 있습니다. 다른 외계인은 모두 우주에서 서로 잘 지내고 있지만, 어떤 이유에서인지 지구는 의도적으로 무시당한다는 이론이죠. 어쩌면 우리 인간은 펭귄처럼 보고 있으면 그냥 재미있는지도 모릅니다.

물론 최후의 가능성도 있습니다. 외계인들은 줄곧 우리 곁에 있었고, 옆집 사는 이웃은 보이는 대로의 사람들이 아니었다는….

고드프리스미스
기타 지성체

외적으로 인간과 형태가 다른 지적 생명체가 아니라 완전히 다른 **종류**의 지성을 지닌 존재를 상상하기는 훨씬 어렵습니다. 〈스타워즈〉나 〈스타 트렉〉 같은 SF 영화에서 인류가 만나는 외계인은 기본적으로 특이한 신체 형태에 인간을 덧씌운 존재입니다. 이들의 뇌는 인간의 것과 똑같이 신경계를 조작하죠. 하지만 방식 자체가 다르다면 어떨까요?

피터 고드프리스미스Peter Godfrey-Smith는 최근에 내놓은 걸출한 책 『아더 마인즈』에서 다른 형태의 지성체를 찾고 싶다면 우주를 뒤질 것이 아니라 우리가 사는 이 땅(이라기보다는 바다)을 먼저 살펴보라고 제안합니다. 그가 말하는 지성체는 바로 두족류입니다.

인간은 '척삭동물'에 속하는 지성체입니다. 중앙통제형 뇌가 척추를 움직이고, 거기서 뻗어나가는 신경계가 있다는 뜻이죠. 따라서 인간 신경세포의 90퍼센트 이상이 몸 전체를 통제하고 움직이고 조정하고 동조시키는 '뇌'에 집중되어 있습니다. 인간의 뇌는 물컹한 회백질의 독재자라고 할 수 있지요.

하지만 두족류는 완전히 다른 진화 과정을 거쳐(이를 '분기 진화 divergent evolution'라고 합니다) 지능을 발달시켰습니다. 이들의 지성은 몸 전체에 고루 **분배**되어 있습니다. 따라서 문어의 다리 하나에는 몸통 및 다른 다리 일곱 개 각각과 비슷한 수의 신경세포가 있다는 말이죠.

그 결과 외계인 같은 생물이 탄생했습니다. 문어의 다리는 독자적 의지가 있습니다. 문어의 신체 각 부위는 스스로 '생각'하고, 중앙에서 통제하는 뇌와는 독립적으로 행동하고 정보를 처리합니다. 뇌는 몸 전체의 행동을 조정하고 조화시킬 수 있고 실제로도 그렇게 하지만, 강제하지는 않습니다. 문어의 다리는 협조할지 하지 않을지 '선택'할 수 있거든요. 문어는 마치 연방과도 같습니다.

'기타 지성체'를 살펴보는 것은 인간이 자신을 더 깊이 이해하는데 도움이 됩니다. 예를 들어 고드프리스미스의 주장에 따르면 우리가 의식을 자각하는 것은 인간의 뇌가 정교하게 감각을 동기화하면서 생겨난 부산물일 수도 있습니다. 뇌가 엄청난 규모의 일을 해내면서 우리의 내부와 외부를 잇는 피드백 루프가 생기고, 우리가 그것을 의식이라고 부르게 되었다는 말이죠. 우연의 산물이든 아니든 몸 전체를 통제한다는 놀라운 일을 해내는 것은 대단한 재주입니다.

그러니 외계인이 어떤 생물일지 상상할 때 그저 신기한 몸에 인간의 지성을 덧씌우지는 마세요. 인간은 한 가지 유형일 뿐이니까요.

그리고… 영화 〈컨택트〉를 보세요(또는 테드 창의 소설 『당신 인생의 이야기』를 읽으세요). 보고 나면 이유는 저절로 알게 될 겁니다.

프로이트
성격

하루, 한 주, 한 해의 각기 다른 때에 각각 다른 버전의 자신이 생긴다고 느낀 적이 있나요? 하루는 느긋하고 게으르다가 다음 날에는 규칙을 엄수하는 근엄한 성격이 되는 자신을 깨달은 적은요? 백 년 전 지그문트 프로이트는 이런 현상에 완전히 매혹되었습니다.

프로이트 이전에 심리학을 탐색한 철학자가 전혀 없었다고 할 수는 없지만(주요 인물로는 흄이 있었죠), 그가 심리학을 오늘날 우리가 연구하는 독자적 학문으로 발전시킨 선구자라는 데는 의심의 여지가 없습니다.

프로이트는 인간의 정신, 인간의 성격은 세 측면으로 나눌 수 있다고 주장했습니다.

자아ego: 인간의 이성적·의식적 목소리입니다. 이 글을 읽는 바로 그 부분이죠. 당신 머릿속에 흐르는 이야기이기도 합니다.

원초아id: 인간의 원시적이고 동물적인 욕구를 통틀어 가리킵니다. 욕구, 충동, 성 본능(리비도libido)을 아우르죠. 깊고 충동적이며 우리를 행동으로 이끕니다.

초자아superego: 인간의 '도덕적 심판자' 또는 검열관입니다. 양심과 비슷하다고도 볼 수 있지요. 금기와 규칙, 체계, 죄책감과 관련되어 있습니다.

프로이트가 보기에 그가 '신경증'이라고 불렀던 인간의 모든 문제는 이 셋 중 하나 이상의 불균형과 부조화에서 오는 것이었습니다. 원초아가 과다하거나, 초자아가 부족하거나, 자아가 약하다는 식이죠. 프로이트식 심리치료는 인간의 정신에서 감춰지고 묻힌 이 요소들을 끄집어내 균형을 회복하는 것을 목표로 삼습니다.

프로이트는 때로 성적 억압에 집착했던 인물로 그려지지만, 이것은 한 가지 유형의 신경증(초자아가 원초아를 지배함)일 뿐입니다. 성에 집착하는 것도 마찬가지로 신경증(과도한 원초아) 가운데 하나죠. 프로이트는 종교적인 사람 역시 초자아를 지나치게 부풀려 신을 만들어냈다는 점에서(132쪽 참조) 똑같이 신경증적이라고 생각했습니다.

이것이 바로 프로이트에게, 그리고 프로이트식 심리치료에서 '아버지 같은 인물'이 그렇게나 중요한 이유입니다. 부모와 교사는 우리의 어린 시절 초자아를 대표하고 형성하며, 사춘기에 원초아가 눈을 뜨는 동안 우리를 지켜보고 이끌어주는 존재입니다.

현대 심리학에서는 프로이트 이론의 과학적 신빙성을 그리 높이 평가하지 않지만(그의 개념을 뒷받침할, 실험을 통한 실제 증거가 거의 없으니까요), 그의 패러다임 자체는 자기반성, 심리치료, 토론에 활용하기 좋은 도구입니다. 인간은 자신의 본능적 충동을 인식할 필요가 있고, 규칙과 체계, 질서를 필요로 할 때도 있죠. 적어도 프로이트주의는 여전히 매혹적이고, 어쩌면 그의 생각이 지금까지도 그렇게 많은 이에게 영향을 미치는 것은 아마도 그런 직관적 매력 덕분일 것입니다.

피아제
발달 심리학

눈앞에 열쇠가 보이지 않으면 당신은 열쇠가 허공으로 영원히 사라져버렸다고 생각하나요? 서로 멀리 떨어져 있는 사람 세 명과 가까이 붙어 있는 사람 세 명 중 어느 쪽이 더 많을까요? 배는 물에 뜨니까 배처럼 생긴 새 장난감도 물에 뜰 거라고 생각하나요?

　당신이 7세 이상이라는 가정하에 답을 맞히셨기를 바랍니다. 하지만 이런 문제가 늘 그리 쉬웠던 건 아닙니다. 스위스 심리학자 장 피아제Jean Piaget는 우리가 이런 문제의 답을 원래부터 아는 것이 아니라 아동기 특정한 발달 단계에 이르면 배우게 된다고 주장했습니다. 그의 연구를 살펴보면 모든 인간의 정신이 기능하는 방식을 이해하는 데 도움이 됩니다.

　피아제는 처음으로 실험과 관찰을 활용해 아이들이 무언가를 실제로 배우는 방식을 자세히 알아보았던 발달 심리학의 선구자입니다. 그가 등장하기 전에는 영유아란 우리가 지식으로 채워주어야 하는 조그맣고 빈 그릇과 같다는 이론이 주류를 차지했습니다. 하지만 피아제는 영유아의 뇌가 이 가설과는 완전히 다르게 발달한다는 사실을 증명했지요. 그는 실제로 아이들을 가까이에서 관찰하는 과감한 시도로 학계를 놀라게 했습니다.

　연구를 통해(자신의 두 아이도 대상으로 삼았죠) 그는 영유아의 뇌가 본질적으로 통계적 추론 기계와 같다는 결론을 내렸습니다. '감각

조작기'(태어나서 2세까지)에 아기는 촉각, 청각, 시각을 활용해 세상에서 중요한 것이 무엇인지 판별하지요. 아기는 파도처럼 밀려드는 감각에 휩쓸리고, 이때 아기의 삶에서 첫 번째 임무는 쓸모 있는 것과 아닌 것을 걸러내는 것입니다. 예를 들어 아기는 인류의 모든 언어에서 쓰이는 음소 600개를 전부 구분하는 능력을 지니고 태어납니다. 첫돌이 될 무렵이면 아기의 이 능력은 모국어에서 가장 자주 들리는 소리로 범위가 줄어듭니다(영어의 경우 대략 50개). 영유아의 뇌내 시냅스와 신경 경로는 관찰에 의한 반복으로 강화되고 굳어집니다.

이 단계 내내 영유아는 자신의 관찰을 내면화해서 세상이 움직이는 방식을 나타내는 '개념적 표상'을 형성합니다. 좀 더 성장한 아기는 장난감을 떨궈서 바닥에 떨어지는지 보는 등의 의도적 실험으로 자기 생각을 시험하죠. 아기는 부모를 짜증나게 하려고 일부러 그러는 게 아니라 가설을 시험하고 있을 뿐입니다.

나머지 인지 발달(세 가지 '단계'가 더 있습니다)은 점점 더 복잡한 개념을 형성하는 과정으로 이루어집니다. 이 가운데는 가늘고 긴 잔에 담긴 액체를 짧고 통통한 잔에 옮겨도 양은 같다는 '보존 개념'이 있습니다. 또 유추를 가능하게 하는 '이행성'도 있지요. X와 Y가 한 측면에서 같다면 다른 측면에서도 비슷할 수 있다는 개념입니다. 이 개념들은 이후 훨씬 높이 쌓아 올려진 많은 논리와 철학의 기본 벽돌이 되었습니다.

피아제는 아동의 인지 발달 분야에서 혁명을 일으켰지만, 그의 연구는 인간으로 산다는 것이 무엇인지도 가르쳐줍니다. 동물의 세계에서 인간의 뇌는 가장 크지도 효율적이지도 않지만, 발달 기간이 긴 것으로는 으뜸입니다. 그 덕분에 인간은 놀라운 정신적 유연성을 얻었죠. 우리는 거의 모든 환경에 적응하고 어떤 세상에서든 살아가는 법을 배웁니다. 인간의 정신은 그 엄청난 유연성으로 정의됩니다.

게슈탈트 요법
아무것도 하지 않기

삶은 온갖 시끄러운 소리로 가득합니다. 소음이 너무 커서 잠시 쉬거나 숨을 돌리거나 생각에 잠기기가 어렵죠. 우리 자아의 고요하고 깊은 부분은 머릿속에서 울리는 떠들썩하고 어지럽게 돌아가는 생각에 뒷전으로 밀려납니다. 그래서 현대인에게는 숲속 공터가 필요하죠. 이것이 바로 게슈탈트 요법에서 말하는 **비옥한 공허**fertile void입니다.

게슈탈트 요법은 '실체험', 즉 세계가 실제로 인간에게 나타나는 방식과 관련된 철학 분야인 존재론적 현상학에서 큰 영향을 받았습니다. 게슈탈트 요법은 현재의 경험을 강조하고 과거, 기억, 스스로 부여한 정체성 등의 부담은 줄이거나 배제하라고 말합니다. 게슈탈트는 과거에 내가 어떤 기분을 느꼈고 무슨 일이 일어났으며 남들이 나를 어떻게 생각하는지 묻지 않습니다. 대신 지금 닥친 상황을 맞이할 때 어떤 일이 일어나는지, 그것이 바로 **지금 이 순간** 나 자신에 관해 어떤 말을 들려주는지를 묻습니다. 현재에 초점을 맞춘다는 뜻이죠.

따라서 성장 과정에 관해 묻기보다는(프로이트식 심리치료에서 하듯) 게슈탈트 치료사는 **지금** 우리가 부모님에 관해 **어떻게 느끼는지** 묻습니다. 게슈탈트는 현재를 분석하고, 과거는 도움이라기보다는 부담으로 여깁니다. 과거는 꼬리표와 고정된 정체성, 자기충족적 예언을 만들어내죠. 반면 게슈탈트는 뒤가 아니라 앞을 바라봅니다.

게슈탈트는 지금 이 순간을 강렬하게, 깊게 들여다보기를 요구합니다. 정신없이 빠른 현대인의 삶에서 이렇게 시간을 들여 집중하는 행위는 불편하게 느껴지고, 어려울 때도 많습니다. 현재에 집중하려는 노력('마음 챙김'이라고도 하죠)은 우리가 쌓아 올린 일상적 습관과 중독이라는 벽에 너무나 쉽게 가로막히고 맙니다.

그렇기에 우리는 **건설적 파괴**constructive destruction에 착수해야 합니다. 자기 삶에서, 자기 자신에게서 건드릴 수 없다고 여겼던 부분을 싹 밀어버리고 자신을 백지상태로 되돌리라는 뜻입니다. 직소 퍼즐을 처음부터 다시 시작할 수 있도록 아무것도 없는 상태를 적극적으로 받아들이는 거죠.

비옥한 공허란 이런 텅 빈 상태를 부르는 이름입니다. 지루함을 느끼지 않은 채로, '꼭 해야 한다'거나, '여기에 집중해야 한다'는 강박적 생각이 없는 상태입니다. '스위치를 내리는' 것, 문을 잠그는 것, 친구에게 '쉿' 하고 말하는 것과도 같습니다. 정신적 잡동사니를 의식적으로 제거함으로써 바로 지금 창조적이고 강력하고 훌륭한 것이 흘러들게 하자는 것이죠.

비옥한 공허는 꽃을 피우려고 새로 일군 흙과 같은 환경입니다. 공간과 시간이 있으면 새로운 취미나 특기, 새로운 인간관계, 신선한 시각처럼 새로운 것이 자라나기 마련입니다. 당신을 바꿔줄 힘이 있는 멋진 것들 말이죠.

의식적으로 텅 빈 상태를 만드는 것은 어렵고, 동시에 용감한 행위입니다. 하지만 이러한 무無의 상태는 평온한 느낌과 깨달음을 선사하고, 우리는 비옥한 공허에 들인 시간과 노력을 수천 배로 보상받을 것입니다.

Everyday Philosophy

VIII.

일 상 속 철 학

최고의 철학은 가끔 깊은 밤, 어쩌면 살짝 취한 채로 사람들과 일상적인 대화를 나눌 때 불현듯 나타나기도 합니다. "왜 그렇게 하는데?"나 "이런 생각 해본 적 있어?" 같은 질문에서 시작된 이야기가 점점 깊은 곳으로 흘러가지요. 철학은 삶의 모든 측면에 적극적으로 끼어들고, 삶은 그로 인해 더욱 발전합니다.

일상 속 철학은 우리가 평범한 그날그날의 삶에서 하는 생각 또는 행동을 다시 사유하도록 도와줍니다.

아리스토텔레스
우정

왜 우리는 어떤 사람에게는 특정 주제로 문자를 보내지만, 다른 사람에게는 그 이야기를 하지 않을까요? 왜 인생의 어떤 시기에는 누군가와 '최고의 단짝'으로 지내다가 어느 날 그냥 관계가 끊어질까요?

이번에도 철학계의 마당발 아리스토텔레스가 답합니다.

아리스토텔레스의 역작 『니코마코스 윤리학』에는 우정에 관한 내용이 꽤 많이 나옵니다. 그는 완벽한 삶(아리스토텔레스는 **에우다이모니아**eudaimonia라고 불렀죠)에는 좋은 친구가 필수적이라고 보았습니다. 이 책에서 그는 우정의 특성을 세 유형, 즉 유용함, 즐거움, 선량함으로 나눕니다. 우리가 적극적으로 찾고 소중히 여겨야 할 것은 마지막 유형뿐입니다.

유용한 친구는 목적을 이루어주는 사람입니다. 이들은 당신이 매일 점심을 같이 먹는 직장 동료일 수도, 주말에 만나 스포츠를 하는 팀원일 수도 있지요. 목적이 사라지면(직장을 옮긴다든가, 운동을 그만둔다든가) 우정도 희미해집니다.

즐거운 친구는 함께 있으면 재미있는 사람입니다. 이들은 재치 있고 잘 웃어줍니다. 배꼽 빠지게 웃긴 밈을 보내주고 당신의 유머 감각을 완벽히 이해하는 친구들이죠. 클럽이 문을 닫을 때까지 소리 지르며 춤을 추고, 새벽 세 시에 당신과 함께 햄버거를 먹는 친구입니다. 하지만 나이가 들거나 습관이 바뀌면서 이런 친구들은 점점 더 멀어지고, 결국 행복한 추억과 향수 속에 박제됩니다.

선량한 친구는 당신이 행복하고 잘되기를 바라는 사람입니다. 당신에게 "걔는 너하고 안 맞는 것 같아"라든가 "너는 이번에 꼭 승진할 거야" 같은 말을 해주는 친구죠. 이들은 당신의 비밀을 절대 누설하지 않고, 당신이 눈물을 흘릴 때 곁을 지킵니다. 당신을 실망시키지 않고 항상 당신을 믿어줍니다.

아리스토텔레스는 이들이야말로 우리가 사귀고 지키고 가까이 지내야 할 친구라고 믿었습니다.

물론 한 친구가 이 가운데 세 가지 또는 두 가지를 겸할 수도 있습니다. 아리스토텔레스도 우리가 굳이 앞쪽 두 유형의 친구를 버릴 필요는 없으며, 어떤 유형의 친구인지 알고 있으면 된다고 말했죠.

가장 진정한 친구인 **선량한** 친구를 소중히 여기고 그들과 끈끈한 관계를 유지하세요. 그들은 우리의 잠재력을 최고로 끌어올려주는 존재니까요.

보부아르
모성

어머니가 된다는 것은 놀랍고 삶이 바뀌는 경험입니다. 이 경험은 많은 이에게 정체성과 성취감, 의미를 부여하죠. 또한 이전의 삶을 해체하고 근본적으로 재구성해서 어머니의 존재 전체가 다른 이의 삶을 향하도록 돌려놓습니다. 다름 아닌 자기 자식에게로요.

시몬 드 보부아르는 이 모든 상황이 모성을 위험한 것으로 변하게 한다고 생각했습니다. 그래서 이 문제에 신중히 접근하지 않으면 어머니와 아이 양쪽에 해가 될 수도 있다고 주장했죠.

프랑스 실존주의의 권위자인 보부아르는 1949년 저서 『제2의 성』에서 인간, 특히 여성은 사회가 덮어씌우려는 정체성과 꼬리표, 신화를 초월해야 한다고 명쾌하게 주장했습니다. 여성은 태어나는 순간부터 사회의 압력에 노출됩니다. 보부아르는 이 책에서 사회를 지배하며 잘못된 방식으로 '여성'을 정의하려는 치명적 '신화' 해체를 목표로 삼았죠. 보부아르는 그런 신화 중 하나가 '어머니'라고 생각했습니다.

이 신화는 여성이 본질적으로 아이 낳기를 지향하는 '타고난 보호자'라고 규정합니다. 너무나 사랑스럽다는 듯 아기 예수에게 젖을 먹이는 성모 마리아처럼 어머니는 순수한 사랑의 이타적 상징 같은 존재가 되어야 한다는 기대를 받습니다. 하지만 보부아르는 "모성 본능은 신화다"라고 썼습니다. 여성은 어머니가 되기를 **선택**하는 것입니다.

보부아르가 보기에 어머니가 되기를 선택하는 여성은 아이와의 관계 속에서 자신을 재정의합니다. 그렇게 자기 아이를 통제함으로써 가장 먼저 자신의 부모에게, 다음으로 남편에게, 더 넓게는 사회에 부정당했던 자신의 힘과 자유를 어느 정도 되찾는 기분을 느낍니다. 결국 여성의 정체성 자체가 '어머니'에 삼켜지고, 원래 가졌던 꿈과 희망은 '타고난 어머니' 신화에 희생됩니다.

이런 현실은 부정적인 방식으로 나타날 수 있습니다. 어머니는 자기 아이를 자기가 '될 수도 있었던' 사람의 대용품 취급해서 꼭두각시를 조종하듯 아이를 통해 간접적으로 살아가려 할지도 모릅니다. 아이 때문에 이전보다 삶이 제한되었다는 이유로 아이를 미워하게 되어 아이에게 잔인하게 굴거나 화를 낼 수도 있습니다. 또는 빼앗긴 권력과 자유를 다시 맛보고 싶어서 아이에게 독단적 규칙을 강요할 수도 있죠.

게다가 모성은 시간의 제한이 있는 정체성입니다. 시간이 흘러 아이는 자신의 자유와 독립을 요구하지만, 어머니는 강박적이고 집착적인 행동으로 이를 막으려고 애쓸 수도 있습니다. 바로 이것이 아이가 "어머니의 세상을 제한하는 한계가 되어서는 안 되는" 이유입니다.

모성은 복잡한 것이며, 보부아르는 이에 따르는 감정이 얼마나 혼란스러운지 잘 알았습니다. 오늘날에는 산후우울증 같은 문제나 어머니가 된다는 것의 다양한 측면이 훨씬 널리 알려졌지요. 보부아르에게 동의하든 하지 않든 우리가 특정한 방식으로 행동하고 느껴야 한다고 강요하는 모든 종류의 '신화'를 경계해야 한다는 것만은 틀림없는 사실입니다.

루소
어린 시절

아이들의 문제는 그저 충분히 자라지 않았다는 데 있습니다. 아이들은 조용히 해야 할 때 시끄럽게 굴고, 자야 할 때 자지 않고 온갖 엉뚱한 질문을 퍼붓죠. 유익한 책을 읽어도 모자랄 시간에 왜 밖에서 말썽을 부리고 다니는 걸까요?

장 자크 루소는 1762년 작품 『에밀』에서 바로 이러한 관점에 정면으로 맞섰습니다.

루소는 인간이란 깊이 들여다보면 선천적으로 친절하고 상냥하고 고귀한 존재라고 굳게 믿었습니다. 다만 사회에서 오염될 뿐이라고요. 사회는 이기주의와 나르시시즘으로 인간의 본질을 바꾸어놓습니다. 하지만 아이들은 (아직은) 더럽혀지지 않았습니다. 인간 중에서 가장 순수하고 선한 존재죠. 그렇기에 사회와 아동 교육은 그 성품을 보호하고 발전시켜야 합니다.

아동기는 단순히 열등하다거나 성인이 되기 위해 지나야 할 뿐인 단계로 취급되어서는 안 됩니다. 그 자체로 존중받고 높이 평가되어야 하죠. 왜 우리는 굳이 아이들의 뇌에 쓸데없고 잡다한 지식을 쑤셔 넣고, 아이들에게 조용하고 얌전히 굴라고 강요하는 걸까요? 그건 **어른**이나 하는 행동인데요.

루소는 아이가 열두 살이 될 때까지 책을 읽어서는 안 된다고(『로빈슨 크루소』만은 예외) 생각했습니다. 아이들은 놀고 탐색하고 마구 뛰어다니되, 실패하고 고생하고 다시 일어서야 합니다. 그리고 그 과정에서 이기심보다 인간관계가 중요하고, 투기장이 아니라 토론장인 세상이 훨씬 낫다는 것을 배워야 합니다.

루소의 주장에서 가장 중요한 점을 꼽자면 아이들은 그 나름의 방식과 속도에 맞춰 성숙해야 한다는 것입니다. 놀이는 그 자체로 어엿한 결과로 인정받아야 합니다. 왜 우리는 마음껏 뛰어다니며 끝없는 호기심으로 재미를 추구하는 어린이들을 정장 차림에 침울하고 진지한 얼굴을 한 어른으로 서둘러 바꿔놓지 못해 안달일까요? 어차피 십수 년 뒤면 그렇게 될 텐데요?

아이들의 엉뚱함에 반대하는 이들에게 루소는 이렇게 묻습니다. 그게 뭐가 잘못됐나요? 언제부터 행복이 피해야 할 것, 성장해서 잊어야 할 것이 되었나요? 왜 웃음을 지우고, 호기심을 꺾고, 열린 마음에 빗장을 지르는 건가요?

루소는 영혼이 자유롭고 사랑받은 아이가 마음이 튼튼하고 행복한 어른으로 자란다고 주장했습니다. 그는 일찍부터 어머니의 모유 수유를 권장하고 건강한 정서 발달을 위해 부모와 자식 간의 관계를 강화해야 한다고 역설했죠(그가 활동할 당시 유모나 보모에게 양육을 맡기는 풍습에 반대한 것입니다). 루소는 사랑이 사랑을 낳고 어린 시절의 인간관계가 성인이 되었을 때의 성품을 결정한다고 생각했습니다.

루소는 현재 우리가 아는 '어린 시절'을 재창조한 사람이라 해도 과언이 아닙니다. 그는 아동기를 그 자체로 의미 있고 즐겨야 하는 시기로 보았죠. 또한 프로이트와 정신분석학이 등장하기 이전부터 어린 시절이 성숙한 인간 발달에 극히 중요하다는 점을 지적했습니다. 하지만 상황이 정말로 달라졌을까요? 300년이 지난 지금도 우리는 아이들을 그저 미성숙한 어른으로 보고 있지는 않나요?

푸코
규율

앤은 겁을 먹고 가늘게 떨면서 상사 앞에 앉아 있습니다.

"이번 분기 당신 실적을 살펴봤어요." 상사가 입을 엽니다. "음…
고객 관리에 좀 더 신경 쓸 필요가 있겠네요." 안심한 앤은 고개를 끄
덕입니다. 생각만큼 심하진 않아서 다행이네요! 점심시간에 앤은
『고객 관리의 기본』이라는 책을 삽니다. 주말을 투자해서 책을 다 읽
고 다음 평가를 완벽히 대비할 생각입니다.

프랑스 철학자 미셸 푸코Michel Foucault는 바로 이런 식으로 현대
적 권력관계가 성립된다고 설명합니다.

푸코의 저서 『감시와 처벌』(1975)은 교도소 제도에 초점을 맞추
며 시작하지만, 곧 사회 전반으로 논의의 범위를 확장합니다. 푸코
가 보기에 현대의 사회 권력은 커다란 몽둥이나 총, 덩치 큰 경호원
을 동원하지 않고 훨씬 더 교활한 방법을 사용하지요. 권력은 위계적
감시hierarchical observation, 정상화 판단normalising judgement, 시험
examination이라는 세 가지 방식을 통해 확립됩니다.

위계적 감시는 감시당한다는 사실만으로 인간의 행동이 얼마든
지 통제된다는 원칙입니다. 푸코는 감옥 전체를 감시할 수 있으
며 간수가 있을 수도 없을 수도 있는 감시탑을 가리키는 '파놉티콘
panopticon'(벤담이 만든 개념을 빌려옴) 개념을 활용합니다. 일종의
권위(CCTV 등)에 감시당한다는 두려움과 의심은 우리 행동을 통제

할 수 있습니다.

정상화 판단은 권력을 쥔 이들에게 수용 가능한 '정상' 범주가 어디까지인지 정의할 권리가 주어지는 것을 가리킵니다. 기준이 생겨난 뒤 우리는 이 좁은 틀에 들어맞지 않는 이들을 평가하는 심판 역할을 하게 되죠. 이 '정상성'은 에티켓, 복장 규정, 언어적 관습뿐 아니라 용인되는 생각이나 야망, 대화 주제 등을 통해서 강화됩니다. 우리는 이러한 기준을 벗어나는 이들에게 '비정상', '괴짜', 심지어 '정신병자' 같은 꼬리표를 붙입니다.

시험은 앞의 두 가지를 교묘하게 결합한 방식이며 푸코가 '권력/지식'이라고 부르는 개념의 좋은 예입니다. 시험은 권력의 과시("이 적성검사는 **필수**입니다")이자 진실의 확립("안타깝지만 정답 처리되는 것은 이 답안**뿐**입니다")입니다. 시험은 평가받는 이들이 공부를 통해 자신을 바꾸려고 의식적인 노력을 하도록 강제할 뿐 아니라 권력을 쥔 자가 '진실'이라고 여기는, 이미 정해진 정답을 다시 강화합니다. 권력에 복종하면 대가로 빛나는 '합격증'을 받습니다. 하지만 제대로 고개를 숙이지 않으면 커다랗게 쓰인 빨간 '낙제' 표시를 받게 되죠.

다음에 평가를 받거나 시험을 보게 되거든 권력관계가 작동하고 있음을 인식하려고 노력해보세요. 당신은 누군가가 정의한 틀에 들어맞도록 특정한 방식으로 생각하고 행동하기를 강요받고 있습니다. 그게 권력의 과시가 아니라면 대체 뭘까요?

스토아학파
멀리서 바라보기

우리가 하는 걱정 가운데 상당 부분은 머릿속의 걱정거리에 사로잡혀 있는 탓에 생겨납니다. 집착하고, 어쩔 줄 모르고, 매달리고, 최악의 상황을 상상할 때 우리 생각은 멋대로 부풀어서 다른 모든 것을 집어삼킵니다. 다른 기분과 생각은 모두 밀려나고, 밀려오는 부정적 사고가 그 자리를 채우죠. 남아 있던 이성적 희망이나 희미한 긍정적 목소리마저 급류에 휩쓸려 사라집니다.

가장 위대한 스토아 철학자로 손꼽히는 마르쿠스 아우렐리우스는 이런 상황에 도움이 되는 실용적 해답을 내놓았습니다. 바로 위에서 바라보는 것이죠.

핵심은 당신이 몸을 벗어나 위로 떠올랐다고 생각하는 것입니다. 자기 생각 속에 파묻혀 있지 말고 머릿속에서 벗어나 상황을 내려다보세요. 컴퓨터 게임에 '3인칭 시점' 버튼을 누르거나 CCTV로 자신을 지켜본다고 상상해보세요. 그 상태에서 더 뒤로 줌아웃합니다. 구글 지도에서 자신을 본다고 생각하세요. 지구에 서 있는 당신을 바라보세요. 당신이 우주 속의 한 점으로 보일 때까지 뒤로 가세요. 이제 아우렐리우스가 말한 대로 해봅시다. "영원불멸의 물질을 떠올리고, 거기서 네가 차지하는 지극히 작은 부분을 생각하라. 영겁의 시간을 떠올리고, 네게 할당된 찰나의 짧은 순간을 생각하라." 여기서 잠시 멈춰봅시다. 눈을 가늘게 뜨고 내려다보세요. 제국 열강의 덧없는 야망을 비웃으세요. 이 위에서 당신은 신과도 같으니까요! 그런 다음 당신의 시점으로 돌아가세요. 그렇게 하면 "자신을 괴롭히던 수많은 쓸데없는 고민을 털어버릴 수 있게" 됩니다. 더불어 "탄생에서 소멸까지의 시간이 얼마나 짧은지"를, 당신의 걱정거리가 아무리 크다 해도 우주 전체, 영원한 시간에 비하면 작디작다는 사실을 새삼 깨닫게 되죠. 이는 나중에 스피노자가 말했던 "영원의 관점에서sub specie aeternitatis"라는 개념과 같습니다. 거리를 두고 거시적 관점에서 보면 모든 것이 극히 하찮아진다는 뜻입니다. 로마제국과 아인슈타인, 화가 난 당신 상사가 보낸 이메일은 지금부터 170억 년 동안 변함없이 이곳에 있을 우주의 돌덩이에 아무런 영향도 미치지 못합니다.

경험에 압도될 때 부족해지기 쉬운 초연한 관점을 가지고 자기 생각과 감정을 바라보는 이 방법을 현대 심리학자들은 '거리 두기'라고 부릅니다. 이를 통해 우리는 영화 속 배우나 책 속의 등장인물처럼 자신을 바라보고 판단할 수 있고, 자신의 생각이나 반응, 행동을 원하는 대로 조정하기가 훨씬 수월해집니다. 더불어 한숨 돌리며 현명하고 이성적인 판단을 내릴 여유도 되찾을 수 있습니다.

그러므로 자기 생각에 숨이 막히거나 갇힌 기분이 든다면 위에서 내려다보는 스토아식 관점, 또는 영원의 관점을 시도해보세요. 아마도 당신의 고민은 생각보다 하찮게 느껴질 테고, 그러다 보면 초연함을 손에 넣어 삶을 대하는 방식을 뜻대로 조절할 수 있게 될지도 모르니까요.

프로이트
죽음의 충동

물건을 부수고 싶다는 견딜 수 없는 충동을 느낀 적 있나요? '제정신을 잃었다'고 표현할 만한 순간적 분노를 느낀 적은요? 비명을 지르거나 뭔가를 때리거나 발로 차거나 찢어발기고 싶은가요? 혹시 세상의 종말을 상상하는 데 너무 많은 시간을 쏟지는 않나요?

지그문트 프로이트 또한 이런 현상을 관찰했고, 이를 자신의 후기 연구에 반영해서 이 힘에 '타나토스Thanatos'(그리스 신화 속 죽음의 신 이름을 따음), 또는 죽음의 충동이라는 이름을 붙였습니다.

1차 세계대전이 발발할 무렵 프로이트는 당시뿐 아니라 역사 전체에 걸쳐 왜 인간이 그리 파괴적으로 행동할 수 있는지 알아내려 했습니다.

그가 내놓은 답은 모든 생명체에게 근본적으로 사물이 썩고, 무너지고, 소멸하기를 바라는 욕구가 있다는 것입니다. 우주는 근본적으로 엔트로피가 증가하는 방향, 즉 복잡한 구조(생물은 그 정점에 있죠)가 붕괴해서 더욱 단순한 형태로 돌아가기를 '원하는' 쪽으로 움직이는 경향이 있습니다.

프로이트는 인간 수준에서 보면 이런 특징이 자기 자신과 세계를 모두 파괴하려는 일종의 욕망으로 나타난다고 생각했습니다. 인간의 집착, 불안, 우울, 온갖 유형의 신경증 또한 이런 파괴적 죽음의 충동이 안으로 향한 결과라고 보았죠. 이는 자신을 파괴하고 해치려는 본능적 욕망입니다.

우주는 부패를 통해 단순함을 추구하고, 모든 생명체는 그 규칙을 위배하는 존재입니다. 살고자 하는 인간의 욕망(프로이트는 이를 '에로스'라고 불렀죠)은 법칙의 예외에 해당합니다. 우리는 왜 그리 악착같이 살기를 **원하는** 걸까요? 프로이트는 일종의 신앙에 의지하지 않고는 삶을 향한 인간의 투지를 설명하기 어렵다는 글을 썼습니다. 실제로 설명을 시도하기는 했지만, 난해하고 모호했죠.

어쨌거나 인간은 양쪽으로 당겨지게 됩니다. 쾌락과 삶을 향한 욕망(에로스)과 더 단순한 상태, 즉 무기물로 돌아가려는 죽음의 충동(타나토스) 사이에 낀 셈이죠.

프로이트는 어떤 의미에서 두 가지 충동 모두 긴장의 해소와 관련되어 있다고 지적합니다. 에로스의 경우 우리는 쾌락을 활용해서 욕구를 해소하고 긴장을 늦추지만, 타나토스의 경우에는 그저 게임을 끝내버리려 합니다. 아예 긴장이 없는 상태를 갈구하는 거죠. 어차피 죽은 사람은 고통을 느끼지 못하니까요.

양쪽 충동 모두 극도로 강력하며, 한쪽이 주도권을 잡으면 다른 쪽은 숨어버립니다. 에로스는 성교와 웃음, 사교 활동을 추구합니다. 타나토스는 위험과 자해, 그리고 극단적으로 가면 죽음을 추구하죠. 심지어 하루 동안에도 우리는 양쪽을 진자처럼 오가기도 합니다.

그렇다면 종말을 상상하는 것은 왜 그리 재미있을까요? 그건 안주를 곁들여 한잔하면서 안전하고 즐겁게 타나토스에 흠뻑 빠질 수 있는 방법이기 때문이죠.

프랭클
고통에 의미 부여하기

고통은 삶에서 불가피한 부분입니다. 운이 좋은 사람에게 고통은 실연이나 사별, 가끔 겪는 심각하지 않은 질병이겠죠. 하지만 살면서 끔찍한 신경쇠약이나 장애를 남기는 질병, 상상조차 할 수 없는 고통을 겪는 사람도 있습니다. 하지만 도스토옙스키의 말대로 "인간은 무엇에든 익숙해질 수 있는 존재"입니다. 우리는 굉장한 회복력과 인내력을 지닌 강건한 종이니까요.

오스트리아의 신경학자이자 심리학자이며 아우슈비츠 생존자인 빅터 프랭클Viktor Frankl은 자신의 감동적인 책 『죽음의 수용소에서』(1946)에서 이 주제를 다뤘고, 인간이 고통을 견딜 수 있는 이유를 탐색했습니다.

프랭클은 인간이 의미를 부여하기만 하면 어떤 고통이든 견딜 수 있다고 주장합니다. 우리가 더는 견디지 못하겠다고 느끼는 지점에 다다르는 것은 더 견뎌야 할 이유를 찾지 못할 때뿐입니다. 니체는 이렇게 표현했죠. "살아야 할 이유가 있는 사람은 거의 어떤 방식의 삶이든 견딜 수 있다."

이런 이유로 우리는 반드시 고통의 의미를 찾아내야만 합니다. 견뎌야 할 개인적 이유를 찾으려고 애써야 한다는 말이죠. 프랭클은 우리 각자는 "삶의 질문을 받고", "혼자서 자기만의 방식으로" 대답해야 한다고 썼습니다. 도움이 될 만한 표준이나 미리 정해진 길은 없기에 인간은 각자 삶이 주는 고통에 개인적 의미를 붙여야 합니다. 우리는 다른 사람이 의미를 찾도록 돕거나 이끌어줄 수는 있지만, 결코 그 사람에게 필요한 의미를 **건네줄** 수는 없습니다. 그 의미는 개인적이어야 하기 때문이죠.

프랭클은 예를 하나 들었습니다. 오랜 결혼 생활 끝에 아내가 세상을 떠나 슬픔에 잠긴 남자를 생각해봅시다. 어느 날 그는 이런 생각을 해보라는 말을 듣습니다. "당신이 세상을 먼저 떠나고 당신 대신 아내가 남겨졌다면 어떨까요?" 갑자기 그의 슬픔에 의미가 생깁니다. 그는 아내를 대신해 슬픔을 견디고 있기에 이제 그 슬픔을 자랑스럽게 품습니다. 물론 슬픔이 **사라진** 것은 아닙니다. 여전히 매일 강렬한 외로움을 느끼지만, 이제 그걸 견딜 방법을 손에 넣은 것입니다.

우리는 고통을 최대한 빨리 지워 없애야 할 것으로 생각합니다. 하지만 그래서는 고통에서 의미를 찾을 수 없습니다. 고통은 영혼을 단련하는 대장장이의 망치처럼 우리의 정체성을 담금질하고, 우리는 그 결과물을 자랑스럽게 여겨야 마땅합니다. 프랭클은 이렇게 썼습니다. "최근 들어 고통받는 이는 자신의 고통을 자랑스러워하고 고귀하게 여길 기회를 거의 얻지 못한다." 우리가 본보기로 여기는 이들은 견디고 극복한 사람이지 즐겁고 화려하게 살았던 사람이 아니라는 점은 주목할 만합니다. 끈질긴 회복력이야말로 인간을 위대하게 만들지요.

고통을 풍성한 삶을 사는 데 방해가 되는 걸림돌로 인식하기 쉽지만, 프랭클이 말한 대로 "고통과 죽음 없이 인간의 삶은 완벽해질 수 없는" 법입니다. 경험은 오직 자신의 것, 자신이 감당해야 하는 것입니다. 우리는 고통을 통해 더욱 단단해지고, 그 과정에서 찾은 의미는 그 누구도 앗아갈 수 없지요. 우리는 자신이 견뎌온 역사를 자랑스레 짊어질 수 있고, 또 그래야만 합니다.

에피쿠로스
쾌락

가장 단순한 것이 최고의 철학일 때도 있습니다. 복잡한 연역법이나 두껍고 난해한 책 더미에 파묻힌 장황한 토론이 아니라 한 가지 개념으로 삶의 의미를 정리할 수 있다면 어떨까요? 세상을 즐기고, 상처받지 마세요. 이것이 바로 에피쿠로스의 가르침입니다.

같은 그리스 출신인 금욕주의 스토아학파와 냉소주의 키니코스학파처럼 에피쿠로스의 쾌락주의 또한 많은 오해를 사는 철학입니다. 에피쿠로스학파는 게걸스러운 주정뱅이, 돈과 건강을 낭비하는 허영심 많고 천박한 어릿광대, 난봉꾼, 한량, 방탕아 등등으로 정형화되지요. 하지만 흔히 그렇듯 실제로는 그게 전부가 아닙니다.

에피쿠로스는 아리스토텔레스가 말하는 행복과 성취, 즉 에우다이모니아 같은 개념뿐 아니라 같은 그리스 철학자인 에픽테토스 Epictetus의 스토아식 수양법에서 많은 영향을 받았습니다. 에피쿠로스는 쾌락이야말로 인생에서 최고의 선이며 모든 행동과 생각은 쾌락을 증진하고 고통을 피하는 방향이어야 한다고 주장했지요.

에피쿠로스는 경박한 욕망과 사회가 숭배하는 인공적이고 얄팍한 물질주의를 억눌러야만 이 최고의 선을 획득할 수 있다고 믿었습니다. 물론 아이폰이나 빅맥도 만족감을 주지만, 우정이나 사랑이 주는 것에 비하면 이런 쾌락은 희미할 뿐입니다.

그렇기에 에피쿠로스학파는 미덕과 정의, 친절함을 중요하게 여겼습니다. 이타주의란 모두에게 이득이 되므로 쾌락주의자는 '주는 만큼 받는다'는 관점에서 타인을 배려하죠. 친절과 사랑이 넘치는 세상에서 사는 것보다 더 즐거운 삶은 없으니까요. 일종의 이기적 업보 관리인 셈입니다.

절제와 품위를 중시하는 에피쿠로스학파의 태도는 오늘날 쾌락주의를 바라보는 우리의 관점과 상당한 거리가 있습니다.

에피쿠로스학파는 고통을 최소화하고 쾌락을 증진하기 위해 설계된 '쾌락의 정원'에 살았습니다. 마약에 절어 난교를 벌이는 어두컴컴한 소굴이 아니라(이들은 실제로 성교를 매우 자연스러운 것으로 여기기는 했지만) 사색과 연민이 강조되는 장소였죠. 정치가 없는 곳(고통을 유발하지 않고 끝나는 정치 토론은 없을 테죠)이자 역사상 최초의 무신론자들이 살았던 곳이기도 합니다. 쾌락주의자들은 신과 죽음이 두려움과 절망을 불러일으키는 가장 큰 원인이라고 여겼기에 내세를 믿지 않았죠. 그래서 에피쿠로스는 이렇게 썼습니다. "나는 없었다. 나는 있었다. 이제 나는 없다. 하지만 상관없다." 이 말은 종종 비종교적 장례식에서 기도 대신 쓰이기도 합니다.

아마도 이러한 무신론 탓에 중세 시대에 에피쿠로스학파는 공격적 중상모략의 대상이 되었습니다. 기독교 교회는 스토아학파와 키니코스학파를 합친 것보다 훨씬 격렬하게 에피쿠로스학파를 비난했죠.

에피쿠로스의 사상에는 단순한 심오함이 있습니다. 할 수 있는 만큼 세상을 즐기라는 거죠. 언젠가 우리는 당연히 죽겠지만, 그때는 이미 그 사실에 신경 쓸 우리는 없으니까요.

후설
나무 바라보기

지금 바로 앞에 있는 물건 하나를 골라서 가능한 한 자세하게 묘사해보세요. 시간을 들여 살펴보세요. 들어 올려서 무게를 가늠해보세요. 냄새도 맡고요. 볼에 비벼보기도 하고요. 색깔과 무늬를 관찰하세요. 원한다면 맛을 보는 것도 좋습니다. 그 물체를 관찰한 경험 전체를 글로 적으면서 이 조우 자체에 푹 빠져보세요.

독일 철학자 에드문트 후설Edmund Husserl의 '현상학phenomenology' 세계에 오신 것을 환영합니다.

'현상'이라는 단어를 널리 퍼뜨린 것은 칸트이고 길을 닦은 것은 독일의 철학자이자 심리학자인 프란츠 브렌타노Franz Brentano이지만, 현상학의 아버지로 인정받는 것은 20세기 초반에 활동했던 후설입니다. 현상학은 체계라기보다는 우리가 **보이는 대로**의 일상적 사물에 면밀한 주의를 기울여 세상을 경험하는 방식 그 자체입니다.

후설은 고대 그리스어로 '판단 정지'라는 뜻의 **에포케**epoché라는 단어를 사용하며, "무엇이 진짜인가?" 같은 질문을 보류해야 한다고 설명했습니다. 우리는 여러 상황에서 이를 이미 실천하고 있습니다. 예를 들어 음악을 들을 때 우리는 그 순간의 느낌에 몸을 맡기고, 음파에 관한 생각은 하지 않지요. 우리는 모든 순간, 모든 경험을 이런 식으로 음미해야 합니다. 휴일에 마시는 와인 첫 모금도, 욱신욱신 쑤시는 편두통의 고통도 마찬가지입니다.

후설은 "모든 인식은 **무언가에 대한** 인식이다"라고 말했습니다. 마음은 자기 바깥의 사물에 초점이 맞춰진 망원경과 같습니다. 내다볼 줄만 알고 자신을 보지 못하는 눈이죠. 어떤 기적이 일어나서 당신이 다른 사람의 마음에 들어간다 해도 당신은 곧바로 세상을 향해 다시 내던져질 겁니다. 나무를, 손을, TV를 향해서요. 마음은 가만히 있지 못하고 항상 관심을 쏟을 대상이 필요하기 때문입니다.

현상학에는 심리치료에서 잠재력을 발휘할 만한 지혜가 깃들어 있습니다. 독자적 연구로 현상학의 거장이 된 카를 야스퍼스Karl Jaspers 는 현상학이 "나를 깨우고, 내가 나 자신이 되게 하고, 나를 변화시킨다"라고 말했죠. 현상학은 스토아학파의 집중법이나 현대에 인기를 얻고 있는 '마음 챙김'과 비슷한 구석이 있습니다.

마음의 눈을 가릴 뿐인 정교한 체계나 '-주의'로 끝나는 사상은 잠시 잊으세요. **보이는 대로**의 사물에 집중하세요. 사르트르의 『구토』에 나오는 주인공처럼 공원 벤치에 앉아 필요하다면 몇 시간이고 나무를 바라보세요. 에포케를 받아들이고, '진리'나 '진실'을 찾으려는 불가능한 질문은 잊으세요. 대신 아주 사소한 부분까지 인식하며 이 순간에 흠뻑 젖어보세요.

스토아학파
자신의 반응 선택하기

같은 그리스 철학이면서 자주 오해받는 에피쿠로스학파와 키니코스학파처럼, 현대에 들어 '스토익stoic'이라는 단어는 원래의 개념에서 상당히 동떨어진 의미로 쓰입니다. 오늘날 우리는 스토익한 사람이라고 하면 냉정하고 무심하며 찌르면 피도 나오지 않을 듯한, 클린트 이스트우드 같은 인물을 떠올리죠. 하지만 이 사상의 원래 모습은 좀 더 복잡합니다.

스토아 철학은 기본적으로 이 우주, 또는 우리가 '객관적 현실'이라고 부르는 것에 그 자체로 선하거나 악한 것, 가치 있거나 없는 것이 존재하지 않는다는 생각에서 출발합니다. 이러한 사실을 좋거나 나쁘게 **만드는** 주체는 인간입니다. 우리가 세상에 가치를 덧입히는 것이죠.

햄릿의 대사대로 "세상에 좋고 나쁜 것은 없지만, 생각이 그렇게 만들 뿐"입니다. 예를 들어 영화는 소리와 장면을 모아 커다란 장막에 비춘 것일 뿐이죠. "와, 진짜 재미없네!"라고 말하는 주체는 당신입니다. 다른 예를 들어보죠. 정장 입은 사람이 당신에게 사무실을 더 넓은 곳으로 옮기고 더 많은 일을 하라고 말한다고 칩시다. 이 사실에 감정을 느끼고 반응하며 배우자에게 "여보, 좋은 소식이 있어. 나 승진했어!"라고 말하는 것은 당신입니다.

세상 자체에는 가치가 존재하지 않음을 생각하면 주체인 우리는 다음 두 가지 방식으로 상황을 통제할 수 있습니다. 하나는 우리가 행동하는 방식, 다른 하나는 마음속의 생각에 우리가 반응하는 방식이지요. 다시 말해 타인의 판단과 행동을 포함한 다른 모든 것들은 우리의 통제 범위를 벗어난다는 사실을 받아들여야 한다는 뜻입니다.

스토아학파는 이 점을 깨닫게 되면 바뀔 수 없는 것을 바꾸려고 애쓰는 데서 오는 고통에서 벗어나 바꿀 수 있는 것에 집중할 수 있다고 믿었습니다. 스토아 철학은 우리에게 자신의 한계를 인식하고 할 수 있는 일에는 주인 의식을 가지라고 촉구합니다.

친구가 무례하다는 사실은 바꿀 수 없지만, 당신이 그 점을 어떻게 생각하고 어떤 반응을 보일지는 바꿀 수 있습니다. "걔가 날 화나게 했어"라고 말하는 것은 "나는 걔가 내 화를 돋우게 놔두는 거야"라고 말하는 것과 완전히 다릅니다. 후자는 자신의 반응을 통제하고 있죠.

빅터 프랭클(226쪽에서 다루었던 아우슈비츠 생존자)은 이런 말을 했습니다. "더는 상황을 바꿀 수 없을 때 우리는 자신을 바꿀 수밖에 없다." 여러 면에서 스토아 철학은 실존주의뿐 아니라 불교의 핵심 교리와 그 서양 버전인 쇼펜하우어의 사상과도 겹치는 부분이 많습니다.

오늘날 스토아 철학의 영향을 가장 크게 받은 분야는 심리치료, 특히 부정적 사고 패턴과 행동을 교정하는 데 큰 효과가 있는 인지행동치료CBT입니다. 인지행동치료에서는 '자극-판단-사고-행동'으로 이어지는 연쇄 반응을 찬찬히 검토합니다. 이를 통해 우리는 스스로 영향을 미칠 수 있는 영역, 특히 마지막 두 가지에 초점을 맞춰 변화를 줄 수 있습니다. 2000년이나 지난 지금까지도 스토아 철학이 활약하고 있는 셈입니다.

소로
산책

당신을 회복시키는 것은 무엇인가요? 모든 걱정과 집착, 불안과 두려움을 가볍게 해주는 것은요? 누구나 좋은 방법 한두 가지쯤은 있겠지만, 꾸준히 나아가며 터벅터벅 성실하게 울리는 메트로놈, 다시 말해 기분 좋은 산책만큼 철학적 내력이 깊은 방법은 없을 것입니다.

많은 철학자가 소박한 산책을 찬양했지만, 미국 작가이자 선구적 환경주의자였던 헨리 소로Henry Thoreau를 따라갈 인물은 없을 듯합니다. 1851년에 쓴 에세이 「걷기Walking」에서 소로는 걷기와 '거닐기'를 명확히 구분합니다.

걷기는 목적을 이루는 수단이며 실용적이고 단조롭습니다. 우리는 상점에 가거나 운동을 하거나 할머니를 만나 뵙는 것처럼 무언가를 **하기 위해** 걷습니다. 하지만 거닐기는 의도적으로 돌아다니는 것입니다. 거닐기에는 걷는 것 자체만 있을 뿐 다른 목적이 없습니다.

소로가 보기에 거니는 사람은 자신의 고민과 스트레스를 뒤에 남겨두는, "어디에서든 집에 있는 것처럼 느끼는 방랑자이자 한량"입니다. 나무 그늘이 드리운 길, 둥그스름한 언덕과 깊이 팬 계곡이 그들의 집이죠. 근심 걱정 없이 고요한 집.

거닐기는 걷는 순간 자체에 푹 잠겨 "굽이치는 강"처럼 떠도는 것입니다. 소로는 마음이 집이나 방 안 책상에 가 있거나 말다툼을 곱씹고 있다면 숲에 나와 있는 의미가 없다고 생각했습니다. 거닐기라는 행위의 의미는 모든 것을 뒤에 남겨두는 데 있기 때문이죠.

철학자들은 산책을 사랑합니다. 루소는 산책을 나가지 않으면 제대로 생각할 수 없다고 했고, 키르케고르는 1시간에 5킬로미터씩 걷는 것이 진정한 깨달음을 얻기에 딱 좋은 속도라고 주장했으며, 니체는 "조금이라도 가치 있는 것은 걸으면서 나온 생각뿐이다"라고 말한 적도 있죠. 아리스토텔레스와 제자들은 (철학을 논할 때) 걷기를 너무 좋아한 나머지 느긋하게 걷는다는 뜻의 '소요逍遙' 학파로 알려졌습니다.

좋은 산책에는 섬세하게 다듬어진 마법이 깃들어 있습니다. 산책은 마음을 끌어당기는 푸른 초목과 하늘, 상쾌한 바람의 세계에 깊이 빠져들기 위해 자기 삶을 내려놓는 행위입니다. 로버트 맥팔레인 Robert Macfarlane은 자신의 빼어난 책『옛날 방식으로The Old Ways』에서 산책은 모든 시대의 문화에서 사색으로 가는 관문으로 활용되었다고 설명합니다.

삶이 답답하고 생각이 꽉 막힌 기분일 때는 산책을 나가보세요. 어딘가를 향해 가거나 무슨 일을 하러 나가는 것은 안 됩니다. 산책은 발 디딘 적 없는 곳으로 향하는 일시적 방랑 상태입니다. 신경 쓸 것은 바로 지금과 당신이 걸으며 남기는 흔적뿐인 곳으로 발을 **내딛는** 것이니까요.

손자
보드게임에서 이기는 법

거의 다 됐습니다. 몇 달 만에 드디어 당신은 체스에서 아버지를 이 길 기회를 잡았다고 확신합니다. 아버지의 말은 진형을 이루지 못하고 있습니다. 당신은 나이트 한 개가 더 많고요. 아버지의 킹은 무방비 상태입니다. 이제 몇 수만 더 놓으면 끝입니다. "체크." 아버지가 말하자 당신은 소스라치게 놀라 완전히 놓치고 있던 조그마한 폰을 내려다봅니다. 아버지는 단 세 수만에 게임을 끝내겠군요. 아버지가 교묘한 기술로 당신의 눈을 가린 것이죠. 음흉한 노인네 같으니!

어쩌면 아버지는 손자孫子의 책을 즐겨 읽으셨는지도 모릅니다. 2000하고도 500년이 지난 지금도 『손자병법』은 전쟁과 전략, 전술을 다룬 최고의 병법서로 손꼽힙니다.

손자는 유난히 어지러웠던 중국 춘추전국시대에 비교적 작은 나라였던 오나라의 명장이었습니다. 중국 백성에게는 끔찍한 전란의 시대였지만, 새로운 병기 제조법과 공병술이 발전하고 손자 같은 위대한 전략가가 등장한 시기이기도 했습니다. 『손자병법』은 군대나 장군이 다양한 유형의 적을 상대로 의표를 찌르고 승리를 거두는 방법을 설명하며, 이 가운데는 일상생활이나 업무에서 활용할 만한 교훈도 많습니다. 물론 보드게임에서 상대방을 압살하는 데도 도움이 되죠.

첫 번째 교훈은 모든 상황에 천편일률적으로 적용되는 보편적이고 포괄적 전략이란 없으며 상황에 맞춰 접근 방식을 바꿔야 한다는 것입니다. 이기고자 하는 자는 날씨부터 시작해 지형, 병사의 사기, 새 떼가 날아가는 경로 같은 사소한 것까지 상황의 모든 요소를 고려해야 합니다. 오늘이 어제와 같으리라고, 이 문제가 지난번 문제와 같으리라고 속단하면 안 됩니다. 모든 것을 새로 검토하세요.

두 번째 교훈은 책략입니다. 절대 자신의 계획을 드러내지 말고 항상 상대가 오해하도록 유도하세요. 손자는 이렇게 썼습니다. "계책을 숨길 때는 어둠처럼 보이지 않게, 움직일 때는 벼락 치듯 신속하게 하라." 강하다면 약한 척, 가까이 있다면 멀리 있는 척하세요. 모노폴리 게임을 한다면 돈을 보이지 않게 감춰두세요. 항상 적이 추측하게 놔두세요.

세 번째 교훈은 전쟁을 하지 말라는 겁니다. 인생에서와 마찬가지로 전쟁에서도 공격과 폭력은 마지막이자 가장 효과가 떨어지는 수단이지요. 손자는 이렇게 말합니다. "싸우지 않고 적을 굴복시키는 것이 최고의 병법이다." 전쟁을 하지 않고 설득하거나, 선수를 치거나, 위협을 제거하거나, 갈등을 해소할 수단이 하나라도 있다면 그쪽을 택하세요. 전쟁은 관련자 모두에게 피해를 줄 뿐 아니라 성공 가능성도 훨씬 적은 수단입니다.

손자는 전 세계에서 가장 자주 인용되기로 손꼽히는 책을 썼고, 오늘날에도 군사학교에서는 손자의 병법을 가르칩니다. 그는 종종 더 작거나 약체인 군대의 관점에서 글을 썼기에 전 세계의 게릴라나 혁명군에게 인기가 높습니다. 1960년대에 마오쩌둥이 손자를 종종 인용했죠. 그의 책에는 우리 삶에도 얼마든지 적용할 수 있는 흥미로운 내용이 많습니다. 개인적으로 가장 좋아하는 구절은 다음과 같습니다. "빠를 때는 바람과 같이, 느릴 때는 숲처럼 고요하게, 쳐들어갈 때는 불처럼 기세 좋게, 움직이지 않을 때는 산처럼 진중하게 하라."

다음에 조카와 보드게임을 할 때는 이 말을 염두에 두면 좋겠네요.

하비
불면증

때로 우리는 망가진 뒤에야 무언가의 존재를 깨닫기도 합니다. 심한 감기에 걸리고 나서야 편안한 호흡이 얼마나 좋았는지 알게 되는 것처럼요. 가난하거나, 배고프거나, 목이 마르면 돈, 음식, 물의 가치는 갑자기 뛰어오릅니다. 사물을 당연하게 받아들임으로써 인간은 마음을 온전히 유지하고 일상적 정신 활동을 수행할 수 있습니다. 하지만 잠은 어떨까요? 수면이 '망가지면' 어떤 일이 일어나며, 이것은 우리의 현실에 어떤 영향을 미칠까요?

서맨사 하비Samantha Harvey는 다방면에 걸친 철학적 사유를 담은 뛰어난 책『형체 없는 불안 The Shapeless Unease』(2020)에서 이 질문을 포함한 여러 문제를 다룹니다.

별문제 없이 잘 자던 하비는 어느 날 갑자기 잠을 못 자기 시작했습니다. 잠 못 이루는 밤이 계속 이어지면서 하비의 마음은 무언가 새로운 것으로 변형됩니다. 현실이 왜곡되기 시작하고 시간은 이상하게 움직입니다. 일관성도 사라집니다. 마음의 자연스러운 흐름은 뜨겁게 이글거리는 아지랑이 속으로 용해됩니다. 불면증 환자의 깨어 있는 삶이 점점 꿈처럼 변해간다는 것은 지독한 아이러니입니다.

심각한 불면증을 겪지 않는 이들에게도 밤은 아주 사소한 문제를 끔찍한 괴물로 둔갑시키는 어두운 힘을 행사합니다. 잠자리에 들면 당신이 안고 있던 고민거리, 찜찜한 생각, 집착, 불안이나 우울함이 조여들기 시작합니다. 밤이 되면 작은 생각도 사람의 마음을 통째로 삼켜버립니다. 이 생각은 다른 것을 전부 몰아내고 가슴을 두근대게 하며 '내부적 태업'을 펼칩니다. 하지만 낮이 되면 같은 생각이 웃어넘길 만큼 사소해지죠. 우리는 어깨를 으쓱하며 왜 그 생각에 그렇게 사로잡혔는지 의아해집니다. 밤의 불안은 달라붙을 대상을 찾아내고, 하비가 지적한 대로 "마음은 형체 없는 불안으로 부풀어 오르게" 됩니다.

이제 불면증 환자가 견뎌야 하는 가차 없고 불가피하며 "하품이 나올 만큼 광활한 밤"을 상상해보세요. 철학은 마음이란 무엇인지에 대해 많은 관심을 쏟지만, 마음이 어떤 식으로 우리를 가두고 파묻을 수 있는지는 거의 다루지 않지요. 우리는 폐소공포증을 유발하는 마음의 "편집되지 않은 지껄임"을 들으며 꼼짝없이 갇혀 있습니다. 대부분의 사람에게 잠은 당연하게 받아들이는 탈출구 또는 정신적 휴가입니다. 하지만 잠이 없으면 밤은 "무엇보다 길고, 커다랗고, 휑뎅그렁한 것"이 되고 맙니다.

하비는 자신의 머릿속에서 숨이 막힌 채 빠져나가지 못하고 허우적대다 보면 모든 희망과 기쁨이 사라진다고 말합니다. "세상은 극도로 위험한 곳으로 변하고", "견딜 수 없는 삶을 견뎌야만 하는 이 상태로 당신은 더는 삶을 원치 않게 된다"라고 말합니다. 인간 삶의 근본적이고 자연스러운 부분, 동물로서의 기본적 욕구가 충족되지 않으면 결과적으로 인간은 자신의 삶, 아니 모든 삶에서 소외됩니다.

인간의 마음은 굉장하며 감탄을 불러일으키지만, 쉴 줄을 모릅니다. 아무리 멋진 일을 할 때도 휴식은 필요합니다. 영화를 보는 것은 즐겁지만, 영화관에 갇히는 것은 지옥이겠죠. 우리에게는 스위치를 끄는 시간이 필요합니다. 그 시간이 없는 사람에게는 마음이 최고의 자산이 아니라 맞춤형 고문 도구로 변해버릴 수도 있습니다.

Knowledge and the Mind

IX.

인식과 마음

우리는 모두 평생을 자신의 머릿속에서 보냅니다. 회사에서 일을 하든 휴가로 쉬고 있든 당신의 마음을 뒤흔드는 것은 당신의 생각이죠. 우리는 무슨 생각을 할까요? 머릿속에서는 무슨 일이 벌어질까요? 마음은 어떻게 움직일까요? 마음은 당신 머릿속에서 이 글을 읽고 있는 목소리입니다. 당신이 무시하고 있는 배경 소음이기도 하죠. 지난 크리스마스를 추억하는 것도, 당신의 믿음도 마음입니다.

마음은 끊임없이 떠드는 당신의 생각으로 이루어진 무언가입니다. 이 장에서는 그 안에 무엇이 있는지, 마음이 어떤 식으로 움직이는지 알아봅니다.

데카르트
날개 달린 주황색 고블린

잠깐 정신적 마법을 부려보기로 하죠.

작은 고블린을 상상해보세요…. 이제 그 고블린을 초록색 머리만 빼고 주황색으로 바꾸고… 커다란 깃털로 된 날개를 달아주세요. 마지막으로 칼을 한 자루 채워주세요.

자, 당신의 고블린은 **존재**하나요? 확실히 있기는 하죠. 커다란 칼을 차고 주황색 피부가 확 튀는 녀석이 날아다니는 모습이 당신 마음의 눈에는 보입니다. 하지만 **어디**에 존재하는 걸까요? '마음의 눈'이라는 말은 대체 무슨 뜻일까요?

400년 전 르네 데카르트는 이런 질문을 붙들고 씨름했습니다(물론 고블린 얘기는 빼고요).

데카르트는 인간이 두 가지 별개의 재료로 이루어졌다고 믿었습니다. 마음과 몸, 또는 정신적인 것과 물리적인 것이죠. 꿈과 생각, 의식의 흐름, 방금 만들어낸 상상 속 고블린은 모두 우리의 몸, 그리고 더욱 결정적으로 물리적 뇌와는 별개로 존재합니다.

데카르트는 오늘날 '라이프니츠 법칙Leibniz's law'에서 말하는 원리 중 동일성의 원리, 즉 두 가지가 같다면 둘은 모든 특성을 공유해야 한다는 논리를 활용해 자신의 주장을 폈습니다. 다시 말해 동일한 것 두 가지는 어떤 점에서도 다를 수 없다는 것이죠. 상당히 명확한 논리입니다.

뒤이어 데카르트는 정신과 육체가 다르다는 자신의 주장에 **이원론** dualism이란 이름을 붙이고 다음과 같은 여러 논거를 제시했습니다.

(1) 마음의 존재에는 의심의 여지가 없고, 우리는 살아가면서 끊임없이 그 점을 의식합니다. 우리는 항상 생각을 하므로 생각이 존재한다는 사실을 압니다. 하지만 육체는 그저 악마의 속임수일 가능성도 있습니다. 우리가 보거나 만지는 모든 것은 매트릭스거나 환각, 컴퓨터 시뮬레이션에 불과할지도 모릅니다.

(2) 마음은 여러 개로 나눌 수 없습니다. 마음에는 방도, 칸막이도, 부분도 없죠. 하지만 인간의 몸은 여러 부분으로 토막 낼 수 있습니다(집에서 시도해볼 수도 있지만, 권장하지는 않습니다).

첫 번째 논거는 인간의 주관적 경험을 가리키는 '감각질感覺質, qualia'(244쪽 참조) 현상과 관련되어 있기에 신빙성이 상당히 높은 편입니다. 세상 전체가 환상이거나 이 모든 것이 약물의 영향으로 인한 환각이라 해도 우리의 생각과 경험은 우리 것이며 누구도 빼앗을 수 없습니다. 이는 그의 유명한 철학적 명제이며 260쪽에서 자세히 설명할 "나는 생각한다, 고로 나는 존재한다"를 재확인해주는 근거이기도 합니다.

물론 이원론에도 문제는 있지만, 데카르트의 철학에는 직관적인 매력이 있습니다. 확실히 머릿속의 '내 고블린'은 **본질적**으로 실재하는 '내 손'과는 다르지 않을까요? 생각이 세상에 존재하는 사물과 같지는 않지만 그렇다고 생각이 '존재한다'고 표현하고 싶지 않다면 우리는 대신 어떤 단어를 사용해야 할까요?

로크
마음의 눈

이 사고 실험은 제가 처음으로 철학에 눈뜬 계기라고 할 수 있습니다. 친구나 가족과 쉽게 시도해볼 수 있고, 틀림없이 그중 최소 한 명은 이미 해본 적 있는 생각일 겁니다. 당신도 해본 적 있다는 데 내기를 걸어도 좋습니다.

미국 철학자 대니얼 데닛Daniel Dennett이 "철학에서 가장 인기를 끌었던 밈meme 중 하나"라고 표현하기도 했던 이 실험은 '전도된 감각질'(주관적 경험) 문제입니다. 여러 철학자가 이 문제의 응용형을 만들어냈지만, 17세기에 존 로크가 만든 버전이 가장 오래되었고 잘 알려졌습니다.

간단히 말해 문제는 이렇습니다. "내가 보는 색깔과 당신이 보는 색깔이 똑같다는 것을 어떻게 확신할 수 있나요?" 당신은 딸기를 빨간색으로 보고 나는 파란색으로 본다고 쳐도 우리는 언어와 문화, 또는 함께 살아간다는 사회적 현실을 공유하기 때문에 둘 다 그 색깔을 '빨강'이라고 **부릅니다.** 친구에게 "하늘은 무슨 색일까?"라고 물으면 당신과 친구 둘 다 '파란색'이라고 하겠지만, 각자에게 실제로 하늘이 어떻게 보이는지는 알 길이 없지요. 대체로 이 문제에는 시각적 예시가 사용되지만, 인간이 느끼는 어떤 감각에도 확장될 수 있습니다. 당신이 느끼는 오렌지 맛은 친구가 느끼는 오렌지 맛과 같을까요? 우리가 할 수 있는 말은 "오렌지 같은 맛이 난다"라는 것뿐이죠.

그건 당신에게 어떤 의미일까요?

첫째, 이는 인식의 문제입니다. 인간은 남들이 무엇을 경험하는지 결코 알 수 없기 때문이죠. 우리 머릿속에는 서로 절대로 알 수 없는 범주나 분류의 경험이 잔뜩 있습니다.

둘째, 그러므로 우리는 "X는 빨갛다"는 명제에 "X는 내 눈에 빨갛게 **보일** 뿐이다"라는 단서를 붙이지 않고는 진릿값을 논할 수 없습니다(이는 여기서 다룰 수 없을 정도로 복잡한 온갖 진리 관련 논쟁의 원인이 됩니다). 이런 이유로 진실이란 각자의 마음에 달려 있다는 상대주의가 대두하게 되죠.

요약하자면 전도된 감각질은 우리가 엄청나게 많은 것, 즉 타인의 '마음의 눈'에 비친 것을 알 수 없다는 것을 인정해야 한다는 회의론(248쪽 참조)의 문제입니다. 하지만 이런 것을 모두 제쳐두고서도 이는 매우 흥미로운 난제입니다. 이 문제는 철학 입문으로 이어지는 근사한 디딤돌이자 더 깊고 까다로운 문제로 향하는 길목에 선 많은 신예 철학자가 검토하는 첫 번째 질문이기 때문이지요.

플라톤
동굴의 비유

여행의 마법은 당신이 본 멋진 장소, 구입한 기념품, 만난 사람에 있지 않을 때가 많습니다. 마법은 당신이 출발했던 장소를 새로운 눈으로 보게 된 순간 생겨나죠. 최고의 모험은 우리가 세상을 보는 방식을 바꾸고, 우리가 안다고 생각했던 모든 것을 재검토하게 합니다. 세상을 보는 새로운 눈을 주는 셈이죠.

플라톤의 '동굴의 비유'는 이런 여행의 궁극적 형태입니다. 『국가』에 나오는 이 비유는 플라톤의 철학적 대화 가운데 가장 잘 알려진 (그리고 가장 읽기 쉬운) 것으로 꼽힙니다. 내용은 다음과 같습니다.

깊고 축축한 동굴 안에 묶인 죄수들이 있다고 상상해보세요. 이들은 커다랗고 평평한 벽만 바라보도록 손과 발이 쇠사슬에 묶여 있습니다. 그들 뒤에는 희미한 불빛이 깜박거립니다. 죄수들과 불 사이에는 다양한 물체가 있어서 죄수들 앞쪽의 벽에 그림자를 드리웁니다. 이 상태로 태어난 죄수들은 그림자밖에 알지 못하기에 그림자가 세상의 전부라고 생각합니다. 이들은 그림자 전문가가 되고, 그림자를 분류하고 연구하고 면밀히 검토하며 세월을 보냅니다.

어느 날 죄수 한 명이 풀려납니다. 동굴을 뛰쳐나간 죄수는 눈부시게 빛나는 태양 아래 선 자신을 발견합니다. 세상의 멋진 것들을 두루 만끽한 그는 강렬한 동정심을 느낍니다. 그래서 큰맘 먹고 자기 친구들을 구하려고 원래 있던 동굴로 돌아가지요. 하지만 이젠 눈이 밝은 햇빛에 익숙해져버렸고 어두컴컴한 동굴 안에서는 앞이 잘 보이지 않습니다. 그래서 그가 바깥세상에서 발견한 멋진 것들을 설명해도 죄수들은 그가 그림자를 제대로 보지 못한다고 조롱하며 그를 바보 취급합니다. 심지어 죽이겠다고 위협도 하죠.

이 이야기는 철학자의 여행을 나타낸 비유이며, 종종 두 가지로 해석됩니다. 첫째로는 지식을 가리킵니다. 이 비유는 물질적 세계, 일상적 자극의 세계가 현실의 희미하고 모호한 그림자에 불과하다는 것을 보여주기 위해 만들어졌습니다. 철학자는 환하게 빛나는 진리를 발굴하기 위해 명징한 이성으로 오직 자기 내부를 들여다보고 자기 생각을 검토해야 합니다. 동굴 밖으로 나오려면 안을 향해야 한다는 뜻이죠.

둘째로는 정치를 나타냅니다. 이 이야기는 모든 통치자가 철학자가 되어야 한다는 것을 보여줍니다. 철학자만이 정의나 선량함 같은 개념의 '진실'을 볼 수 있기 때문이죠. 이들은 현실과 우주의 도리를 아는 소수(플라톤은 실제로 자격 있는 자는 매우 소수라고 생각했죠)이기에 대중의 길잡이가 되어야 합니다. 이들 엘리트는 정치적 타락과 대중의 무지를 막을 방패입니다. 아테네식 민주주의가 자신의 스승 소크라테스를 죽였기에 플라톤은 민주주의를 탐탁지 않게 여겼습니다.

동굴의 비유는 매우 쉽게 읽히므로 철학 고전을 읽고 싶은 사람에게 좋은 출발점이 됩니다. 더불어 우리의 상상력을 자극하며, 특히 서양의 기독교와 철학이 플라톤에게 크게 빚지고 있다는 점에서 우리가 세상을 보는 방식에도 큰 영향을 미칩니다. 이 비유는 대중문화에서도 알게 모르게 자주 인용되고 응용됩니다. 〈매트릭스〉, 〈인셉션〉, 〈트루먼 쇼〉, 〈셔터 아일랜드〉, 〈13층〉을 보면서 이 비유를 떠올리지 않기는 어렵겠지요!

피론
판단 보류

양측이 모두 타당할 때는 어떻게 하면 될까요? 문제에 명확한 해답이 없을 때는 어떻게 해야 할까요? 당신은 완벽하게 확신하지 못해도 개념이나 믿음, 해답을 끈질기게 밀어붙이는 사람인가요? 아니면 어깨를 으쓱하며 "글쎄, 솔직히 잘 모르겠는데?"라고 말해도 찜찜하지 않은 사람인가요?

회의론의 창시자인 피론Pyrrhon은 후자를 옹호한 고대 그리스 철학자입니다.

현실에서 깔끔하거나 쉬운 답이 존재하는 경우는 별로 없습니다. 모순되는 양쪽 주장에 똑같이 설득력 있는 논거가 존재할 수 있기 때문이죠. 사람들이 토론하는 광경을 볼 때 우리는 그 순간에 발언하고 있는 사람의 의견에 쉽게 동의합니다. 이 책을 읽을 때 서로 반대되는 철학이 각각 똑같이 설득력 있어 보이는 것과 마찬가지입니다.

이러한 혼란의 틈바구니에서 피론은 "아무것도 확신하지 마라"라는 명쾌한 메시지를 제시합니다. 명백하거나 증명된 진실이 없다면 우리는 언제나 '판단을 보류'해야 마땅합니다. 답이 존재하지 않음을 받아들이라는 말이 아니라 답이 (아직) 밝혀지지 않았을 때 자신이 지적으로 부족하다는 것을 인정하고 "모른다"라고 말하라는 뜻이죠.

'대화편' 연작에 속하는 『프로타고라스』에서 플라톤은 불어오는 바람이 어떤 이에게는 따스하게 느껴져도 다른 이에게는 쌀쌀할 수 있다고 지적했고, 피론의 회의론 또한 사물의 진정한 본질은 알 수 없다고 주장합니다. 인식과 경험을 통해 우리가 얻는 것은 판단일 뿐 진리는 아니라는 뜻이죠.

회의론에서는 존재하지 않는 진리를 찾으려는 가망 없는 노력은 절망과 좌절, 불안으로 이어질 뿐이라고 말합니다. 회의론은 '에우데모니아' 학파에 속하며, 이는 풍부하고 온전한 삶을 누리는 것과 관련되어 있다는 뜻이지요. 피론은 자신이 알 수 없는 것에 전념하지 않아야만 에우데모니아(행복)를 손에 넣을 수 있다고 믿었습니다. 이상적인 현자는 상황이 분명하지 않을 때 판단을 보류하는 사람입니다. 이 판단 보류는 고대 그리스어로 **에포케**라고 합니다(230쪽 참조).

일설에 따르면 피론은 절대 고뇌하거나 화를 내지 않았다고 합니다. 피론은 아마 이렇게 물었겠지요. 쾌락이 왜 고통보다 나을까요? 부가 가난보다 나은 이유는 뭔가요? 건강이 질병보다 나은 이유는요? 에포케를 받아들인다면 우리는 절망이나 실망, 기대의 좌절을 겪지 않고 살아갈 수 있습니다. 방해받지 않는 고요함, 즉 **아타락시아** ataraxia 속의 삶을 살 수 있다는 말이죠.

오늘날 우리는 피론만큼 극단적일 필요는 없지만(절벽 끝으로 걸어가는 피론을 제자들이 막아야 했다고 하네요), 회의론에도 일리는 있습니다. 답을 제시했다가 틀리는 것, 또는 영원히 답을 찾는 것은 힘듭니다. 간단하게 "잘 모르겠네요. 계속 알아볼게요"라고 말하는 편이 솔직하고 훨씬 마음도 편합니다. 이 방식으로 얼마나 마음이 가벼워지는지 한번 시도해보세요.

흄
검은 백조

미래가 과거와 같다고 대체 어떻게 확신할 수 있을까요? "그건 항상 그런 식이었다"라는 말만으로 내일도 그럴 것이라고 생각할 이유가 무엇일까요? 철학적인 관점에서 내일도 태양이 뜰 것이라고 **확신할** 수 있을까요? 오늘까지의 모든 해돋이가 말도 안 되는 우연이었고, 지금까지 엄청난 확률의 연쇄가 이어진 것뿐이라면요?

이런 질문이 바로 데이비드 흄의 '**귀납법 문제**'입니다. 여전히 가장 까다롭고 다루기 어려운 철학적 난제로 손꼽히지요.

이 문제는 모든 유형의 '귀납적 추론'에 도전장을 던집니다. 귀납법이란 다양한 일이 일어나는 것을 관찰한 뒤 결론을 끌어내는 것을 가리킵니다. 여러 날에 걸쳐 다양한 개가 짖는 것을 봤다면 "개는 짖는다"라는 결론을 내려도 무방하겠죠. 지금까지 해가 매일 떠올랐다면 내일도 해가 뜰 게 **틀림없다**는 귀납적 추론이 가능합니다. 위스키를 마실 때마다 맛이 끔찍했다면 내 입맛에 위스키가 맞지 않는다고 봐도 되겠고요.

문제는 18세기에 흄이 지적한 대로 과거의 관찰이 아무리 많이 쌓여도 그것이 미래의 무언가를 (철학적으로) 보장하지는 않는다는 점입니다. 과거와 미래 사이에는 '필연적 관계'가 존재하지 않습니다. 실험을 반복할 때 상황이 달라질 기상천외한 이유는 얼마든지 생각해낼 수 있죠(세계 자체가 시뮬레이션이나 사악한 악마의 환각이라든가, 모든 것이 꿈이라든가). 내일도 똑같은 일이 일어날지 확실하게 알아낼 방법은 없습니다. 따라서 위스키가 항상 끔찍하리라는 철학적 보장이 없으므로 나는 계속 위스키를 마셔봐야 하는 겁니다.

백조밖에 본 적 없는 남자를 예로 들어 문제를 설명해보죠. 그는 귀납적 추론가 특유의 오만하고 자신만만한 태도로 선언합니다. "백조는 모두 흰색이야!" 그러다 오스트레일리아의 호숫가를 걷던 그는 위풍당당한 검은 백조를 보고 어안이 벙벙해집니다. 과연 모든 귀납적 결론의 한구석에 검은 백조가 숨어 있지 않다는 보장이 있을까요?

물론 모든 과학 실험에서 귀납법이 쓰인다는 점(186쪽 참조)을 생각할 때 흄의 지적은 결코 작은 문제가 아니며, 최근 들어서야 포퍼가 이 문제를 해결하는 데 성공했지요(196쪽 참조). 하지만 여전히 이 해법이 충분하지 않다고 여기는 이들도 있습니다.

뷔리당
우유부단한 당나귀

당신이 **바로 그** 과자를 고른 이유는 무엇인가요? 옆에 있는 과자도 똑같이 맛있는데 왜 그 과자를 집었나요? 선택지 중에 하나를 고를 이유가 없다면 결국 선택을 결정하는 요인은 뭘까요? 동기가 없을 때 행동을 촉발하는 것은 무엇일까요?

14세기 프랑스 철학자 장 뷔리당Jean Buridan의 이름을 딴 '뷔리당의 당나귀' 딜레마는 정당화 이론을 설명하는 데 유용한 도구인 자유의지에 대한 문제이자 인공지능과도 상당한 관계가 있습니다(물론 그 시대에 컴퓨터는 없었지만요).

이 고전적 이야기에는 건초 한 묶음과 물 한 동이 사이에서 갈등하는 당나귀(또는 나귀)가 나옵니다. 어느 한쪽을 택해야만 할 이유를 찾지 못한 당나귀는 갈증도 허기도 해소하지 못하고 쓰러져 죽게 됩니다.

뷔리당보다 이삼백 년 뒤의 인물인 독일 철학자 고트프리트 빌헬름 라이프니츠Gottfried Wilhelm Leibniz는 "충분한 이유 없이는 아무 일도 일어나지 않는다"라고 썼습니다. A가 아닌 B를 선택할 이유가 주어지지 않는다면 '아무것도' 일어나지 않는다는 뜻이죠. 그 결과 우유부단함은 선택자에게 해를 끼칩니다.

이 사고 실험은 '도덕적 결정론'의 한계를 보여주기 위해 고안되었습니다. 도덕적 결정론은 우리가 내리는 모든 선택이 이전의 어떤 원인 때문에 그런 식으로 귀결될 **수밖에** 없다는 이론입니다. 뷔리당의 당나귀 딜레마는 일종의 알 수 없고 이해할 수 없는 '메타적 이유'가 인간 행동의 원인이 될 때도 있다는 것을 보여줍니다. 가끔은 우리가 어떤 행동을 하는 데 이렇다 할 이유가 없지만, 그래도 우리는 그 행동을 합니다.

인공지능의 문제는 '선택'하는 방식이 프로그램되지 않은 인공지능이 두 가지 이상의 선택지를 받을 때 생겨납니다. 모든 선택지가 똑같이 실행 가능하고 똑같이 만족스러운 결과로 이어진다면 어떤 메커니즘이 인공지능의 행동을 결정하게 될까요?

아무 행동도 하지 않으면 인공지능은 실행 종료되거나 쓸모없는 무한 루프에 갇힐 수도 있습니다. 그러므로 무작위로 숫자를 생성해서라도 인공지능에게 **모종의 이유**를 제공하는 프로그램이 필요합니다.

물론 인간은 당나귀가 아니고(대부분은), 자기 파괴적 우유부단을 막을 선택의 이유는 항상 있기 마련입니다. 목에 일어난 약한 경련이든, 한쪽에서 불어온 실바람이든, 물체 표면에 반사된 햇빛이든, 자기도 몰랐던 무의식적 혐오감이든… 겉으로 드러나 있든 숨어 있든 간에 특정한 행동을 하는 데는 **모종의 이유**가 필요한 법입니다.

소크라테스
모든 것을 질문하기

무언가를 알지 못할 때 어떤 기분이 드나요? 타인의 생각을 알지 못하면 신경이 쓰이나요? 질문을 잘못 이해하면 민망한가요? 손을 들고 "잘 모르겠는데요"라고 아무렇지 않게 말할 수 있는 횟수는 하루에 몇 번까지일까요?

소크라테스는 자신의 무지를 인정하는 것이야말로 철학자가 되는 첫걸음이자 가장 중요한 단계라고 보았으며, 우리 모두 자신의 무지를 좀 더 받아들일 필요가 있다고 여겼습니다.

인간의 역사가 쌓이면서 왠지 모르게 무지는 부정적 단어가 되었습니다. 가장 심각한 죄악은 아닐지 몰라도 일종의 성격적 결함으로 여겨지는 것만은 분명합니다. 무지는 부모와 교사, 위키피디아가 치료해야 하는 **질병** 취급을 받습니다. 우리가 채워야만 하는 구멍과도 같죠.

하지만 모든 무지가 나쁜 것은 아닙니다. 우리는 한 사람이 모든 것을 알 수는 없다는 사실을 기꺼이 받아들입니다. 이중 언어 구사자는 대단하고, 학위가 두 개인 사람은 놀랍고, 책 1000권을 읽은 사람은 경이롭죠. 하지만 이 또한 획득 가능한 지식의 바다 안에서는 작디작은 물방울일 뿐입니다. 우리는 모두 특정 분야에서 무지하지만, 그래도 괜찮습니다.

하지만 소크라테스가 보기에 무지는 그저 일종의 불가피한 악이 아니라 제대로만 활용하면 진리와 지혜로 가는 근본적 토대이자 첫 단계였습니다. 오늘날 우리는 이것을 '소크라테스적 무지'라고 부릅니다. 소크라테스는 무지를 다음 두 종류로 나누었습니다.

(1) **자신의 무지에 무지함**: 소크라테스의 관점에서 이는 자신이 무엇을 모르는지 모르는 채로 삶을 산다는 뜻입니다. 스스로 전혀 의문을 품지 않는 사람들이 여기 속하죠. 이들은 옳고 그른 것을 아는 듯이 행동하지만, 마치 '잠든' 것처럼 여기저기 부딪히며 살아갑니다. 게다가 스스로를 의심할 생각조차 하지 않지요.

(2) **소크라테스적 무지**: 자신이 안다고 생각하는 것, 그리고 모르는 것을 모두 비판적 시선으로 검토함으로써 잠에서 깨어난 상태를 가리킵니다. 소크라테스는 자신의 역할이 질문하는 자라고 생각했습니다. 그는 아테네의 '잔소리꾼'이었고, 정의의 본질부터 신앙심에 이르기까지 온갖 주제에 관해 질문하고 따지며 세월을 보냈습니다. 바로 이런 이유로 기원전 399년에 아테네 시민들이 소크라테스를 잽싸게 처형해버렸는지도 모릅니다.

이 두 번째 유형의 무지를 소크라테스는 '인식적 미덕'이라고 불렀습니다. 모든 철학자, 모든 지적인 인간이 도달하려고 노력해야 할 경지죠. 그러려면 아무리 널리 알려진 이론이라도 정확성을 확인하지 않고는 믿지 말아야 합니다. 타당성을 묻지 않고 상황에 장단을 맞추는 일도 없어야 합니다. 이는 스스로 아는 것이 얼마나 적은지 인정하고 자신이 모든 것에서, 어떤 주제에 관해서든, 언제든 틀릴 수 있음을 깨닫는다는 뜻입니다.

소크라테스의 명언대로 "반성하지 않는 삶은 살 가치가 없는" 법입니다.

아리스토텔레스
논리 법칙

모든 게임에는 참여하기 전에 동의해야 하는 특정한 규칙이 있습니다. 공을 손으로 집어 들지 말라든가, 공이 선을 넘으면 안 된다든가, 목 아래로만 태클을 할 수 있다든가, 노래에 특정 단어가 나오면 술을 마신다든가 하는 것들이죠.

철학과 논리, 우리가 생각하는 방식도 이와 다르지 않습니다. 인간은 아주 이른 아동 발달 단계부터 우주의 근본적 법칙 몇 가지를 인식합니다. 이런 법칙은 너무 명백하고 자연스러워서 우리는 종종 그런 것들을 당연하게 받아들이죠.

하지만 아리스토텔레스는 그러지 않았고, 이 법칙들을 글로 적기로 했습니다.

아리스토텔레스가 논리를 발명하지는 않았지만, 처음으로 논리를 형식화한 선구자 중 하나임은 틀림없습니다. 그는 모든 토론이나 주장, 명제에 적용되어야 하는 논리(또는 사고)의 세 가지 법칙 목록을 만들었습니다. 세 가지 모두 동의하지 않기 어려운 법칙입니다.

(1) **동일률**: 사물은 자기 자신과 동일하다. 즉 'A = A'이다.

이 법칙은 놀라울 정도로 평범하지만, 여기서 지식과 실제의 관계에 대한 흥미로운 질문이 생겨납니다. 아리스토텔레스의 법칙은 사물의 **실제** 모습에 적용되는 것이지 우리가 그 사물에 관해 안다고 생각하는 것에 적용되는 것이 아닙니다. 예를 들어 클라크 켄트는 슈퍼

맨이고, 피터 파커는 스파이더맨이고, 조지 오웰의 본명은 에릭 블레어Eric Blair입니다. 우리가 그 사실을 **아는지** 아닌지는 관계없죠.

(2) **모순율**: 사물은 특정한 무언가인 동시에 그 무언가가 아닐 수는 없다(같은 방식으로 같은 순간에).

당신은 개든지 개가 아니든지 둘 중 하나입니다. 당신은 살아 있거나 살아 있지 않습니다. 당신은 논리가 재미있다고 생각하거나 그리 생각지 않습니다. 그런 동시에 그렇지 않을 수는 없습니다. 심지어 지킬 박사와 하이드 씨조차 특정 시점에는 둘 중 한 명일 뿐입니다.

(3) **배중률**: 명제는 참이거나 거짓이다.

"오늘은 월요일이다"는 참이거나 거짓입니다. 당신이 이 글을 읽는 시점에 따라 이 문장은 참이거나 거짓이 되지만, 동시에 둘 다일 수는 없습니다. 앞서 설명한 동일률과 함께 적용하면 이 법칙은 우리가 명제의 참과 거짓을 안다는 뜻이 아니라 단순히 일종의 '진릿값'(신의 관점에서 보는 것처럼)이 존재한다는 의미입니다.

이 세 가지 법칙을 활용하면 '삼단논법'이라는 재미있는 논리적 주장을 구성해서 토론 상대방과 대결을 펼칠 수 있습니다.

『이상한 나라의 앨리스』 같은 초현실적 모험이나 『1984』 같은 디스토피아 세계에서는 이런 법칙이 비틀리고 뒤집히기도 합니다. 하지만 이런 전복은 재치 있는 말장난이나 인식적 왜곡(162쪽에서 살펴본 '이중사고'처럼)을 통해서만 이루어질 뿐입니다.

모든 일이 실제로 일어나는 일상생활에서는 아리스토텔레스의 법칙이 항상 적용됩니다. 심지어 당신이 이 법칙들을 몰랐을 가능성도 적지 않은데도요!

에우불리데스
돌무더기

남자가 한 명 있습니다. 머리털이 아주 풍성하고 윤기가 자르르한 이 남자를 프레드라고 부르기로 하죠. 짓궂은 생각이 든 저는 머리카락을 한 가닥 뽑습니다. 프레드는 움찔하지만, 그의 머리털은 여전히 풍성합니다. 한 가닥 더 뽑아도 여전히 똑같죠. 자제력을 잃은 저는 이 행동을 계속 반복합니다. 어느 시점이 되면 프레드가 대머리라고 할 수 있을까요? 대머리가 아니라고 하려면 머리카락이 몇 가닥 필요할까요? 얼마나 머리카락이 적어야 대머리가 되는 걸까요?

사소해 보일지도 모르지만, '소리테스 패러독스Sorites paradox', 즉 '무더기 역설'로 알려진 이 문제에는 중요한 철학적 의미가 있습니다. 친구들과 대화할 때 써먹기 좋은 주제이기도 하고요.

소리테스란 그리스어로 '무더기' 또는 '더미'라는 뜻이며, 에우불리데스Eubulides(그리 유명한 철학자는 아니죠)가 처음 내놓은 원래 버전에서는 바위나 돌멩이가 쓰였습니다. 돌을 몇 개나 쌓아야 무더기가 될까요? 두 개를 겹쳐 쌓으면 될까요? 예쁜 피라미드 모양이 되려면 세 개? 아니면 열 개? 백 개? 돌의 크기나 모양도 상관있을까요?

이 문제는 논리 문제입니다. 이러한 '흐릿함'이나 '애매함'은 특정한 명제가 참인지 거짓인지 결정하려고 애쓰는 논리학자에게 문제가 됩니다. '~이다'와 '~가 아니다' 사이를 나누는 명확한 선이 없다면 한 가지 변화가 일어나도 사실은 바뀌지 않습니다. 하루를 더한다고 당신이 갑자기 늙는 것도 아니고, 물 한 방울로는 웅덩이를 만들수 없고, "제비 한 마리 왔다고 여름이 되는 것이 아니"라는 뜻이죠. 그러므로 논리적으로 보면 한 가지 사건으로는 애매한 용어를 정의할(또는 참이 되게 할) 수 없습니다.

소리테스 유형에서 양쪽 극단은 별문제가 되지 않습니다. 969세까지 살았다는 므두셀라는 나이가 많고 올리버 트위스트는 어리죠. 하늘은 파랗고 잔디는 녹색입니다. 빌 게이츠는 돈이 많고 아프가니스탄의 양치기는 가난합니다. 철학적 문제(그리고 여러 '온화한' 논쟁)를 불러일으키는 것은 '회색 지대' 또는 '모호함'입니다. 브래드 피트는 나이가 많을까요? 북해의 바닷물은 파란색일까요? 당신은 부자인가요, 가난한가요?

무언가가 해당 개념**인지 아닌지** 명확히 말할 수 없다면 그 애매함은 모든 형식 논리의 토대가 되는 아리스토텔레스의 동일률(모든 것은 **X이거나 X가 아니어야** 한다, 256쪽 참조)에 위배됩니다.

애매함은 소리테스 유형 단어를 사용하는 모든 명제에 심각한 문제를 일으킵니다. 우리는 "나는 대머리가 아니다"나 "여기는 너무 더워", "너는 끔찍한 사람이야!" 같은 선언을 할 수 있을까요? 대체 끔찍한 행동을 몇 번 해야 끔찍한 사람이 되는 걸까요?

이런 문장이 참인지 아닌지 말할 수 없다면 진실이나 사실이라는 개념 자체에 어떤 의미가 있을까요?

데카르트
코기토

르네 데카르트는 서양 사상사에서 가장 깔끔하고 놀라운 방식으로 철학과 논리를 활용해냈습니다. 그의 유명한 철학적 명제 "코기토, 에르고 숨cogito, ergo sum"('코기토'로 줄여 부르기도 합니다)은 모르는 사람이 없을 정도입니다. 이 말은 종종 너무 자주 인용되는 명언 정도로 취급되지만, 이 명제의 아름다움은 그 대담한 단순함에 있습니다. 실로 천재적이죠.

코기토는 대체로 "나는 생각한다, 고로 나는 존재한다"라고 번역됩니다. 데카르트가 의심할 수 있는 모든 것을 죄다 의심하는 자신의 극단적 회의론을 해결하려고 시도하다 '아르키메데스적 깨달음'을 얻으며 나온 말이라고 전해지지요. 자신이 판 구덩이에서 빠져나오는 데 필요한 사다리였던 셈이죠.

데카르트는 자신의 저서 『성찰』(1641)에서 우리가 안다고 생각하는 것을 단계별로 쓸어버리기 위해 세 층위의 회의적 질문을 활용합니다.

(1) 우리는 틀리기 일쑤인 자신의 감각을 어떻게 믿을 수 있을까요? 막대기를 물에 넣으면 구부러져 보이고, 달은 엄지손가락으로도 가려지고, 크리스마스가 되면 막내 삼촌은 동전이 사라지는 마술을 보여주죠. 인간의 감각은 정확하지 않습니다.

(2) 많은 사람은 가끔 **정말로** 생생한 꿈을 경험합니다. 이런 꿈을

꾸고 있을 당시에는 전혀 의문을 품지 않죠. 진짜처럼 느껴지니까요. 현재의 세상이 진짜처럼 **느껴진다**고 해서 과연 이것도 꿈이 아니라는 보장이 어디 있을까요?

(3) 마음을 조종해서 사람을 속이는 전능한 '악마'가 존재할 아주 희박한 가능성을 잠시나마 인정한다면 어떻게 모든 것에 100퍼센트 확신할 수 있을까요? 어차피 지금의 '현실'은 〈매트릭스〉나 〈트루먼 쇼〉일 수도, 컴퓨터 시뮬레이션이나 약물에 의한 환각일 수도 있습니다. 어떻게 구분할 수 있을까요?

코기토는 이런 질문에 대한 아름답고도 간결한 해결책입니다. 이 문장을 통해 데카르트는 모든 것이 사악한 악마의 속임수일지라도 속임을 당하고 있는 **무언가**는 반드시 **존재**한다고 주장합니다. 우리가 의심한다는 사실 자체, 현실에 의문을 품는다는 것 자체가 생각하는 **무언가**의 존재를 보여줍니다. 악마는 자기가 아닌 무언가를 속이고, 이 무언가를 '나'라고 부를 수 있다는 것이 데카르트의 논리입니다. 아무리 회의적인 생각에도 '생각'은 존재하므로 생각할 능력이 있는 무언가가 반드시 있어야 하며, 그 생각하는 존재가 바로 나라는 뜻이죠.

이는 참으로 아름다운 철학적 명제입니다. 비판적 의견도 물론 있지만(러셀과 사르트르가 좋은 반박문을 썼으니 관심이 있다면 찾아보세요), 이 문장을 떠올릴 때마다 제 입가에는 미소가 떠오릅니다.

"나는 생각한다, 고로 나는 존재한다."

흄
자아의 다발

칙칙한 커튼과 바닥에 얇게 덮인 먼지 말고는 아무것도 없이 텅 빈 무대를 상상해보세요. 갑자기 사람 한 명이 무대에 등장해서 당신에게 손을 흔들더니 곧 퇴장합니다. 이내 일곱 살짜리 당신에게 잠자리에서 동화책을 읽어주는 어머니가 등장하더니 둘 다 퇴장합니다. 다음에는 말도 안 되게 부유한 권력자가 된 당신이 등장했다가 곧 사라집니다. 갑자기 눈부신 붉은 빛이 모든 것을 삼키지만, 점점 희미해지더니 완전히 없어집니다.

데이비드 흄은 이것이 바로 개인의 정체성이라고 생각했습니다. 순식간에 변화하고 눈 깜짝할 새 달라지는 감각일 뿐이라는 거죠. 기억과 야망, 감정과 사고로 이루어지지만, 그 이상은 없다는 말입니다.

"나는 누구인가?"라는 질문은 고대 그리스 시대부터 철학자들을 괴롭혔고, 지금도 여전히 유효합니다. 데카르트는 인간에게는 그가 '자아'라고 부르는 형이상학적이고 이원론적인 영혼 부분이 있다고 주장했고(242쪽 참조), 로크는 궁극적으로 정체성은 기억으로 귀결된다고 생각했습니다. 하지만 흄은 이를 받아들이지 않았고, 두 설명 모두 속임수 또는 착각이라고 여겼습니다.

흄의 주장대로라면 우리는 자신의 마음에서 무엇을 발견할 수 있을까요? "변함없이 계속되는 이미지"가 "끊임없고 일정하게" 유지되는 모습? 아니죠! 결코 가만히 있지 않고 부글거리는 생각과 감각의 소용돌이만을 발견하게 될 겁니다. 흄은 우리가 계속해서 "더위나 추위, 빛이나 어둠, 사랑이나 증오, 고통이나 쾌락 같은 특정 개념과 마주칠 뿐이며, 결코 나 자신을 발견하는 일은 없다"고 썼습니다. 인간은 임의의 생각을 아무렇게나 잡다하게 섞은 다발일 뿐입니다. 이런 이유로 흄의 이론은 종종 자아의 '다발 이론'이라고 불립니다.

흄이 보기에 자아란 단지 인간이 만들어낸 허구입니다. 우리 머릿속에서 일어나는 일들은 서로 연관된 것**처럼** 보이지만, 여러 개념은 기껏해야 아주 미약하게 연결되어 있을 뿐입니다. 인간의 여러 가지 생각은 마치 분필과 스트링 치즈만큼이나 서로 다를 때가 많고, 우리는 "그런 차이를 감추기 위해 영혼과 자아, 본질 같은 개념을" 사용합니다. 인간은 조화를 이루지 못하는 생각들이 어떻게든 신비롭게, 마법처럼 통합된 '자아'를 이루도록 만들고 싶은 강렬한 욕구를 느끼는 것뿐입니다.

인간에게 통합되고 일관성 있으며 연결된 자아가 있을지도 모른다는 일말의 희망을 대형 망치로 산산이 조각낸 철학자로만 흄을 알고 있는 사람이 많습니다. 하지만 흄은 우주 전체가 유동적이라고 주장했던 헤라클레이토스의 사상(192쪽 참조)을 참고했던 것이 분명합니다. 실제로 흄은 그와 비슷한 용어도 사용합니다. 하지만 헤라클레이토스는 우리가 사물, 즉 불이나 강 같은 것을 하나로 인식하듯이, 인간의 정체성도 그렇게 찾아낼 수 있으리라는 결론을 내렸습니다.

하지만 중요한 차이점은 불이나 강의 경우 '내다보고' 인식하는 존재가 인간이라는 사실입니다. 자기 정체성의 경우에 우리는 안을 들여다봐야 하지요. 물론 우리가 자기를 '들여다보는' 것은 가능합니다. 하지만 만약 흄이 옳고 '나 자신'은 맥락 없는 생각의 다발일 뿐이라면 그런 생각을 '들여다보는' 주체는 대체 뭘까요? 무대를 바라보는 것은 누구, 또는 무엇일까요?

칸트
세계 창조하기

주변 물건을 한번 둘러보세요. 이런 것들이 각각 별개의 물체로 보이는 이유는 뭘까요? 왜 책이 탁자에 녹아들지 않을까요? 고양이가 소파의 일부분이 아닌 이유는 뭘까요? 당신의 발이 끝나고 지면이 시작되는 곳은 어디인가요? 가지는 나무에 속하지만, 두 그루의 나무는 따로따로라는 것을 어떻게 알 수 있나요? 이 모든 구분을 해내는 것은 바로 우리의 마음입니다. 당신이 뭘 보고 있는지 스스로 의식하기도 전에 앞에 나서서 일을 해치우는 숨은 영웅이죠.

이것이 이마누엘 칸트의 '현상주의phenomenalism'입니다.

세상은 우리가 경험하는 것만큼 질서 잡힌 체계가 아닙니다. 오히려 굴절된 빛과 질주하는 음파, 다양한 밀도로 구조화된 원자로 이루어진 혼돈의 도가니죠. 따라서 현실을 이해하고 의식 있는 존재로서 기능하며 어떤 종류든 지식을 획득하려면 우리는 영원히 질서를 잡고, 구조화하고, 모든 것을 거르고 골라내야 합니다.

우리는 이미 의미가 부여된 세상을 경험합니다. 마음은 우리 대신 무엇이 중요한지 먼저 결정하고 이해할 수 있도록 걸러내 초점을 맞춥니다. 직접 해보세요. 아무 물체에나 잠시 초점을 맞춰보세요. 그런 다음 아주 조금 떨어진 곳을 바라보세요. 아니면 초점을 멀리서 가까이로 옮겨보세요. 먼 곳을 쳐다볼 때 마음이 선택적으로 일부 세부 사항을 무시한다는 점을 눈치챘나요? 풍경을 바라볼 때 당신은 어떤 부분에 집중하기로 했나요? 관점을 바꿔서 나무, 풀잎 하나, 구름 등으로 초점을 옮겨보세요. 모두 원래부터 거기 있었지만, 당신의 마음이 더 큰 그림에 집중하기 위해 나머지를 차단한 것입니다.

하지만 칸트는 여기서 더 멀리 나갑니다. 그가 보기에 마음은 쿠키 틀과 같아서 **범주**category를 활용해 들어오는 방대한 양의 경험적 정보를 잘라내고 다듬습니다. 칸트는 열두 개의 범주가 있다고 했지만, 넓게 보면 전부 '공간'과 '시간'으로 나눌 수 있습니다. 공간은 고양이와 소파를 구분하는 것, 시간은 이전과 지금, 나중을 나누는 것이죠. 의식적 지각이 채 바지를 챙겨 입기도 전에 마음은 당신 대신 이런 범주를 현실에 투영합니다.

여기서 살펴본 많은 예는 엄밀히 말해 칸트적이라고 보기 어렵습니다. 모두 감각 이후 지각, 즉 우리가 맞닥뜨린 시각적·청각적(기타 등등) 자극에 기반을 둔 생각이기 때문이죠. 전체적 개념을 파악하기에는 좋은 비유지만, 칸트는 마음이 이 시점보다도 훨씬 전에 배후에서 활동을 개시한다고 생각했습니다. 마음은 의미 없는 '실재'(칸트는 이를 물자체noumena라고 불렀죠)를 의미 있는 경험(현상phenomena이라고 불렀고요)으로 변환합니다. 해독 불가능한 2진수나 16진수 코드를 우리가 볼 수 있는 색상으로 변환하는 컴퓨터 모니터를 생각하면 이해하기 쉬울지도 모르겠네요.

칸트의 천재성은 그가 "모든 것은 우리가 보는 대로다"라는 영국 경험주의자들의 관점과 "모든 것은 형이상학적 지성 또는 이성이다"라는 유럽 합리주의자들의 관점 사이에서 중간 지대를 찾아냈다는 데 있습니다. 그는 양쪽 모두 진실일 수 있다고 생각했죠. 우리는 경험이 필요하지만, 경험을 하려면 먼저 도구와 구조가 필요합니다. 최고의 계몽주의 사상가가 된 칸트는 남들이 꺾어야 할 최종 보스 자리에 올랐습니다. 그는 철학을 재발명한 사람이니까요.

차머스
연필의 생각

당신 머릿속에서 맴도는 모든 생각, 당신이 지금 읽고 있는 단어는 다른 모든 것과 한 가지 단순한 점에서 구별됩니다. 그건 당신만 알 수 있다는 것이죠. 다른 모든 것은 추상적이든 구체적이든 타인이 검토하거나 논하거나 책에서 읽을 수 있습니다. 그럴 수 있는 이유는 그것들이 어떤 식으로든 우리 **외부**에 있기 때문이죠.

인간의 의식은 주관적입니다. 의식은 '1인칭'이며 아무도 우리 머릿속에 들어와서 우리가 무슨 생각을 하는지 온전히 알아낼 수 없죠. 우리의 생각은 유일무이합니다. 이에 비해 나머지 세상은 객관적이고 '3인칭'이며 누구나 알 수 있습니다.

이 출발점에서 힘껏 도약한 오스트레일리아 철학자 데이비드 차머스David Chalmers는 웬만한 사람은 눈을 크게 뜨고 쳐다보며 "허"라고 중얼거릴 만큼 마음이 어지러워지는 개념을 제시합니다. 이 이론은 **범심론**汎心論, panpsychism으로 불립니다.

범심론은 '1인칭' 또는 개인적 의식이 물리적 과정의 특정 조건에서 **발현**한 독특한 현상이라는 관점입니다. 이 말은 인간의 신체(다시 말해 뇌)가 움직이는 특정한 방식에서 인간의 의식이 생겨났다는 뜻이죠.

범심론은 '주관성'이 중력이나 자력처럼 우주를 구성하는 **근본적** **힘**이라고 주장합니다. 따라서 중력이 서로 다른 질량의 두 물체 사이의 관계인 것처럼 의식 또한 '정보 처리 입자'들의 관계라는 뜻입니다. 정보 처리 입자란 정보를 보유하고 전달하는 모든 것을 가리킵니다. 이는 전기신호를 전달하는 시냅스일 수도, 심지어 결합을 형성하는 원소일 수도 있습니다.

이 이론 자체는 아직 초창기에 있지만(신경과학이 발달함에 따라 각색되거나 발전할 여지가 많죠), 주목할 만한 개념을 하나 꼽자면 우주의 모든 입자가 (형이상학적으로) '주관성'이라는 특징을 지니고 있다는 것입니다. 마치 모든 입자에 주관성 가루가 얇고 성글게 덮여 있는 것처럼 말이죠. 이 입자는 더 크고 복잡한 구조체의 입자와 결합해서 더 상위의, 또는 하위의 의식을 생성하게 됩니다. 가루가 점점 많아지는 거죠.

실제로는 이게 무슨 뜻일까요? 일단 입자 구조가 있기만 하면 어떤 것이든 어느 **정도**의 의식이 있다는 말이 됩니다. 화합물인 H_2O는 그 나름의 '물 의식'이 있고, 아미노산도, 연필도, 쥐도, 개도 마찬가지이고… 이것이 인간 의식까지 계속 이어집니다. 상호작용하는 입자가 이룬 독특한 구조체를 지닌 인간에게는 '당신'이나 '나'라고 불리는 **인간 의식**이 있습니다. 이 말은 게가 도스토옙스키를 읽게 된다는 것이 아니라 게도 게만의 주관성이 있다는 뜻입니다. 우리는 자기 유형의 의식을 다른 체계에 덧씌울 수는 없습니다.

하지만 여기서부터는 초현실적인 냄새가 나기 시작합니다. 범심론에서 반대쪽(그러니까 위쪽)으로 가면 운동 경기장도 그것만의 복잡한 구조가 있으므로 '경기장 의식'이 있다는 뜻이 됩니다. 하지만 그러면 아시아도 유럽도… 세계도… 우주도 마찬가지이고, 거기서 출발하면 우리는 범심론 덕분에 '우주적 인식'에 도달할 수 있게 될지도 모릅니다.

…그게 신이 아니라면 대체 무엇일까요?

클라크 & 차머스
마음 확장하기

전화번호를 몇 개나 외우고 있나요? 기억에 의지해서 자동차로 찾아갈 수 있는 장소는 몇 군데인가요? 아니면 두 가지 모두 휴대전화에 저장해놓나요? 얼마나 자주 휴대전화가 **필요**한가요?

뇌보다 더 **빠르고** 정확하게 정신적 기능을 수행하는 휴대전화는 여러모로 우리 마음의 확장처럼 느껴지기도 합니다. 이런 현상 뒤의 개념에 흥미를 느낌 앤디 클라크Andy Clark와 데이비드 차머스는 1998년 「확장된 마음The Extended Mind」이라는 논문을 내놓았습니다.

인간의 마음은 감탄스럽도록 복잡하고, 마법 같은 일들을 해냅니다. 이 중 많은 것은 인간도 이제 겨우 온전히 이해하기 시작했을 뿐이죠. 이러한 '인지 과정' 덕분에 인간은 서로, 그리고 세상과 교류할 수 있습니다. 마음 덕분에 우리는 제대로 기능할 수 있죠. 사실 '마음'이란 단어는 기억, 집중력, 동작 제어, 의도, 감각 등을 한데 뭉뚱그린 의미로 사용됩니다. 하지만 이러한 기능이 뇌에 한정되어야만 하는 이유는 뭘까요?

마음의 기능이 수행하는 방식을 기준으로 정의된다고 한다면 인지적 기능 안에 우리가 활용하는 도구와 기술이 포함되지 못할 이유는 뭘까요? 기억은 정보를 상기하는 것이고, 따라서 우리가 번호를 상기하기 위해 사용하는 휴대전화나 휴가 날짜를 잊지 않으려고 쓰는 수첩은 우리 마음의 일부 아닐까요? 이런 확장된 물건들은 뇌세

포나 시냅스 못지않게 인지적 기능을 수행합니다.

정말 그렇다면 우리가 사용하는 일부 도구, 이를테면 스마트폰이나 컴퓨터, 다이어리 같은 것들은 우리 마음의 **일부**라는 주장이 가능해집니다. 나아가 그런 도구가 우리 마음의 일부라면 정체성의 일부이기도 하므로 커다란 윤리적·법적 문제가 일어날 수도 있지요. 교사가 학생의 스마트폰을 압수하면 학생의 인지 기능 일부를 빼앗는 게 될까요? 나이 지긋한 할머니가 어린 시절 일기장을 잃어버린다면 이 또한 치매와 견줄 만한 파괴적 영향을 미치지 않을까요? 소셜 미디어에 접근할(따라서 인터넷도 포함) 권리는 가족이나 친구를 만나고 여가를 즐길 권리만큼 인간의 기본적 행복에 중요할까요?

확장된 마음 이론은 기술이 발전할수록 설득력이 강해질 것입니다. 우리의 현실 개념을 바꾸는 증강 현실 앱은 어떨까요? 수백 킬로미터 떨어진 곳에서도 뇌를 활성화해 우리가 사물을 움직이고, '만지고', '볼' 수 있게 해주는 생명공학은 또 어떻고요? 언어 동시통역이 가능한 전화기는요? 초반에 우리가 품을 편견을 배제한다면 마음이 두개골 안에 갇혀 있어야 할 이유가 **대체** 뭘까요?

Politics and Economics

X.

정치와 경제

인간은 조직을 이루어 무언가를 해냅니다. 아주 놀라운 일들을요. 정치란 바로 이런 것이며, 인간에게서 최고와 최악의 모습을 끌어냅니다. 정치는 우리를 보호하고 정의하며 우리에게 힘을 주지만, 잘못된 손에 들어가면 우리를 파괴하고 박해하고 소외하며 인간성을 빼앗을 수도 있습니다.

정치란 인간이 공동체나 집단을 이루어서 하는 모든 일을 가리킵니다.

홉스
정부의 성립

당신이 동굴에 사는 원시인이며 하루치 수렵과 채집을 만족스럽게 마친 뒤 집에 막 돌아왔다고 상상해보세요. 요즘은 살기가 썩 괜찮습니다. 그러던 어느 날 '커다란 남자'가 나타납니다.

"먹을 것을 내놔." 그가 으르렁대듯 말합니다. 당신은 깜짝 놀라죠. 알다시피 식량 구하기는 쉬운 일이 아니고, 당신은 누구의 부하가 아니니까요.

"왜?" 기분이 상한 당신은 따져 묻습니다.

커다란 남자는 가슴을 부풀리며 말합니다. "내가 다른 놈들이 못 들어오게 네 동굴을 지키잖아."

그렇게 해서 최초의 **사회계약**이 성립되었고, 17세기 철학자 토머스 홉스는 이러한 거래를 설명해 오늘날 우리와 정부와의 관계를 이해할 기틀을 마련했습니다.

홉스는 통치자가 생겨나기 전, 즉 권력이 등장하기 전의 삶은 끔찍하기 이를 데 없다고 생각했습니다. 어떤 종류의 권위도 없으므로 인간은 빠르게 '자연 상태'로 돌아가고, 자원을 두고 격렬한 투쟁을 벌이며 "위험하고, 야만적이고, 짧은" 삶을 살게 된다고 보았죠. 마치 〈워킹 데드〉와 〈매드 맥스〉, 게임 〈폴아웃〉 시리즈를 한데 묶은 것 같다고 생각하면 됩니다.

이런 끔찍함을 피하려면 인간은 자신의 절대적인 개인 자치권을 포기하고 주권 있는 정부에 권한을 넘겨주어야 합니다. 우리는 권한을 넘겨주는 대가로 재산권과 안전을 보장받습니다. 홉스는 이런 안전이 우리에게 더 큰 자유와 편안함을 준다고 주장했습니다. 예를 들어 안전이 보장된 사회에서 우리는 일을 하기 위해 집을 비울 수 있고, 그렇게 해서 더 많은 노동 분업이 이루어집니다. 즉, 사회가 발전하는 것이죠.

그러므로 '사회계약'은 개인의 집합인 사회와 정부 사이에 형성됩니다. 한쪽에서는 자유를, 다른 한쪽에서는 안전과 편안함을 내놓는 타협이죠. 현대에도 집단 대 개인의 자유에 초점을 맞춘 정치적 토론이 활발히 일어난다는 사실은 이 계약의 틀이 여전히 유효함을 보여줍니다.

홉스는 영국에서 왕당파와 의회파가 싸우던 내전 시기에 활동했고, 목숨이 위협당하는 상황이 아니라면 계약을 파기해서는 안 된다고(다시 말해 왕에게 충성해야 한다고) 주장했습니다. 하지만 훗날 존 로크와 장 자크 루소는 계약이 좀 더 동등해야 한다고 보았고, 왕이 계약 조건을 지키지 않으면 백성도 저항하고 반란을 일으킬 권리가 있다고 생각했습니다.

그렇다면 계약의 한계점은 어디일까요? 당신이 보기에 정부가 계약을 위반했다고 느껴질 정도로 심각한 행위는 무엇인가요? 우리가 시민의 의무를 다하지 않거나 범죄를 저지르면 계약 조건을 어기는 것이 될까요?

마키아벨리
왕이 되는 법

최고의 자리에 오르고 싶다면 아래 있는 이들을 짓밟아야 할까요? 타산적인 자, 부패한 자, 냉소적인 자에게만 성공이 찾아올까요? 기업 대표이사의 20퍼센트가 사이코패스로 진단될 만한 행동을 보이는 것은 왜일까요?

답은 마키아벨리의 『군주론』에 있을지도 모릅니다.

르네상스 시대 이탈리아 외교관이었던 니콜로 마키아벨리의 짧은 책 『군주론』에 따르면 효율적이고 성공적인 통치자(**좋은** 통치자가 아닙니다)란 자신의 지위(마키아벨리는 남자만이 군주가 될 수 있다고 생각했죠)를 유지하기 위해서는 무엇이든 하는 사람입니다. 군주의 관점에서 목적은 항상 수단을 정당화합니다. 조작, 사기, 뇌물, 폭력, 협박, 배신은 모두 표면상으로는 '대의'(물론 군주 자신이 정의하는 것이죠)를 위함이지만, 실제로는 통치자의 전권 유지와 권력 강화를 위해서 얼마든지 쓸 수 있는 무기입니다.

이 책에는 인용할 만한 구절이 유난히 많습니다.

"속임수로 얻을 수 있는 것을 절대 힘으로 얻으려 하지 말라."

"사랑과 두려움은 양립하기 어려우므로… 사랑받기보다 두려움의 대상이 되는 편이 훨씬 안전하다."

"누군가에게 상처를 입혀야 한다면 그의 복수가 두렵지 않을 정도로 가혹하게 해야 한다."(범죄 드라마 시리즈 〈더 와이어〉의 등장인물

오마 리틀은 이 문장을 "왕에게 덤비려거든 확실하게 해치워야 한다"로 바꿔서 말했죠)

이 책은 교활한 성공의 교과서입니다. 기업가의 커닝 페이퍼이자 폭군을 위한 지침서죠.

지금에 와서 우리가 『군주론』을 어떻게 읽어야 할지는 사실 분명치 않습니다. 이 책은 "세상이 돌아가는 이치"에 관한 실용주의자의 설명일까요? 독재자 지망생을 위한 체크리스트일까요? 아니면 그저 풍자일 뿐일까요? 마키아벨리의 다른 저작이 얼마나 도덕적이고 상식적인지를 생각하면 마지막 해석도 상당히 일리가 있어 보입니다.

의심의 여지가 없는 것은 이 책이 마키아벨리가 살던 그 시대(당시에도 엄청난 논란이 되었죠)는 물론 그 이후 여러 문화에 끼친 영향입니다. 마키아벨리는 권모술수와 밀실 거래의 손자(236쪽 참조)라고 할 수 있습니다. 셰익스피어에서부터 〈왕좌의 게임〉에 이르기까지 다양한 작품에서 우리는 마키아벨리가 제시한 규칙을 실천하는 지도자들을 만날 수 있습니다. 잔인해질 것, 권력을 쥘 것, 그리고 자기 뜻대로 할 것.

이븐 할둔
제국의 흥망성쇠

젊고 재능 있는 뮤지션이 나타나 일대 혁명을 일으킵니다. 그는 혜성 같이 나타나 정상의 자리에 오르고, 전 세계에서 공연을 매진시킵니다. 그러다 상황이 달라지기 시작합니다. 두 번째 앨범도 좋지만, 예전만큼 흥분되지는 않습니다. 세 번째 앨범은 다소 평범하네요. 네 번째는 태만하고 완전히 감을 잃은 느낌입니다. 약물을 남용했다는 얘기도 들려옵니다. 재능 있지만 한물간 뮤지션은 그렇게 퇴장하고, 더 새롭고 끝내주고 신선한 혁명가가 그 자리를 차지합니다.

　어디서 들어본 이야기인가요? 웬만한 전기 영화는 거의 이 노선을 따르지요. 영화만이 아닙니다. 아랍 학자 이븐 할둔Ibn Khaldun에 따르면 이 이야기는 역사 전반에 걸쳐 제국, 국가, 왕조의 흥망을 완벽히 반영하는 예입니다.

　이븐 할둔은 이슬람 제국이 쪼개지고 쇠퇴할 무렵에 활동했습니다. 무함마드 이후 수 세기에 걸쳐 여러 칼리프(이슬람의 지배자를 가리킴)는 스페인 한쪽 끝에서 인도 국경까지 이어지는 광대한 영토를 다스렸습니다. 발전은 빠르고 강력하고 놀라웠죠. 하지만 14세기 중반이 되자 북아프리카는 작은 왕국으로 나뉘어 분쟁이 일어났고, 스페인의 이슬람 영토는 아주 작은 거점만 남고 모두 사라졌습니다. 600년도 되지 않아 이슬람 세계는 정체되고 빈사 상태에 빠지고 말았죠. 이븐 할둔은 왜 이런 일이 일어났는지 알아내려고 했고 그 결과 위대한 저작을 남겼습니다.

이븐 할둔은 통치자의 권력이 **아사비야**asabiyyah, 즉 '사회적 결속'(연대)에서 나온다고 보았습니다. 이는 사이가 긴밀한 부족, 국가 또는 민족의 유대나 화합을 가리키지요. 이런 결속은 종종 가혹하고 극단적인 환경에서 살아가는 사람들에게서 가장 강하게 나타납니다. 이러한 집단적 결속이 없다면 아틀라스산맥이나 사하라사막에서 오랫동안 살아남을 수 없으니까요. 하지만 사람들이 도시로 이주해 세련된 도시적 삶이 자리 잡으면 아사비야는 약해지거나 더럽혀집니다.

이븐 할둔은 자신만만하고 강력하고 아사비야한 정복자도 다섯 세대 안에 쇠퇴하고 결국 전복된다고 주장했습니다. 이 과정은 정확히 예측 가능하며, 5단계에 걸쳐 일어납니다.

1단계: 기백 넘치고 아사비야한 사람들의 압도적 정복

2단계: 공동체 중심의 통치에서 군주/칼리프/지도자 한 명에게 집중된 권력 체제로 넘어감

3단계: 공명정대한 왕이 모든 이에게 유익하도록 현명한 통치를 펼쳐 번영

4단계: 자기 과신, 사치, 매관매직, 친족 등용 등의 병폐가 스며들기 시작

5단계: 새로운 아사비야 집단에 패하여 권력을 잃음

제국, 왕조, 정복자는 모두 이런 흐름에 따라 흥하고 망합니다. 민주주의의 등장이 제국주의적 정복의 역사에 종지부를 찍었는지도 모르지만, 이븐 할둔의 5단계 법칙은 어떤 왕정 또는 세습 정권에도 쉽게 적용될 수 있습니다. 6세기 전 이븐 할둔은 누구보다도 그 이야기를 명쾌하게 정리했습니다. 역사를 사회학적으로 바라본 그의 방식은 이제 표준이 되었고, 이 개념은 우리가 14세기 칼리프뿐 아니라 현재의 세계를 이해하는 데도 큰 도움이 됩니다.

헤르더
민족주의

국적은 당신에게 어떤 의미인가요? 당신이 가슴을 쿵 치며 경례하는 유형이든 민망해하며 시선을 피하는 유형이든 '나라'라는 단어가 무엇을 뜻하는지 생각하는 바가 있을 테지요. 여권, 국경, 국기, 올림픽에서 부를 국가가 있으면 나라일까요? 아니면 자기 나라 고유의 것이라고 느끼는 가치관이나 미덕을 가리킬까요?

18세기에 처음으로 민족주의를 거론한 요한 헤르더Johann Herder는 양쪽 다 아니라고 생각했습니다. 전자는 국가가 아니라 법적·정치적 정부의 요건이며, 후자의 경우 어느 한 민족에만 해당하는 **고유한** 특성은 없다고 보았기 때문이죠.

헤르더는 모든 나라가 '**민족정신**Volksgeist', 즉 국민의 정신으로 정의된다고 주장했습니다. 민족정신은 국가가 발휘하는 창조성의 원천이며, 뿌리가 깊고 고대부터 내려온 경우도 많습니다. 이러한 '민족문화'는 다음과 같은 요소로 이루어집니다.

(1) **언어**: 가장 큰 요소이며, 헤르더는 우리가 언어를 배울 때 "우리 마음을 쏟아붓기에" 언어는 우리의 영혼을 드러낸다고 썼습니다. 우리는 자신에게 언어를 준 나라에 소속되며, **자기 나라의** 언어로 생각하고 말하고 꿈을 꿉니다.

(2) **영토**: 세계지도에 그어진 선이 아니라 우리가 자기 나라의 땅에 품는 유대감을 가리킵니다. 워즈워스에게는 북부 잉글랜드의 계

곡, 에머슨에게는 세차게 흐르는 강, 톨스토이에게는 목가적 농장이 겠지요. 헤르더는 이것이 꼭 민족의 **현재** 영토일 필요는 없다고(이스라엘을 세우기 전의 유대인처럼) 설명했습니다.

(3) **전통**: 전달 및 계승되는 특성, 예의범절, 사고, 신화, 전설 등을 가리킵니다. 우리가 말하고 행동하는 방식이기도 합니다. 우리가 행동의 기준으로 삼는 암묵적 규칙도 여기 포함되죠. 예를 들어 "버스에서 모르는 사람에게 절대 말을 걸지 마라"나 "이도 저도 안 되면 날씨 얘기를 해라" 등이 있겠네요(영국인 한정).

이게 왜 중요한지 궁금하신가요? 헤르더는 개인의 행복에 관심이 많은 철학자였습니다. 인간은 모두 유일무이하고, 각자는 어떻게 행복한 삶을 살 것인지를 결정합니다. 이때 비슷한 민족정신으로 이루어진 나라 안에서는 행복한 삶에 관한 생각이 자연스레 겹치게 되겠죠. 영국인들은 비슷한 욕망을 품을 테고, 보통은 중국인의 욕망과는 상당히 다를 겁니다. 그렇다면 정치적으로 통합된 국가는 각자의 행복을 향해 집단적으로 노력하는 데 가장 알맞은 기반이 됩니다.

더불어 헤르더는 정부가 다양한 나라 여럿을 통제할 권리가 없다고 생각했습니다. 여러 다양한 민족정신을 아우르는 정치적 정부가 있어서는 안 된다는 의미입니다. 로마제국이나 대영제국 등 이런 종류의 제국은 '흉물'에 지나지 않습니다. 하지만 고대 그리스처럼 문화를 공유하는 여러 나라로 구성되는 제국이나 미국 같은 연방 국가는 "가족, 질서가 잘 잡힌 식솔"에 해당합니다. 이런 관점에서 다른 문화를 지배하려는 공격적 민족주의는 언제나 옳지 않습니다.

민족주의는 4년마다 국기를 흔들거나 다른 민족을 깔보는 것이 아니라 행복해질 방법을 정의하는 문화적 기반 닦기에 가깝습니다. 내가 생각하는 행복과 이웃의 행복이 닮았을 때 국가 구성원 사이 유대감은 깊어지고, 집단으로서 함께 행복을 이루어갈 수 있지요.

투키디데스
불가피한 전쟁

이 구역의 보스는 당신입니다. 사람들은 당신이 대부 비토 코를레오네라도 되는 것처럼 머리를 조아립니다. 그러던 어느 날 뭔가 분위기가 달라집니다. 동네에 새 얼굴이 들어와서 풍파를 일으키기 시작한 거죠. 사람들은 그쪽에도 머리를 숙입니다. 그들은 당신 고객, 당신이 받던 존중, 당신의 평판까지 앗아갑니다. 이제 어떻게 하실 건가요, 보스?

투키디데스Thucydides의 관점에서 선택지는 하나뿐입니다. 바로 전쟁이죠.

투키디데스는 헤로도토스Herodotus와 함께 역사를 학문으로 정립한 역사의 아버지로 알려져 있습니다. 대표작 『펠로폰네소스 전쟁사』에서 투키디데스는 아테네와 스파르타 사이의 대규모 전쟁을 포괄적이고 정확하게 기술했으며, 역사적 사건을 예시로 활용해 정부와 군사적 외교의 작동 방식에 관해서 시대를 초월하는 일종의 지정학적 원칙을 끌어냈습니다.

스파르타는 해당 지역의 지배적 세력('패권국hegemon')이었고, 아테네는 스파르타의 자리를 위협하며 떠오른 신예였습니다. 투키디데스는 이런 상황에서 두 나라의 전쟁은 불가피하다고 보았습니다. 기존 세력은 반드시 신진 세력과 충돌하게 되어 있다는 뜻이죠. 국제 관계에서 이런 관점은 '현실주의'로 불립니다.

넓은 의미에서 현실주의는 다음 세 가지 논거로 정의됩니다.

(1) 인간은 이기적 본성을 타고났고, 안정을 추구하는 욕구로 인해 이런 본성이 국가 단위로 나타난다.

(2) 이상적인 도덕성과 정의는 국제 관계에서 무시된다.

(3) 세계 질서는 무정부 상태다. 즉 각 나라가 바르게 행동하도록 강제할 상위 권력은 없다.

투키디데스는 아테네가 멜로스를 정복한 직후 벌어지는 협상을 극적으로 각색한 '멜로스의 대화' 부분에서 이 세 가지를 요약해 보여줍니다. 아테네인들은 '정의'에 호소하는 말을 모두 웃어넘기며 이렇게 주장합니다. "한쪽이 더 강할 때 강한 쪽은 가능한 한 많이 얻으려 하고, 약한 쪽은 그것을 받아들여야만 한다."

따라서 국제 관계에서 현실주의는 약육강식을 뜻합니다. 전쟁은 자신의 이익만을 챙기는 국가가 안정성을 사전 방어하는 수단이죠. 모든 국제 관계는 여러 나라가 지배권을 두고 경쟁하는(군사력뿐 아니라 권모술수를 써서) 각축장입니다. 패권hegemony이 안전을 보장합니다.

현실주의는 마키아벨리와 홉스뿐 아니라 존 미어샤이머John Mearsheimer 같은 현대 사상가를 통해 널리 알려졌습니다. 역사를 살펴보면 이 이론을 뒷받침하는 수많은 예를 아주 쉽게 찾아볼 수 있습니다. 로마 대 카르타고, 오스만제국 대 비잔틴제국, 스페인 합스부르크 왕가 대 거의 모든 유력 가문(!), 대영제국 대 프랑스, 소비에트연방 대 북대서양조약기구 등 끝이 없죠.

2012년 그레이엄 앨리슨Graham Allison은 '투키디데스 함정'이라는 표현을 써서 미국(현재의 패권국)과 중국(신진 세력)이 종말을 부를 불가피한 충돌로 향하고 있다고 주장했습니다.

…투키디데스가 틀렸기를 바라는 수밖에 없겠네요.

마르크스
세계 역사

역사는 한 방향으로 날아가는 화살이 아니라 거대한 곤충 떼처럼 움직입니다. 근대 이후 디지털 시대인 21세기의 '지금'을 살아가는 우리는 역사라는 거대한 탁류 안의 물 한 방울처럼 작디작습니다. 우리 이야기를 책에서 읽게 될 사람은 누구일까요? 별 의미도 없는 우리의 욕망이나 걱정, 애정에 누가 눈곱만큼이나마 관심을 보일까요? 우리가 중세 농노를 바라보듯 미래 사람들은 우리를 바라보겠지요. 우리는 그림의 배경에서 눈에 띄지 않는 점 하나, 교향곡에서 띵 하고 울리는 아주 희미한 트라이앵글 소리, 아니면 어떤 소설 10장에 나오는 이름 없는 등장인물(정말 성공한 경우)이 될 겁니다. 역사는 거대한 움직임, 사회 전체, 커다란 물질적 힘이 단호하게 내딛는 발걸음을 다룹니다. 당신과 나의 이야기가 아니라는 뜻이죠.

　이것이 카를 마르크스가 '변증법적 유물론'의 관점에서 세계 역사를 바라보는 방식이며, 어떤 형태로든 이런 시각은 이후 우리가 역사를 바라보는 방식에 영향을 끼쳤습니다.

　마르크스의 등장 전까지 역사학계 대부분을 지배한 것은 모든 역사가 "위대한 영웅의 전기"로 요약될 수 있다는 토머스 칼라일Thomas Carlyle의 주장이었습니다. 몇몇 예외를 빼면(276쪽의 이븐 할둔 같은) 역사란 소수의 남성 영웅(영웅은 항상 남성이어야 했죠)이 활동한 결과로 간주되었습니다. 카이사르가 로마를 만들고, 앨프레드 대왕이 잉글랜드를 만들고, 조지 워싱턴이 미국을 만들고, 나폴레옹이 프랑스를 만들고, 애덤 스미스가 자본주의를 만들었다는 식이었죠. 위대한 인물, 위대한 생각과 때맞춰 일어난 획기적 사건으로 오늘날의 세상이 존재한다는 이론이었습니다.

마르크스는 이것이 말도 안 된다고 생각했습니다. 그의 관점에서는 한 사람이 역사를 만드는 것이 아니었으며 사람들은 "과거에서 주어지고 전달된, 이미 존재하는 환경"에 맞추어 살아가는 것뿐이었죠. 모든 정치제도, 모든 법과 사법 체계, 관습과 문화적 기준은 그가 '생산적 힘'이라고 불렀던 사회경제적 요소가 복잡하게 얽혀 나타난 결과라는 것이 마르크스의 주장이었습니다. 삶의 상부구조를 비롯해 우리가 주변에서 보는 모든 것은 천연자원, 기술, 노동시장, 그리고 물론 계급투쟁(114쪽 참조) 같은 물질적 환경이라는 토양에서 생겨난 것입니다.

마르크스주의자의 관점에서 쉽게 설명되는 역사적 사건은 없습니다. 계급 간의 관계, 생산방식의 차이, 물질적 요소에서 생겨나는 복잡한 전체 양상이 전부 고려되어야 하죠. 예를 들어 봉건주의의 계급체계는 중세의 농업과 수공업 기술(생산방식)에서 생겨났습니다. '재산권'에 관한 법체계는 개인 토지 소유주들이 근대 경제를 지배하기 시작한 이후에 만들어졌습니다. 간단히 말해 모든 것은 유물론적 관점에서 설명이 가능합니다.

마르크스의 사상은 그 폭넓음에 비해 과소평가될 때가 많습니다. 그의 자본주의 비판과 역사관은 모든 이의 입맛에 맞지는 않을지 모르지만, 그의 사상이 그 나름의 방식으로 혁명적이라는 데는 의심의 여지가 없습니다. 이전에도 사회학적 렌즈를 통해 세계의 사건을 바라본 역사학자가 있기는 했지만, 마르크스만큼 박식하고 예리하게 해낸 이는 아무도 없었습니다.

버크
선조의 지혜

머지않아 실현될 놀라운 새 제도나 훌륭한 계획, 혁명적 아이디어가 있다면 어떻게 해야 할까요? 지금의 계획을 위해 원래 알던 모든 것을 뒤엎고 가진 것을 몽땅 내다 버려야 할까요? 현재의 이상적 생각 때문에 수 세기 동안 쌓인 지혜를 희생하자고요?

18세기 아일랜드 정치가이자 현대 보수주의의 아버지로 불리는 에드먼드 버크는 단호하게 "아니요"라고 답했습니다.

안정적이고 성숙하기로 손꼽히는 세계의 여러 사회는 하루아침에 생겨나지 않았습니다. 어떤 철학자 왕이 교육용 정부 모형을 활용해서 혼자 만들어낸 것도 아닙니다. 사회는 수천 년 동안 유기적으로 성장이 이루어지고 지식이 축적된 결과물입니다. 수없이 실패한 실험에서 살아남은 최고의 결과죠. 로마는 하루아침이 아니라 수백 년의 시행착오, 패배와 실패 끝에 생겨났습니다.

버크는 인간 개개인의 이성에 매우 회의적이었습니다. 버크의 생전에 일어난 프랑스혁명의 낙관주의와는 반대로 버크는 인간이 이기적이고 근시안적이며 실수투성이라고 믿었죠. 개인의 "사적 자산"은 "국가와 시대의 자본"에 비하면 빈약할 수밖에 없습니다. 그는 사람들이 "타인의 지혜를 존중하지 않지만", 자신의 것에는 독선적 자신감을 보인다고 주장했습니다.

우리 시대의 가장 명민한 지성도 한 명의 지성일 뿐입니다. 가장 널리 퍼진 사회운동조차도 전통의 바다에서는 물방울 하나에 불과하죠. 버크가 살던 18세기 영국의 민주주의는 하늘에서 뚝 떨어진 기적이 아니라 길고 점진적인 변화를 거쳐 느리게 만들어진 것이었습니다. 사회를 한 방에 급진적으로 변화시킨다는 생각은 우리가 자신의 선조보다, 모든 전통보다 더 잘 안다고 자만하는 것이나 마찬가지입니다. 벽에서 가장 최근에 놓인 벽돌일 뿐인 우리가 누구라고 감히 건물 전체를 무너뜨리려 할까요? "오래됐다는 이유만으로 오래된 제도를 파괴하려" 하고, "서둘러 쌓아 올린 건물의 내구성은 전혀 걱정하지 않는" 태도가 과연 지혜로운가요?

버크의 보수주의는 이념적으로 모든 진보에 반대하는, 융통성 없이 완전히 굳은 사상이 아닙니다. 다만 버크는 변화란 (지루하거나 복잡할지라도) 조심스럽고 신중해야 한다고 주장했지요. 혁명은 빠른 답을 요구하고 극단적 격변을 추구합니다. 버크가 보기에 혁명은 언제나 재앙이나 공포정치로 끝날 뿐이었습니다.

하지만 국가는 반드시 앞으로 나아가야 합니다. 자기 개혁의 가능성을 스스로 부정하는 정부는 파멸하게 되어 있다는 것이 버크의 생각이었습니다. 단지 변화는 느려야 하며 무엇보다 **되돌릴 수 있어야** 합니다. 기요틴은 실수를 용납하지 않으니까요.

그러니 정치가나 친구가 빠르고 간단하고 급진적인 해결책을 제안하거든 시간을 들여 심사숙고하세요. 과격하고 반사적인 반응이 현명한 경우는 매우 드물고, 우리 선조의 지혜는 지금 우리가 생각하는 것보다 훨씬 위대할 수도 있다는 버크의 말을 기억하세요.

페인
혁명

정체 상태는 위험할 수도 있습니다. "원래부터 다 이런 식이었어!"라고 말하면 편하긴 합니다. 애초에 왜 지금 상태가 되었는지 깊이 생각하지 않아도 되니까요. 따라서 진정으로 급진적이거나 혁명적이기 위해서는 자신이 원래 알던 모든 것에서 벗어나려는 엄청난 노력이 필요합니다.

　미국 정치 사상가이자 미국 독립과 프랑스혁명에서 크게 활약한 인물인 토머스 페인Thomas Paine은 사람들이 정치를 바라보는 방식에서 이 점이 가장 명확히 드러난다고 생각했습니다. 우리는 원래 그렇게 해왔다는 이유만으로 부적절하고 부당한 일들을 기꺼이 받아들이며 그저 흐름에 몸을 맡기고 있지는 않나요? 페인은 이런 글을 썼습니다. "무언가를 잘못됐다고 여기지 않는 버릇이 오래되면 그것은 피상적으로나마 옳은 것으로 보이게 된다."

　페인은 인간이면 누구나 지니는 절대적이고 불가침한 권리, 이를테면 자유로운 삶, 언론과 종교의 자유가 존재한다고 믿었습니다. 또한 안정과 보호라는 시민권은 국가와 정부의 존재 의의 자체라고 생각했습니다.

　대체로 '전통'의 탈을 뒤집어쓴 권력자가 이러한 자유를 침해하는 순간 각 세대에는 그런 체제를 뒤엎기 위해 봉기할 권리, 심지어 의무가 생겨납니다. 지난 세대의 정치는 오늘날의 우리를 묶어둘 권리가 없으며, "각 시대와 세대는 스스로 행동할 자유가 있고 죽은 뒤에도 지배하려는 허영과 외람됨은 모든 폭정 가운데서도 가장 우스꽝스럽고 주제넘은 짓"입니다. 선대에서 지혜를 찾을 수는 있지만, 그들이 현재의 우리를 다스리는 것은 아닙니다.

내면의 빛을 중시하는 개신교 종파인 퀘이커 교도였던 페인은 인류가 빛과 선함을 타고났기에 완벽해질 수 있는 존재라고 믿었고, 권위주의를 극도로 싫어했습니다. 그는 정부란 필요악이고 국민을 섬기는 종이어야 하며 주인이나 왕이 되어서는 절대로 안 된다고 생각했죠. 이런 생각은 부당하거나 자유를 침해하는 정부를 국민이 반드시 무너뜨려야 한다는 그의 주장을 뒷받침했습니다.

혁명가들이 모두 종교적이었던 것은 당연히 아니지만, 그들에게는 어떤 국가의 법도 초월하는 절대적 가치 체계를 신봉한다는 공통점이 있습니다. 바리새인들을 공격한 예수도, 「마그나 카르타」(대헌장)로 상징되는 법치주의도, 자연권에 대한 페인과 루소의 믿음도, 노동자 계급을 중시한 마르크스도, '인권'을 논하는 현대 절대주의자도 모두 마찬가지입니다. 혁명의 핵심은 정부나 전통과 관련된 모든 상황을 완전히 뛰어넘는 가치에 있습니다.

그렇다면 우리는 자신의 원칙을 전통보다 위에 두고 있을까요? 이상에 따라 살아갈 수 있을 정도로 대담하고 용감할까요? 실패할 가능성이 아무리 커도 이상향을 향해 나아갈까요? 페인은 이렇게 말했습니다. "우리는 세상을 다시 시작할 힘을 이미 지니고 있다."

정체의 문제는 그 상황 자체가 위험한 것이 아니라 옳지 못한 일을 정상적인 것으로 보이게 한다는 데 있습니다. 거기서 벗어나 자유를 얻는 데 필요한 것은 단 하나의 목소리, 단 하나의 강력한 생각뿐일지도 모릅니다.

스미스
보이지 않는 손

왜 병에 든 생수보다 우유가 더 싼지 궁금했던 적이 있나요? 왜 크리스마스 다음 날이면 물건 가격이 내려갈까요? 그 많던 피젯 스피너는 다 어디로 갔을까요?

스코틀랜드 경제학자 애덤 스미스는 이 질문들의 답을 알았습니다. 그건 바로 '보이지 않는 손'의 작용이죠.

1700년대에 유럽은 '중상주의重商主義' 경제였습니다. 당시 사람들이 국가의 부는 모든 생산물과 통화를 비축하는 데서 나온다고 생각했다는 뜻이죠. 그 결과는 '계획' 경제 또는 '통제형' 경제였고, 지도자들은 자국 산업을 보호하고 타국과의 무역에서 조금이라도 손해를 보지 않으려고 무진 애를 썼습니다.

이런 상황에서 스미스는 "모든 사람이 교환을 통해 살아가는" 체계인 '상업주의'를 내세웠습니다. 각 나라는 비효율적인 자급자족을 굳이 고집할 필요가 없다는 말입니다. 대신 노동을 특화하는 분야로 나눈 다음 필요한 재화와 자국의 특화 제품을 교환하면 됩니다.

이것이 실현되려면 반드시 두 가지 형태의 '부wealth'가 있어야 합니다. 자산asset(사람들이 소유하거나 필요로 하는 물건)과 자본capital(모든 형태의 양도 가능한 재화, 하지만 대체로 돈)이죠. 이 자본 덕분에 우리는 자신이 알맞다고 생각하는 방식으로 소비할 수 있게 됩니다. 이렇게 해서 사람들의 집단적 소비 습관이 '보이지 않는 손'

을 만들어내고, 이 손이 가격과 수요/공급을 조정합니다.

제빵사가 같은 품질의 빵을 다른 가게보다 두 배 비싸게 판다면 사람들은 더 싼 가게로 몰리고, 제빵사는 가격을 내려야 합니다. 갑자기 특정 제품의 수요가 증가하면 그에 대응하기 위해 보이지 않는 손이 공급자를 만들어냅니다.

이 모든 행위는 자기 이익을 위한 것이지만, 전혀 나쁜 일이 아니라고 스미스는 말합니다. 소비자가 싼 물건을 찾으려고 애쓰면 여기저기서 가격이 내려갑니다. 돈을 더 벌고 싶은 생산자는 물건을 더 만들거나 혁신에 힘써야 하고, 이는 모두에게 좋은 일입니다. 상인이 장사에 힘을 쏟으면 새로운 수요가 생겨나도 금세 채워집니다. 손해 보는 사람은 아무도 없죠.

보이지 않는 손은 어떤 '통제형' 공무원보다도 사람들을 잘 압니다. 그 손이 바로 사람들 **자체**이기 때문이죠. 이 손은 시대와 함께 움직이며, 유행과 욕구에 대응하며, 정치가들이 미처 존재를 알기도 전에 피젯 스피너를 시장에 공급합니다.

스미스는 종종 어떤 규제도 없는 자유 시장의 옹호자 취급을 받지만, 그건 불공평한 평가입니다. 스미스는 국방이나 재판, 또는 교육이나 교량 같은 '공공사업'처럼 시장의 힘에 맡기면 안 되는 중요한 것들이 있다고 밝혔습니다. 이런 것은 개인의 투자 대상이 아니라고 보았기 때문이죠. 하지만 오늘날에는 여기 속하는 항목 일부도 사적 시장에 공개되어 있다는 점이 흥미롭습니다.

스미스의 『국부론』(1776)은 일반적으로 알려진 것보다 훨씬 세심한 고려가 담긴 책입니다. 스미스 혼자 힘으로 자본주의의 기틀을 세운 것은 아닐지라도 그의 생각이 그 누구의 생각보다도 우리 사회를 크게 변화시켰음은 틀림없습니다.

토크빌
민주주의 보호하기

당신을 제외한 다른 사람들이 원하는 대로 맞춰야 했던 적이 있나요? 음식 배달을 시키기로 했는데, 혼자만 중국 음식을 골랐던 적은요? 아니면 새로 나온 픽사 애니메이션을 보고 싶었지만, 오만상을 찌푸리며 〈분노의 질주〉를 봐야 했던 적은요? 모든 상황에서 당신이 **항상** 지는 편이고 다수에 속한 적도 한 번도 없다면 어떨까요?

프랑스 귀족이자 외교관이었던 알렉시 드 토크빌Alexis de Tocqueville은 1831년 미국에서 안식년을 보내며 이 문제를 고민했습니다. 어떻게 해야 민주적인 정부가 "다수의 횡포"로 변하는 것을 막을 수 있을까요?

토크빌은 급진적 변화를 목격했습니다. 절대왕정과 강력한 귀족의 시대가 막을 내리고 있었죠. 유럽 전역에서 일어나는 혁명은 그 사실의 명확한 증거였습니다. 세상은 민주주의를 향해 나아가고 있었습니다. 그는 앞으로의 삶을 걱정하는 학자답게 "민주주의의 이미지 그 자체"를 직접 보러 떠나기로 했습니다. 바로 미국으로 갔지요! 그는 "미국의 발전에서 우리가 어떤 두려움이나 희망을 품어야 할지 알아보려고 미국의 특성, 편견, 열정을" 직접 살펴보러 떠났습니다 (개인적으로는 그가 여행을 즐기기도 했으리라 추측합니다).

토크빌의 가장 큰 걱정은 '국민'의 법이 '인류'의 법보다 우선하는 곳에서 목소리 크고 영향력 있는 대중이 자신만을 위한 결정을 내리는 것을 어떻게 막느냐 하는 점이었습니다.

토크빌은 미국을 오늘날 우리가 물질만능주의라고 부르는 것의 정점으로 보았습니다. 그는 "물질적 삶의 쾌락"이 "나라의 전반적 취향"이며 이윤과 부유함이 사회 전체를 움직이는 동력이라고 지적했지요. 토크빌은 이러한 가치관, "인간을 물질화하는" 이러한 흐름이 주류가 아닌 가치관을 지닌 이들을 포함한 모든 이에게 강요되지는 않을까 염려했습니다. 무엇이 옳은지를 다수가 정의한다면 가치관의 획일화를 어떻게 막을 수 있을까요?

하지만 미국에서 이런 일은 일어나지 않았습니다. 선거에서 진 쪽과 수많은 소수민족은 **실제로** 보호받았죠. 토크빌이 프랑스에서 보았던 공포와 폭정이 미국에서 재현되지 않은 이유는 무엇이었을까요?

첫째, 미국인들은 놀라울 만큼 정치에 활발히 참여했고, 특히 단체를 만드는 데 적극적이었습니다. 로비 단체, 이익집단, 교회, 학교 위원회, 자선단체 등이 셀 수 없을 만큼 많았죠. 이런 단체 덕분에 소수 또한 통합되고 커다란 목소리를 낼 수 있었고, 권력은 나라 전체로 분산되었습니다.

둘째, 미국은 강력한 기독교적 토대 위에 세워졌습니다. 종교는 사람들에게 대중적 소비문화가 줄 수 없는 것을 제공합니다. 토크빌은 이렇게 썼죠. "자유는 도덕성 없이 성립할 수 없고, 도덕성은 종교 없이 성립할 수 없다." 미국에서는 정부보다 위에 있는 종교가 다수결 원칙을 견제하는 개인적·도덕적 양심 역할을 했습니다.

오늘날에도 토크빌에게서 얻을 수 있는 교훈은 많습니다. 질문 하나를 꼽자면, 종교가 쇠퇴하는 세상에서 물질주의의 폭정을 막을 방법은 무엇일까요? 모든 사람, 특히 소수의 자유와 권리 보호는 개인의 가치관에 달려 있습니다. 이런 가치를 사회에서도, 이제는 종교에서도 얻을 수 없다면 대체 어디에서 얻어야 하는 걸까요?

칸트
세계 평화

철학이 좀 비실용적이라는 비판이 종종 나오는 데도 이유가 있기는 합니다. 희한하기 짝이 없는 범심론(266쪽)이나 플라톤의 추상적인 이데아 세계(100쪽), 버클리의 유아론唯我論적 관념론(146쪽)이 '최고의 실용적 발명'상 후보에 들기는 글렀다고 봐야겠죠. 철학이 엄청나고 근사한 아이디어를 딱 하나만 내놓아도 좋을 텐데요. 세상을 더 좋은 쪽으로 완전히 바꿀 방법 같은 것 말이죠. 이를테면… **세계 평화**를 이룰 방법?

이마누엘 칸트는 자신이 바로 이런 일을 해냈다고 생각했습니다. 그의 짧은 책『영원한 평화』에는 전쟁 없는 세계로 나아가는 방법이 단계별로 요약되어 있습니다.

세계 평화를 만드는 칸트의 레시피는 인류학과 정치, 철학적 이성을 알기 쉽게(그가 보기에는) 버무린 다음 계몽주의 시대를 상징하는 희망 담긴 낙관주의를 살짝 곁들인 것이었습니다. 각 나라가 따라야 할 '결정적 조항' 세 가지가 일목요연하게 정리되어 담겨 있죠.

(1) **공화국이 될 것**: 칸트는 법 앞의 평등과 선출된 의회를 공화국의 요건으로 보았습니다. 시민이 법을 제정하므로 체제는 지지와 합의라는 뒷받침을 얻습니다. 칸트는 이런 제도 안에서라면 "전쟁이라는 처참함을 불러오는" 또는 "자신의 재산으로 전쟁의 대가를" 치러야 하는 쪽으로 쉽게 투표할 시민은 없으리라 생각했죠. 전쟁을 벌이

는 것은 부유한 과두제 집권층이나 독재자뿐입니다. 그들은 잃을 것이 없으니까요.

(2) **공화국 연방을 형성할 것**: 국가 간의 이 연합은 오늘날 우리가 자유무역 지역이나 불가침조약이라 부르는 것과 비슷합니다. 무역으로 서로 묶인 국가들은 쉽게 전쟁을 벌이지 않습니다. 양쪽에게 이득이 되지 않으니까요. 이런 연방은 "국가 간의 형제애라는 광신적 열광이 아니라 각자의 이익을 토대로" 이루어져야 합니다. 칸트가 보기에 모든 국가는 번영을 원하고, 이성적으로 이는 곧 무역 연합으로 이어집니다. 이 연합은 주권이나 국가 정체성 상실과 관련이 없으며 이념과 문화, 종교와 언어 통합으로 이어지는 것도 아닙니다.

(3) **세계시민주의를 받아들일 것**: 끔찍한 전쟁을 이미 겪은 인간은 인류를 위한 자신의 의무를 깨달을 수밖에 없다고 칸트는 생각했습니다. 칸트의 세계시민주의는 인류를 개성 없는 덩어리로 한데 뭉치는 것이 아니라 상호 존중에 가까운 개념입니다. 타인을 인간 이하, 구제 불능의 악, 또는 어떤 식으로든 열등한 존재로 본다면 평화는 유지될 수 없습니다.

칸트의 주장은 소련이 무너지고 후쿠야마의 '역사의 종말' 이론(298쪽 참조)이 등장한 1990년대에 널리 알려졌습니다. 그의 유산은 우선 미국 대통령 우드로 윌슨(칸트에게서 영감을 얻음)이 주도한 국제연맹(실패함), 그리고 오늘날의 국제연합에서 찾아볼 수 있습니다. 물론 그의 생각이 가장 비슷하고 명확한 형태로 실현된 것은 유럽연합EU이죠. 가까운 무역 파트너가 된 민주국가는 서로 거의, 또는 전혀 전쟁을 하지 않는다는 것이 증명된 셈입니다. 따라서 칸트의 주장에는 진실이 담겨 있습니다. 단지 그의 세 가지 조항이 단순한 단계라기보다는 태산 같은 장애물로 보인다는 점이 문제일 뿐이죠.

간디
비폭력

당신은 '반대쪽 뺨도 내주는' 사람인가요, '눈에는 눈' 유형의 사람인가요? 압제를 당하는 상황이라면 맞서 싸울 건가요, 어떻게든 평화적 방법을 찾을 건가요? 마틴 루서 킹의 비폭력과 맬컴 X의 폭력적 자기방어 중에 더 효율적인 저항운동은 어느 것일까요? 평화는 폭력을 이길 수 있을까요? 폭력은 더 큰 폭력을 부를 뿐일까요?

인도의 반식민주의 지도자이자 비폭력 저항운동의 선구자 마하트마 간디는 폭력과 접촉하면 무엇이든 오염되고 만다고 강조했습니다. 유혈과 파괴를 통해서는 안정되고 평화적이며 도덕적인 국가를 세울 수 없다는 뜻이죠.

간디는 인도와 서양 양쪽의 지적 전통에 따라 교육받았고, 비폭력이라는 그의 강력한 저항 방식은 힌두교와 기독교가 합쳐진 흥미로운 결과물입니다. 간디는 (톨스토이의 영향을 받아) 비폭력이야말로 진보적 공감의 자연스러운 결과라고 주장했습니다. 처음 인간은 자신과 직계가족만을 돌보았습니다. 그러다 자기 부족에, 마을에, 나라에 신경을 쓰게 되었죠. 간디가 보기에 마지막 단계는 인류 전체를 향한 보편적 사랑과 연민입니다. 그는 서로 죽이는 것이 모든 인간의 자연스러운 본능에 어긋나는 행위라고 생각했습니다.

하지만 간디가 절대적 평화주의자는 아니었다는 사실은 그리 잘 알려져 있지 않습니다. 그는 폭력이 불가피한 경우도 있다고 주장했죠.

첫째, 간디는 죽임을 당하는 사람을 위해서라면 사람을 죽이는 것이 정당화될 수 있다고 생각했습니다. 오늘날에는 이를 인도적 안락사라고 부릅니다. 둘째, 그는 비폭력이란 목표 또는 삶의 기준으로 삼을 이상에 가깝다고 설명했습니다. 더불어 때로는 우리가 이중 제약에 갇힐 수도 있으며(비폭력이 더 큰 악을 부르는 경우, 예를 들어 폭도에게서 아이를 지키지 못하는 사례가 이에 해당합니다), 부족한 용기를 덮기 위해 비폭력을 핑계로 삼는 것은 비겁하다고 인정했습니다. 간디는 "비폭력은 결코 겁쟁이의 방패로 쓰어서는 안 된다"고 말했으며, 도망치거나 숨는 것은 비폭력이 **아님**을 분명히 밝혔습니다.

간디의 비폭력 사상에 담긴 힌두교적 요소는 상황이나 관계에 따라 의무가 달라질 수 있다고 인정하는 데서 드러납니다. 가족으로서의 의무와 정치적·종교적 의무는 상당히 다를 수 있다는 거지요. 간디는 비폭력이 도덕적 수양을 위한 개인적 의무라고 생각했습니다. 즉, 자신의 종교나 가족이 위협당한다면 폭력을 사용할 수도 있다는 뜻입니다. 따라서 간디의 관점에서 폭력은 결코 정당화될 수는 없지만, 긴급한 경우나 인도적인 상황이라면 용서받거나 예외로 간주될 수 있습니다.

간디의 비폭력 사상은 일반적으로 생각하는 것보다 훨씬 융통성 있지만 간디는 정치적 폭력, 이를테면 인도인들이 영국인들을 타도하기 위해 폭력을 사용하는 것은 결코 용납될 수 없다고 여겼습니다. 그는 폭력으로는 더 높은 이상을 실현할 수 없다며 이렇게 주장했죠. 폭력은 항상 사용자의 목적을 더럽히기에 "폭력적 수단은 폭력적 자유를 낳을" 뿐입니다. 간디는 혁명과 국가의 독립이 고귀하고 정의로우려면 시체를 토대 삼아 성립되어서는 안 된다고 생각했습니다.

엥겔스
사상의 시장

완전히 다른 두 가지 문화나 의견, 사상이 부딪혀 서로 불꽃을 일으키면 어떻게 될까요? 모든 생각이 모여드는 '사상의 시장'은 유토피아를 만들어낼까요? 공동 작업은 왜 좋은 결과를 낼까요?

이런 질문에 답하려면 **변증법**을 살펴볼 필요가 있습니다.

일종의 사상적 '변증법', 즉 보편적 진실을 찾기 위한 두 가지 서로 다른 세계관 사이에서 담론이나 대화가 일어나고 갈등 끝에 해결책이 도출된다는 생각을 처음 널리 알린 것은 독일 철학자 헤겔이었습니다. 하지만 완전히 유물론적 관점에서 이 개념을 처음으로 정형화한 것은 헤겔의 뒤를 이은 프리드리히 엥겔스였죠. 헤겔은 벨트가이스트(118쪽 참조), 즉 세계정신이 끊임없이 일종의 계몽된 유토피아를 향해 나아간다고 생각했지만, 엥겔스는 사회와 역사, 인간의 발전에 초점을 맞췄습니다. 엥겔스는 생산하고 발명하려는 욕구 덕분에 인류가 앞으로 나아간다고 믿었죠. 모든 진보는 물질적 욕구를 목적으로 삼는다는 말입니다.

엥겔스는 개인적·사회적 수준에서 일어나는 주요 발전은 모두 관계와 협업 덕분에 일어난다고 가정했습니다. 이는 마을 시장에서든 일류 대학에서든 마찬가지입니다. 이런 발전은 정치를 논하던 저녁 식탁에서, 사람이 모이는 인터넷 게시판에서도 일어납니다. 생산성은 **생각의 공유**에서 비롯되니까요.

사람들은 뭔가 낯설거나 거슬리는 것을 만나면 미신에 사로잡혀 그것을 파괴하거나 '이단'이라며 불태우기도 하지만, 대개는 새것과 옛것이 섞이고 서로 스며들고 힘을 합치면서 독특하고 흥미진진하고 뛰어나고 새로운 무언가가 생겨납니다.

다윈의 진화 연구는 상당 부분 변증법에 빚지고 있으며, 부모의 특성이 자녀에게 유전되는 것은 각기 다른 두 존재가 만나서 변증법적 '중도'가 생겨나는 것을 보여주는 좋은 예입니다. 역사적으로 중대한 도약은 주로 대규모 문화 교류 시기에 일어났습니다. 그 예로는 무어인의 유럽 침략, 몽골의 유라시아 대륙 정복, 유럽의 신대륙 발견 등이 있죠.

엥겔스의 사상이 동시대의 마르크스, 이후에는 레닌에게 영향을 미쳤음은 쉽게 알 수 있습니다. 사실 엥겔스 본인은 협동보다는 비축을 강조하는 '이기주의' 탓에 빈곤해진다고 생각했습니다. 독재, 족벌 자본주의, 또는 단순한 구두쇠 근성 등이 여기 해당하죠. 속 좁고 인색한 마음가짐으로는 진보와 발전을 손에 넣을 수 없는 법입니다.

후쿠야마
역사의 종말

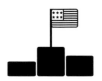

자, 제군, 정말 힘든 전투였지만, 결국 우리가 이겼습니다. 낯선 이념과 괴상한 정치학으로 무장했던 당신은…. 안됐지만, 그쪽이 졌습니다. 오해는 마세요, 당신들도 잘 싸웠으니까요. 19세기에 그 마르크스인지 누군지를 앞세워서 우리를 따라잡을 뻔했고, 소련과도 아주 아슬아슬했죠. 하지만 재미있는 할리우드 영화가 다 그렇듯 마지막에는 늘 자유를 사랑하고 분방하며 돈 많은 자본주의자가 이기는 법이랍니다. 엔딩 크레디트 올리세요. 전쟁은 다 멈추고요. 다들 모이세요. 자유민주주의가 최후의 승자로 결정됐으니까요.

미국 정치학자 프랜시스 후쿠야마Francis Fukuyama는 이것이 오늘날 국제 관계의 개요라고 주장합니다. 1991년 소비에트연방이 해체된 이래로 자유민주주의가 이념 전쟁에서 승리했다는 것입니다. 후쿠야마는 이를 "역사의 종말"이라고 불렀습니다.

후쿠야마가 이 유명한(그리고 반박의 여지가 있는) 표현을 처음 쓴 것은 베를린 장벽이 무너지기 전이므로 최소한 그 사건의 전조가 되었다고 볼 수 있겠지요. 그의 주장은 기본적으로 완벽한 이상향은 아닐지라도 인류가 도달할 수 있는 최고의 경지에 이를 때까지 역사가 더 낫고 밝은 미래를 향해 진보한다는 헤겔의 이론을 응용한 것입니다. 이 '인류가 도달할 수 있는 최고의 경지'가 바로 자유민주주의라는 뜻이죠. 우리에게 번영과 평화라는 이중의 이익을 제공한다는 점에서 자유민주주의를 넘어설 체제는 존재하지 않습니다.

유럽 여러 국가와 북미, 그리고 이들을 모방한 나라에서 전형적으로 나타나는 자유민주주의는 길고 안락한 삶을 제공하며 덧붙여 안정과 안전을 보장합니다. 시민들은 사상 범죄로 처형당할까 봐 걱정하지 않아도 됩니다. 원하는 사람이 될 수 있고 (거의) 원하는 대로 말할 수 있죠. 단체를 구성할 자유가 있고, 제도가 마음에 들지 않거나 권력을 멋대로 남용하는 자가 있다면 불평의 목소리를 낼 수 있고, 투표로 판세를 바꿀 수도 있습니다. 이 모든 것을 비슷하게나마 제공하는 체제가 있을까요? 존중과 안전, 존엄성과 부유함이라는 매혹적인 칵테일을 내놓는 이념이 또 있나요?

물론 후쿠야마의 예언과는 달리 전투는 전혀 끝나지 않았습니다. 중국식 국가자본주의는 안정과 존엄성, 그리고 제한 없는 자유는 아닐지라도 확실히 중국인으로서의 독보적인 정체성을 제공합니다. 북한과 러시아 같은 전체주의 정권도 끈질기게 권력을 유지하고 있죠. 게다가 대중의 인기만을 노리는 포퓰리즘의 대두와 자유민주주의 내부에서 솟아나는 불안은 최후의 승자여야 할 이념의 심장부에 뭔가 말 못 할, 또는 알 수 없는 질병이 숨어 있을 가능성을 드러냅니다. 뭔가 잘못되었는데도 그게 뭔지 알 수 없는 상태와도 같죠.

후쿠야마는 여러 면에서 옳습니다. 자유민주주의는 어느 시대의 어떤 이념과도 견줄 수 없을 만큼 전례 없는 번영과 안정을 불러왔습니다. 하지만 과연 이것이 우리가 생각했던 동화 같은 해피엔딩일까요? 아니면 알 수 없는 곳에서 더 크고 무서운 새 악당이 제2의 역사를 두고 싸움을 벌이려고 준비하고 있을까요? 그렇다면 이번의 승자는 누구일까요?

감사의 말

。

고립된 상태로 온전히 설명할 수 있는 것은 아무것도 없습니다. 모든 사물 뒤에는 그것이 그 자리에 존재하게 된 수없이 많은 이유가 있죠. 이 책도 당연히 예외는 아닙니다.

내게 질문을 하라고 가르치신 우리 어머니 로즈메리, 내게 책을 사랑하는 법을 가르치신 아버지 마이클이 계시지 않았다면 내가 철학을 사랑하게 되는 일도 없었겠지요. 내가 아는 사람 가운데 가장 현명하신 두 분께 크나큰 사랑을 전합니다.

변함없이 곁에서 도와준 남동생 제이미, 그리고 윌리, 엘리, 숀, 클로에게도 감사를 표합니다. 다들 나와 함께 아이디어를 주고받으며 알찬 대화를 수없이 선사해주었죠.

내가 얼마나 아끼는지 이루 다 표현할 수 없는 분인 필립 맬러밴드Philip Mallaband에게 특별한 감사를 전합니다. 그의 차분하고 사려 깊으며 온화한 태도는 내게 철학이란 어때야 하는지를 가르쳐주었습니다.

와일드파이어 출판사의 괴짜 여러분이 이걸 책으로 내자고 했다는 사실을 여전히 믿을 수 없지만, 그러기로 해주셔서 한없이 감사할 따름입니다. 알렉스 클라크와 팀원들은 모두 멋지고 유쾌하고 다정했어요. 특히 내 담당 편집자 린지 데이비스를 따로 언급하지 않을 수 없죠. 그의 충고, 사려 깊은 시선, 날짜를 확인하는 꼼꼼한 검색, 그리고 내 농담을 좋아하는 척해주는 능력에 최대한의 감사를 담아 보냅니다.

물론 누구도 싫어할 수 없는 다정한 성품으로 나를 받아준 내 대리인 찰리 브라더스톤이 없었다면 이 모든 일은 일어나지 않았겠지요. 찰리는 남을 진심으로 칭찬할 줄 아는, 보기 드물게 훌륭하고 참된 사람입니다.

그리고 마지막으로 모든 것을 받아주며 상냥하고 든든하게 나를 떠받쳐준 아내 타냐에게 감사를 표합니다. 타냐와 내 아들 프레디는 인생의 의미를 완전히 바꿔놓았고, 내가 예전에는 진정으로 알지 못했던 수많은 개념에 색깔과 의미를 더해주었습니다. 가족이야말로 내 삶의 모든 것입니다.

찾아보기

ㄱ

가이아gaia 가설 42~43
간디, 마하트마 294~295
거리 두기 222~223
게슈탈트 요법 210~211
게임이론 142~143
격정 102~103
계급투쟁 114~115
고드프리스미스, 피터Peter Godfrey-
  Smith 204~205
고통 226~227
공자 116~117
과학적 방법론 186~187
관념론idealism 146~147
괴테, 요한 볼프강 폰 82~83
구조주의 182~183
권력 52~53, 220~221
귀납법 250~251
그루시, 소피 드Sophie de Grouchy
  104~105
기게스Gyges의 반지 16~17
기계 198~199
기술 190~191
기적 148~149
기타 지성체 204~205

ㄴ

낭만파 시인 168~169

ㄴ(논리)

논리 법칙 256~257
니체, 프리드리히 52~53, 62~63, 84,
  89, 90~91, 226, 235

ㄷ

단어 178~179
데리다, 자크Jacques Derrida 178~
  179
데카르트, 르네 138~139, 150, 242~
  243, 260~261, 262
도킨스, 리처드Richard Dawkin 30~31
동굴의 비유 246~247
동물 36~37
듀보이스, 윌리엄 에드워드 버가트
  William Edward Burghardt Du Bois
  110~111
디오니소스 90~91

ㄹ

라이프니츠, 고트프리트 빌헬름Gott-
  fried Wilhelm Leibniz 252
라펠 뒤 비드l'appel du vide 48~49
래드퍼드, 콜린Colin Radford 170~
  171
랜드, 아인Ayn Rand 24~25
러브록, 제임스James Lovelock 42~43
러셀, 버트런드Bertrand Russell 139
레비츠키, 스티븐Steven Levitsky 125

레인 크레이그, 윌리엄William Lane
  Craig 130~131
로봇 200~201
로크, 존 244~245, 273
루소, 장 자크 218~219, 235, 273
리벳, 벤저민Benjamin Libet 194~195

ⓜ
마르쿠스 아우렐리우스 50, 222
마르크스, 카를 92~93, 114~115, 118,
  144~145, 282~283
마키아벨리, 니콜로 274~275, 281
매키넌, 캐서린 A.Catharine A. MacKi-
  nnon 122~123
머독, 아이리스Iris Murdoch 106~107
메멘토 모리memento mori 50~51
모성 216~217
목적론적 논증teleological argument
  134~135
몽테뉴, 미셸 드 50~51, 102~103
무더기 역설(소리테스 패러독스Sorites
  paradox) 258-259
무지 254~255
문화 산업 92~93
민족주의 278~279
민주주의 290~291, 298~299
믿음 40~41

ⓗ
반증falsification 196~197

반항 68~69
발달 심리학 208~209
버크, 에드먼드Edmund Burke 124~125,
  284~285
버클리, 조지George Berkeley 146~
  147
범심론panpsychism 266~267
베버, 막스 108~109
베이컨, 프랜시스 186~187
베케트, 사뮈엘Samuel Beckett 160~
  161
벤담, 제러미 18~19
벨트가이스트Weltgeist 118~119
변증법 296~297
보부아르, 시몬 드 70~71, 118, 183,
  216~217
보수주의 284~285
보이지 않는 손 288~289
보편화가능성universalisability 23
부모 104~105
부서진 아름다움 96~97
부조리 56~57
불교 152~153
불면증 238~239
뷔리당의 당나귀 252~253
비트겐슈타인, 루트비히Ludwig Witt-
  genstein 180~181
비폭력 294~295
빗나간 격정 102~103

Ⓢ

사랑 100~101

사르트르, 장 폴 46~47, 48, 60~61, 84, 118, 231

사회계약 272~273

산책 234~235

색채 82~83

선불교 152~153

성격 206~207

세계 평화 292~293

세계주의 120~121

셸리, 메리Mary Shelley 174~175

소로, 헨리Henry Thoreau 234~235

소속감 116~117

소크라테스 254~255

손자孫子 236~237

쇼펜하우어, 아르투어 27, 58~59, 80~81

수면 238~239

수사학 172~173

스미스, 애덤 105, 288~289

스탠퍼드 감옥 실험 38~39

스토아 철학 222~223, 232~233

스피노자, 바뤼흐 150~151, 223

신 132~133, 135, 136~137, 138~139, 140~141, 142~143

신화 84~86

실존의 단계 64~65

싱어, 피터Peter Singer 30~31, 36~37

Ⓞ

아도르노, 테오도어Theodor Adorno 92~93

아렌트, 한나Hannah Arendt 126~127

아름다움과 숭고함 78~79

아리스토텔레스 20~21, 78~79, 172~173, 214~215, 228, 235, 256~257, 259

아버지상像 132~133

아벨라르, 피에르Pierre Abélard 28~29

아시모프, 아이작Isaac Asimov 200~201

아이히만, 아돌프 126~127

아인슈타인, 알베르트 151

아퀴나스, 토마스 34~35

아폴론 90~91

아피아, 콰메 앤서니Kwame Anthony Appiah 120~121

악 38~39, 136~137

알 킨디Al-Kindī 130~131

어린 시절 218~219

언어 게임 180~181

언어 습득 176~177

에우불리데스Eubulides 258~259

에피쿠로스 228~229

엥겔스, 프리드리히 118, 296~297

여성 70~71, 112~113, 122~123, 216~217

역사 282~283, 298~299

영원 회귀eternal recurrence 62~63

예禮 116~117

예의 124~125

오웰, 조지 162~163, 257

와비사비 96~97

외계인 202~203

우정 214~215

울스턴크래프트, 메리Mary Wollstone-
craft 112~113

원형archetype 86~87

융, 카를 86~87

음악 80~81

의도 28~29

의지 58~59

이기주의 24~25

이븐 할둔Ibn Khaldun 276~277

이성적 이기주의 24~25

이야기 156~157

이원론dualism 243

이중 인식double consciousness 110~
111

이타주의 26~27

이항 대립binary opposition 182~183

일원론monism 150~151

ㅈ

자기기만bad faith 46~47

(자기) 정체성 192~193, 262~263

전도된 감각질 244~245

전쟁 34~35, 236~237, 280~281

전체주의 126~127

정당한 전쟁jus ad bellum 34~35

정언 명령categorical imperative 22~
23

제국의 흥망성쇠 276~277

조커 88~89

존재론적 논증ontological argument
138~139

종 의식pecies-consciousness 140~141

종차별주의speciesism 36~37

주목attention 106~107

주종관계 66~67

죽음 50~51, 54~55

죽음의 충동 224~225

준비전위readiness potential 194~
195

중용 20~21

지블랫, 대니얼Daniel Ziblatt 125

짐바르도, 필립Philip Zimbardo 38~
39

집단 신화collective myth 84~85

ㅊ

차머스, 데이비드David Chalmers 266~
267, 268~269

차별 대우 30~31

첫 번째 원인 130~131

촘스키, 놈Noam Chomsky 176~177

ㅋ

카뮈, 알베르 56~57, 68~69, 89, 161

카타르시스 76~77

카프카, 프란츠 164~165

칸트, 이마누엘 22~23, 32~33, 58, 78~
79, 118, 169, 230, 264~265,
292~293

캠벨, 조지프Joseph Campbell 156~157

코기토cogito 260~261

콩트, 오귀스트Auguste Comte 26~27

쾌락 228~229

쾌락 계산법hedonic calculus 18~19

쿤, 토머스Thomas Kuhn 188~189

클라크, 앤디Andy Clark 268~269

클리퍼드, 윌리엄William Clifford 40~
41

키르케고르, 쇠렌 48, 64~65, 118, 235

ㅌ

타노스 94~95

타인 60~61

토크빌, 알렉시 드Alexis de Tocqueville
290~291

투키디데스Thucydides 280~281

튜링, 앨런Alan Turing 198~199

트롤리 문제Trolley Problem 94~95

ㅍ

파농, 프란츠Frantz Fanon 72~73

파스칼, 블레즈Blaise Pascal 142~143

패러다임 전환 188~189

페르미, 엔리코Enrico Fermi 202~203

페미니즘 70~71, 112~113, 122~123

페인, 토머스Thomas Paine 286~287

페일리, 윌리엄William Paley 134~135

평화 292~293

포이어바흐, 루트비히Ludwig Feuerbach
140~141

포퍼, 카를Karl Popper 187, 196~197

푸코, 미셸Michel Foucault 220~221

풋, 필리파Philippa Foot 94~95

프랭클, 빅터Viktor Frankl 226~227,
233

프로이트, 지그문트 132~133, 206~207,
224~225

프로테스탄트 노동 윤리 108~109

프루스트, 마르셀Marcel Froust 166~
167

플라톤 16~17, 100~101, 169, 246~
247, 248

플랜팅가, 앨빈Alvin Plantinga 139

피론Pyrrhon 248~249

피아제, 장Jean Piaget 208~209

ㅎ

하라리, 유발Yuval Harari 84~85

하비, 서맨사Samantha Harvey 238~
239

하이데거, 마르틴 54~55, 118, 190~
191

허구의 역설paradox of fiction 170~
171

허무주의 88~89

헉슬리, 올더스Aldous Huxley 158~
159

헤겔, 게오르크 빌헬름 프리드리히 66~
67, 118~119, 296, 298

헤라클레이토스Heraclitus 192~
193, 263

헤르더, 요한Johann Herder 278~279

혁명 286~287

현상주의phenomenalism 264~265

현상학phenomenology 230~231

현실주의 280~281

홉스, 토머스 272~273, 281

확장된 마음The Extended Mind 268~
269

확장하는 원expanding circle 30~31

회의론 248~249

후설, 에드문트Edmund Husserl 118,
230~231

후쿠야마, 프랜시스Francis Fukuyama
298~299

흄, 데이비드 136~137, 148~149,
250~251, 262~263

흑인 72~73, 110~111

힘을 향한 의지 52~53

〈작품〉

『1984』 162~163, 257

『감시와 처벌』 220~221

『고도를 기다리며』 160~161

『군주론』 274~275

『멋진 신세계』 158~159

『사피엔스』 84~86

『손자병법』 236~237

『심판』 164~165

『잃어버린 시간을 찾아서』 166~167

『제2의 성』 70~71, 216~217

『프랑켄슈타인』 174~175

『프로테스탄트 윤리와 자본주의 정신』
108~109

지은이 **조니 톰슨** Jonny Thomson

조니 톰슨은 옥스퍼드 대학에서 철학을 가르친다. 학생들과 나눈 대화 내용, 그리고 다소 마조히즘적으로 두툼한 철학책 읽기에 집착한 결과물을 'Mini Philosophy'라는 이름으로 웹사이트와 인스타그램 계정에 올려 많은 관심을 얻고 있다.

주 활동 분야는 철학이지만, 생명의 기원, 언어학, 발달 심리학, 시간 여행 역설, 정신분석, 고전소설 및 시의 테마 탐구 등 다양한 주제에 관해 글쓰기를 즐긴다.

@philosophyminis

옮긴이 **최다인**

연세대학교 영문과를 졸업하고 7년간 UI 디자이너로 일하다 글밥 아카데미 수료 후 바른번역 소속 번역가로 활동 중이다. 옮긴 책으로 『사랑은 어떻게 예술이 되는가』, 『대학의 배신』, 『강간은 강간이다』, 『드로잉 해부학』, 『미드센추리 모던』, 『킨포크 홈』, 『엄마, 내 마음을 읽어주세요』, 『당신의 아이는 잘못이 없다』, 『좀비 육아』, 『세계의 상징과 기호 사전』 등이 있다.

필로소피 랩
내 삶을 바꾸는 오늘의 철학 연구소

펴낸날 초판 1쇄 2021년 10월 20일
　　　　　초판 8쇄 2023년 11월 6일

지은이 조니 톰슨

옮긴이 최다인

펴낸이 이주애, 홍영완

편집1팀 양혜영, 문주영

편집 박효주, 최혜리, 유승재, 장종철, 김애리, 홍은비

디자인 박아형, 김주연, 기조숙, 윤신혜

마케팅 김태윤, 김송이, 박진희, 김미소, 김슬기, 김예인, 장유정

해외기획 정미현

경영지원 박소현

펴낸곳 (주)월북 **출판등록** 제2006-000017호 **주소** 10881 경기도 파주시 광인사길 217

전화 031-955-3777 **팩스** 031-955-3778

홈페이지 willbookspub.com

블로그 blog.naver.com/willbooks **포스트** post.naver.com/willbooks

트위터 @onwillbooks **인스타그램** @willbooks_pub

ISBN 979-11-5581-411-6 (03100)

- 책값은 뒤표지에 있습니다.
- 잘못 만들어진 책은 구입하신 서점에서 바꿔드립니다.